중 vs 국
아시아
그 전쟁의 서막

중 VS 국
아시아
그 전쟁의 서막

★★★

조너선 홀스래그 지음
최성옥 옮김

시그마북스
Sigma Books

중국 vs 아시아, 그 전쟁의 서막

발행일 2016년 2월 1일 초판 1쇄 발행
2016년 9월 20일 초판 2쇄 발행
지은이 조너선 홀스래그
옮긴이 최성옥
발행인 강학경
발행처 시그마북스
마케팅 정제용, 한이슬
에디터 권경자, 장민정, 신미순, 최윤정
디자인 최희민, 윤수경

등록번호 제10 - 965호
주소 서울특별시 영등포구 양평로 22길 21 선유도코오롱디지털타워 A404호
전자우편 sigma@spress.co.kr
홈페이지 http://www.sigmabooks.co.kr
전화 (02) 2062-5288~9
팩시밀리 (02) 323-4197
ISBN 978-89-8445-770-6 (03340)

CHINA'S COMING WAR WITH ASIA
Copyright © Jonathan Holslag 2015
First published in 2015 by Polity Press
Reprinted 2015
All rights reserved.
This edition is published by arrangement with Polity Press Ltd., Cambridge

Korean language edition published by SIGMA PRESS, INC., Copyright © 2016

Sigma Books is a divisions of Sigma Press, Inc.

이 도서의 국립중앙도서관 출판예정도서목록(CIP)은 서지정보유통지원시스템 홈페이지(http://seoji.nl.go.kr)와
국가자료공동목록시스템(http://www.nl.go.kr/kolisnet)에서 이용하실 수 있습니다. (CIP제어번호: CIP2016000399)

＊시그마북스는 ㈜시그마프레스의 자매회사로 일반 단행본 전문 출판사입니다.

차례

| chapter 1 |

중국 딜레마에
빠진 아시아

| chapter 2 |

변혁의
서곡

| chapter 3 |

정상화

지은이의 말

중국과 유럽에 있는 몇몇 동료들이 이 책 원고를 보더니, 이런 질
문을 던졌다. "책 제목이 지나치게 비장한 듯한데 그 이유가 뭔
가?"(원제: China's coming war with Asia) 솔직히 나 역시 그런 의문
을 품었다. 예를 들어, '불가능한 평화'나 '중국 딜레마에 빠진 아시
아'처럼 불필요한 우려를 줄이는 무난한 제목으로 바꿀까 잠깐 생
각해보기도 했다. 그런데 그때 이런 생각이 들었다. 분명 걱정할 만
한 이유가 있는데, 문제를 명확하게 제기하고 과감하게 주장하지
못할 이유는 또 무엇이란 말인가? 다만 본론에 들어가기 전에 독자
에게 미리 설명하고 싶은 몇 가지 사항이 있다.

　우선 이 책은 아시아에서 폭발 직전까지 치닫고 있는 팽팽한 긴
장상태를 중국 탓으로 돌리는 내용이 아니다. 내가 주장하는 바는
이렇다. 중국이 세운 가장 중요한 목표들이 조화로운 질서라는 약
속과 양립하지는 않지만, 그중 몇몇은 다른 강대국들의 야망보다
더 적대적인 것도 아닐 뿐더러 오히려 상당히 방어적인 성격을 띠
고 있다는 것이다. 게다가 많은 강대국들 역시 처한 상황은 다르지
만, 과거에 유사한 열망을 품었거나 현재도 품고 있다.

　또한 중국의 외교가 융통성을 보이되 목표에 관해선 타협하지 않
는 자세를 고수하긴 했지만, 이는 다른 많은 국가들 역시 마찬가지

다. 따라서 비타협적인 태도가 중국 외교관의 특성이라고 할 수는 없다. 과거에는 그랬을지 몰라도 오늘날의 중국 관료들은 대부분 열린 마음을 지니고 있고 호기심이 강하며 근면하고, 공산당 자체를 위하기보다 자국의 행복을 위해 매우 헌신적인 듯하다. 그러니 이 책이 중국을 통렬하게 비판할 것이라는 기대는 하지 않는 게 좋다. 나는 중국이 정상적으로 부상하는 국가이고 평범한 야망을 품고 있으며, 많은 강대국들이 과거에 고심했던 전쟁과 평화라는 통상적인 딜레마에 봉착해 있다고 생각한다.

이 책은 구조적인 관점에서 아시아에서 전개되는 전략적인 상황을 살핀다. 이러한 측면에서 중요한 개념이 바로 안보 딜레마다. 한 나라가 안보를 강화하고 권력을 얻으려고 노력한다면, 다른 나라의 권력과 안보는 상실될 수밖에 없다. 이 책에서 제시한 것처럼 경제적 유대와 국제 기구, 국가 간 의사소통이 어느 정도는 안보 딜레마를 완화시킬 수 있지만, 권력이 대대적으로 이동한다면 분쟁을 막아내기에는 역부족일 것이다. 아시아의 새로운 안보 딜레마를 둘러싼 갈등은 일본, 미국과 같은 강대국들이 군사적 우위와 경제적 네트워크에서의 특권적 위치, 자신의 지위를 지키려는 노력에서 비롯된 부분도 있지만, 중국이 부상하면서 생겨난 부분도 그 못지않다.

다만 내가 전쟁에 대해 경고한다고 해서 중국의 부상을 당연시한다는 뜻은 아니다. 분명 현재의 중국은 지역적인 힘의 균형을 새롭게 재편하고 있지만 여전히 미국에 뒤쳐져 있다. 그럼에도 최근 논문들 중 상당수가 중국에 도취되어 그릇된 정보와 판단을 담고 있다. 중국 군사력은 현대화되었지만 기술적으로 확실한 우위를 점한 것은 아니며, 중국 경제력은 규모면에서 성장하는 추세지만 여전히 위험할 정도로 불균형한 모습을 보인다. 내가 본 많은 정책 의사 결정자들은 과연 지도자들의 능력으로 이를 바로 잡을 수 있을지 의문을 제기했다.

이 책을 마무리할 당시, 시진핑Xi Jinping 국가 주석이 촉발시킨 강력한 반부정부패 운동을 통해 중국이 당면한 국내 문제가 얼마나 심각한지 확인할 수 있었다. 중국은 취약한 강대국이고, 그것은 다른 아시아 주요 국가들도 마찬가지다. 이 때문에 우리는 그 결점들을 해결하거나 그 결점들을 부담시키고, 그 역할을 가장 잘 수행할 수 있는 국가가 어딘지 살펴볼 필요가 있다. 중국의 경우에는 자국의 취약함 때문에 자국의 이익과 주변국의 이해관계를 절충하는 데 어려움을 겪고 있다는 것은 부분적으로 사실이다. 게다가 중국은 주변국을 위협할 새로운 초강대국이 될 필요도 없다. 설령 중국의 힘이 약해진다고 해도 문제가 해결되는 것은 아니다. 지난 역사를 살펴보면 성장의 둔화를 겪는 신흥 강대국들은 더욱 민족주의적으로 변모하고, 위험해지기 쉽기 때문이다. 따라서 국제 정치학을 공부하는 학생들은 단순히 국력만 평가할 것이 아니라 해당 국가가 그로 말미암은 문제를 어떻게 해결하는지도 살펴봐야 한다.

이런 책은 강대국이 일으킨 전쟁을 불가피한 비극으로 보고, 국제사회에서 이루어진 진보를 축소한다는 면에서 냉소적으로 보일 수 있다. 고백하건대, 나도 이런 상황이 편하지는 않다. 좀 더 낙관적일 수 있으면 하고 진심으로 바라고 있다. 그러나 앞으로 또 다른 주요 갈등을 피하기를 진심으로 바란다면 보기 싫더라도 새로운 안보 딜레마의 핵심을 파악하고 현실을 정면으로 마주하며, 조금이라도 바꾸려고 더 노력해야 하지 않을까?

나는 낙관주의자들이 무역이나 내화, 평범한 군사교류가 확대되는 피상적인 변화에 너무 쉽게 만족한다는 인상을 자주 받는다. 요즘에는 현실주의자들마저 앞서 그들이 주장한 전제들이 아시아에 적용된다 해도 실제로 전쟁이 일어날 가능성은 희박할 것으로 보고 있다. 실제로 현실주의자들과 나누었던 몇 번의 논의를 떠올려 보면 그들 중 대다수가 비관적인 평가를 내놓으면서도, 설득력 없이 모든 것이 괜찮을 것이라는 결론을 내렸다. 이로 미루어볼 때 심각한 딜레마를 해결하고, 영토 분쟁을 해결하는 데 진심어린 노력을 다하며, 산업과 천연 자원을 둘러싼 새로운 파괴적 경쟁에 대한 경제 담론을 도출하려면, 그릇된 낙관주의보다는 전쟁에 대한 암울한 전망이 좀 더 강한 동기가 될 수 있을 것이다. 오늘날 아시아에서 전쟁이 일어날 가능성은 점점 높아지고 있다. 전쟁을 막기 위해 첫 번째로 할 중요한 일이, 바로 이 가능성을 인식하는 것이다.

랜든에서, 2014년 7월 5일

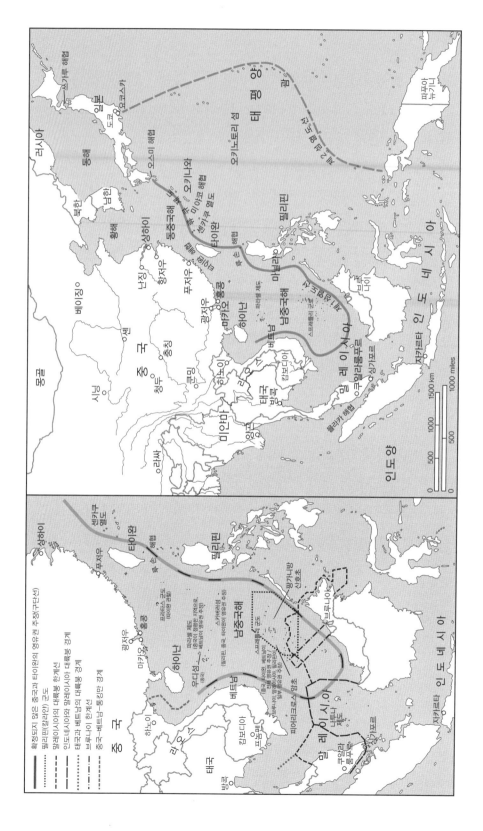

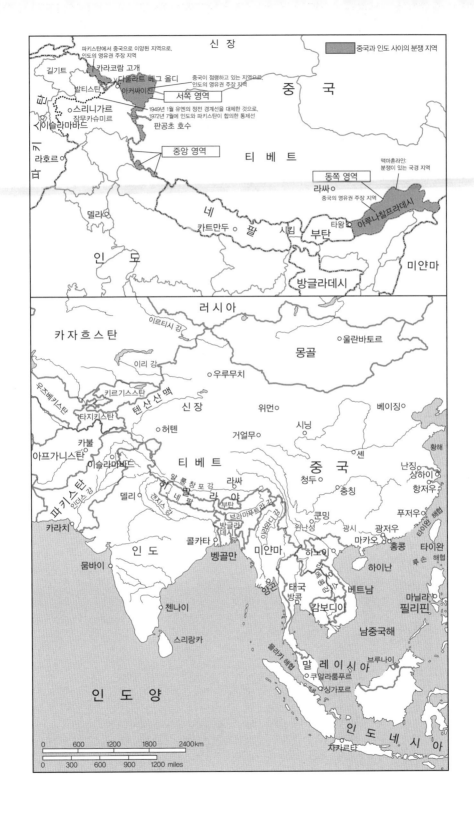

chapter 1

중국 딜레마에 빠진 아시아

"사실, 도무지 이해가 되지 않아요. 전 세계 절반이나 되는 사람들이 왜 이렇게 우리를 비난하는 걸까요. 우리가 성장한 덕분에 주변국 모두가 혜택을 받고 있잖아요. 게다가 우리는 지역기구들과 줄곧 협력해왔고 분쟁 수역을 공동개발하자는 제안까지 했다고요." 한 중국인 교수가 손짓을 해가며 열변을 토했다. "나는 현재 안고있는 문제 대부분을 중국이 해결할 수 있다고 봅니다. 그렇지만 주변국들이 미국을 불러들여 우리를 위협하면서까지 억지로 문제를 해결하라고 강요해서는 안 될 일이죠. 우리의 이런 요구가 타당하지 않나요? 어느 누구도 긴장 관계를 이용해 중국의 부상을 어렵게 만들어서는 안 됩니다."[1]

숨이 턱 막힐 정도로 후덥지근했던 그날 오후, 토론 분위기는 제법 우호적이었다. 나는 매년 싱가포르에서 개최되는 안보회의, 일명 샹그릴라 대화Shangri-La Dialogue에서 휴식을 취하던 차에 학자들, 인도네시아 정부 관계자들과 음료수를 마시며 푸르른 잔디밭에 있는 심포니 레이크에서 잠시 논의를 벌였다. 회의에 참석했던 중국 수석대표들은 자신들이 집중 공격을 받는 것을 알고 분노에 가까운 반응을 보였다.

중국의 부상에서 흥미로운 대목이 바로 이것이다. 바로 젊은 싱크 탱크의 일원부터 고위급 정치인까지, 중국 관계자들은 하나같이 아시아에서 빚어지는 갈등이 중국 탓이 아니라고 진심으로 믿고 있다는 사실이다. 그들은 중국은 주변국의 요구에 맞추고 대화를 시도했으며 무력 분쟁을 막기 위해 상당한 융통성을 발휘했다고 여기고 있는 것 같다. 그들 중 대다수를 수년 동안 알고 지낸 터라 그 사람들이 진심임을 의심하진 않지만, 딜레마는 여전히 남아 있다. 주변국들은 중국이 지금보다 더 많이 양보해야 한다고 믿는 반면, 중국은 이미 제 역할을 충분히 수행했고, 정작 다른 주요 강대국들이 주변국에 필요 이상으로 불안감을 조성한다고 믿고 있다는 것, 이것이 바로 딜레마다.

위대한 열망

이 책의 목적은 바로 이런 딜레마를 명확히 규명하는 데 있다. 복잡한 아시아 환경에서 중국의 중요한 이익, 이른바 중국의 위대한 열망은 평화적 부상이라는 개념과 양립할 수 없다는 것이 딜레마의 주된 논지다. 다시 말해, 중국의 전략적인 목표는 주변국과 태평양 지역의 거대 국가, 미국의 목표에 부합되지 않는다는 뜻이다. 이러한 대담한 주장은 기존의 주장들과 전혀 다른 결론을 도출하거나, 아니면 결론은 비슷하지만 면밀히 검토한 후 허점이 드러났던 기존의 여러 연구들과 대립할 수밖에 없다.

우선, 내가 주장하는 바가 무엇인지 설명하고자 한다. 그래야 향후 나의 주장이 기존의 다른 연구 결과와 어떻게 다른지 설명할 수 있기 때문이다.

먼저 첫 번째로 지난 60년간 중국의 태도가 뚜렷하게 변했다는 것을 이해해야만 한다. 갈등이 어떻게 전개될지 예측하려면 표면적으로 세계 질서에서 더욱 협조적이고 화합하는 모습을 보였던 중국의 성향을 먼저 살펴봐야 한다는 말이다. 중국은 이제껏 주변국에 군사 조치를 자제하는 모습을 보여주었고, 중국 지도자들은 국경 지역에서 평화를 증진시키기 위해 경제적 이익과 상호 간에 이익이 되는 분업체계를 강조했다. 또한 중국이 지역기구들과 점차 돈독한 관계를 쌓아나가도록 추진했고, 이러한 기구들을 발전시키는 데 주도적인 역할을 담당했으며, 회담에서도 실무자로서 능숙한 면모를 보여주었다. 나는 제1~4장까지 중국과 중국 지도자들이 이렇게 변할 수밖에 없었던 상황을 재구성해보면서 어떤 식으로 전개되었는지 제시하고자 한다.

이것뿐만이 아니다. 중국정부의 외교 정책이 점점 분산되면서 지방과 기업을 비롯한 다양한 분야의 역군들이 더 자주적으로 여러 국가들과 관계를 넓혀 나가자 중국은 국제 문제를 둘러싼 담론과 사고방식에서 중요한 변화를 맞이하게 되었다. 즉, 중국은 마오쩌둥Mao Zedong의 투쟁 노선에서 현대의 평화적 발전이라는 패러다임으로 급격한 변화를 겪게 되었는데, 이런 모습도 아울러 살펴보고자 한다.

오늘날 중국의 부상을 낙관적으로 보는 학생들은 그만큼 이러한 변화가 옳다고 확신하는 듯하다. 국가가 호전적인 태도에서 온건적인 태도로 탈바꿈하면서 평화로운 방식으로 국제 질서에 통합되리라고 기대할 수 있으니 말이다.

그러나 변화가 곧 정책의 조율을 의미하지는 않는다. 얼핏 보면 중국의 외교 정책이 변경된 것처럼 보이지만, 단적으로 말해 여기에는 오해의 소지가 있다. 이것이 두 번째 주장이다. 내가 이렇게 주장하는 데는 두 가지 이유가 있다. 뒤에서 더 자세히 밝히겠지만 우선, 협력을 모색하는 새로운 길을 열고자 태도를 바꾼 것은 대개 중국이 아니었다. 오히려 아시아의 다른 국가들이 먼저 나섰다. 예를 들어, 중국이 문화혁명에 휩쓸리게 되었을 때 앞장서서 대화 창구를 연 것은 일본이었고, 이후에 헨리 키신저Henry Kissinger를 파견한 비밀외교를 통해 관계 회복을 진두지휘한 것은 미국이었다. 그리고 이러한 외교적 혁명에 힘입어 동남아시아 국가들의 교섭 제의와 한국과의 관계 회복까지 불러올 수 있었다. 단, 소련과의 문제는 중국이 자체적으로 해결했다. 그리고 1980년대에 들어서는, 아세안ASEAN 회원국이 무역박람회를 시작으로 정치적인 회담에 중국을 초청하기에 이르렀다.

따라서 안보환경을 개선하게끔 촉발시킨 것은 중국의 외교정책이 변했기 때문이 아니다. 그보다는 안보환경이 변하면서 중국이 국가 이미지를 개선시킬 수 있었던 것이다.

또 다른 이유는 앞으로 차차 명확히 밝히겠지만 중국이 위대한 열망, 즉 부와 권력, 안보에 관해 전혀 타협하지 않고도 국가 이미지를 개선할 수 있었다는 것이다. 물론 중국의 네 가지 열망을 둘러싸고 저항이 있었지만, 중국은 그 저항을 최소화하는 데 놀라울 정도로 능숙하다는 것을 여실히 입증했다. 따라서 중국의 지배적인 정책 기조가 중국이 주도한 개방과 타협으로 이루어진 전략이었다는 것은 잘못된 생각이며, 위에서 언급한 두 가지 측면을 통해 이를 바로잡고자 한다.

다음 세 번째 주장으로, 중국의 위대한 열망은 필연적으로 수정주의자revisionist의 성격을 띤다는 것이다. 즉, 중국은 권력의 분배를 근본적으로 바꿔서 세계 질서를 재정립하는 것이 목표다. 우리가 이를 어떻게 알 수 있을까? 중국의 현재 행보만으로는 알 수 없다. 낙관주의자들의 주장과 달리, 국제 규범과 국제 기구에 대한 중국의 입장은 중국이 수정주의 국가인지, 현상 유지 국가인지 확인할 수 있는 믿을 만한 지표가 되지 못한다. 또한 영토 확장에 대한 중국의 입장도 좋은 지침이 아니다. 수정주의는 그런 것보다는 권력에 대한 문제다. 국제 질서를 재편하기 위해 규범이나 영토의 현상 유지 상태에 도전할 필요는 없다. 물론 만일 중국이 권력을 획득해 새로운 국제 질서에서 정상을 차지한다면 자국에 유리하게 규범과 국경을 형성하리라는 점은 예상할 수 있다.

다시 본론으로 돌아와서 중국이 수정주의 국가에 속하는 데는 그 이유가 있다. 우선 중국의 첫 번째 위대한 열망은 티베트와 신장 같은 국경 지역을 통제하는 것이다. 그럼으로써 세계에서 가장 큰 규모의 천연 자원과 인적 자원을 지배할 수 있기 때문이다. 그리고 두 번째 열망은 고소득 경제 대국이 되어 공산당의 입지를 방어하는 것이다. 이는 중국이 세계에서 가장 큰 규모의 경제 대국이 되고, 다른 국가와의 관계를 유리하게 형성하는 위치에 올라서며, 군사력에 지출하는 가장 큰 자원을 보유하게 된다는 것을 의미한다. 세 번째 열망은 타이완과 남중국해 열도처럼 잃어버린 영토를 회복하는 것으로, 중국이 다른 지역 강대국들보다 엄청난 전략적 우위를 확보할 수 있다는 것을 의미한다.

따라서 중국이 핵심 목표를 달성하게 되면 국제 질서를 뒤흔들게 될 것이다. 특히 인도가 개혁에 실패한 상황에서 중국은 새로운 제국의 특성을 전부 갖춘 새로운 중화제국으로 자리 잡을 운명에 놓인 셈이다.

중국의 시각에서 보면, 이러한 열망은 합리적이고 방어적이며 정당하다. 그러나 이러한 이익과 안보 추구는 그야말로 권력을 극대화하려는 전략의 전조로, 주변국의 안보 이익과 기존 국제 질서에서 주도국들이 보유한 특권과 양립할 수 없다. 우리는 이러한 안보 딜레마가 앞으로 완화되리라고 기대해서는 안 된다.

마지막 세 개 장에서는 중국이 지금까지 이루어낸 발전에 전혀 만족하지 않고, 경제적·군사적 확대를 추진하기 위해 부단히 노력할 것이라는 사실을 보여줄 것이다. 단, 그러한 노력이 성공할 수 있을지는 알 수 없다. 대내외적 난제들이 시급하게 해결해야 할 과제로 속속 부상할 것이고, 여기에서 밝힌 것처럼 중국의 이러한 노력은 세 가지 유형의 갈등을 유발할 수 있기 때문이다.

첫 번째로, 로버트 길핀Robert Gilpin의 『국제 정치에서 전쟁과 변화 War and Change in World Politics』를 통해 널리 알려진, 전통적인 패권 전쟁이 일어날 가능성이 있다. 이렇게 될 경우, 자국의 특권을 포기하고 지배당할 생각이 없는 미국은 주요 도전자와 무력 분쟁에 휘말릴 가능성이 있다. 이것이 가장 간단명료한 시나리오다. 그러나 중국은 여전히 군사력과 경제력 수준에서 미국에 한참 뒤떨어져 있기 때문에 패권 전쟁이 당장 일어나지는 않을 것이다.

두 번째로, 지역 간에 전쟁이 일어날 가능성이 있다. 중국이 미국을 따라잡으려면 갈 길이 아직 멀지만, 점차 주변 약소국들에게 그늘을 드리우고 주권을 위협하며 그들의 번영에 도전하고 있다. 마지막 장에서 밝히겠지만, 중국에게는 여전히 주변국들이 지리와 역사, 경제적 이익으로 분열되어 있다는 이점이 있다. 그러나 중국은 그들 중 몇몇 국가들과 갈등을 일으킬 만한 요소가 많다. 이러한 요소에는 경쟁이 치열한 국경, 분쟁의 역사, 경제적 경쟁, 중국 군사력에 대한 두려움, 민족주의가 해당된다. 특히 일본과 베트남, 인도가 그렇다.

민족주의가 강화되는 정세 속에서 다수의 영토 분쟁은 지역 내에 무력 분쟁을 일으킬 수 있다. 게다가 이 때문에 미국이 개입해 지역 갈등이 '때 이른' 패권 전쟁으로 악화될 수도 있다. 아직 미국은 직접적으로 위협받는 단계는 아니지만 관련 당사국들과 몇몇 안보

조약을 체결한 상황이다. 그리고 중국이 주변국들을 압도할 수 있는 가능성 때문에 장기적으로 볼 때 중국이 부상함에 따라 두려움은 가중될 것이다.

세 번째로, 중국의 권력이 흔들릴 가능성이 있다. 그럴 경우 경제적 발전은 교착 상태에 빠지고, 중국은 위대한 열망을 달성하기가 어려워질 것이다. 이때 진정한 위협은 중국의 부상에서 나오는 것이 아니다. 바로 불안정한 중국 리더십, 그리고 외부적 위협으로 관심을 돌려 내적 지지를 규합하려는 경향에서 비롯된다. 단, 이 책에서는 중국이 붕괴되어 고립될 가능성은 고려하지 않는다. 그렇다. 과거에 명나라 황제들은 자신의 배를 모조리 불태웠지만, 어마어마한 해외 이익과 물리적 장벽을 뛰어넘는 새로운 방식의 교통수단이 존재하는 오늘날, 그런 일을 되풀이할 수는 없다.

중국이 강력해지면 좀 더 강경한 태도를 취할 것이라고 믿는 학자들과, 아직은 무력해서 싸우려 들지 않을 것이라고 가정하는 학자들 간의 논쟁에서 전통적인 분열이 발생하지만, 이 세 가지 가능성에 관해서는 뜻을 같이 한다. 그러나 이것이 전부가 아니다. 앞에서 언급한 사고방식과 담론에서의 변화, 즉 평화적 패러다임으로의 전환은 심지어 안보 딜레마를 더욱 악화시킬 수 있다.

중국과 다른 강대국들은 정의가 자신들 편이라고 생각한다. 반면 중국 관료들은 진심으로 자국이 놀라울 정도로 자제력을 보여주었고, 갈등을 피하기 위해 많은 노력을 기울였다고 믿고 있다. 또한 중국이 경제적으로 중요한 의사표시를 보였고, 타이완을 비롯한 논란이 있는 국경 지역에 대한 중국의 권리가 전적으로 정당하다고 믿는다. 중국은 자국이 정의를 되살리고 과거 제국주의 시대에 다른 강대국들이 획득한 불공평한 특권을 종식시키고자 애쓰고 있다고 확신한다.

그러나 중국의 위대한 열망은 결국에는 하나의 제국을 다른 제국으로 바꾸는 것에 불과하며, 지역의 다른 국가들은 중국이 상호 간에 유익한 협력, 항해의 자유, 정치적 조화라고 해석하는 것들이 그다지 공평하다고 생각하지 않는 것이 사실이다. 그렇기에 중국의 의사 결정자들이 방어, 자제, 공정이라는 규범에 따라 사회화된다고 해도, 이것만으로는 폭력 사태를 피하기 어렵다. 따라서 이 책을 통해 중국의 부상을 둘러싼 논쟁에서 만연했던 좀 더 낙관적인 구성주의자constructivist들의 생각을 바로잡고자 한다.

이 책의 주요 목적은 아시아에서 고조되는 갈등을 면밀하게 제시하고 몇 가지 오해를 밝히는 것이다. 그 이외에, 지역의 경제력, 정치력, 군사력의 진행 상황을 알아본다. 앞에 장들에서는 아시아에서 피할 수 없는 중국의 부상을 역사적인 맥락에서 설명하고, 뒤에 장들에서는 동시대의 딜레마를 바라보는 새로운 통찰력을 제공한다. 이는 최근에 이루어진 많은 인터뷰와 현장 방문, 데이터에서 도출한 것으로, 중국이 절대 현 상황에 만족하는 강대국이 아니라는 점을 알 수 있다.

이 책은 국제 정치학에 관심 있는 학생들과 의사 결정자들을 포함한 광범위한 독자층을 대상으로 하며, 특히 의사 결정자들에게는 중요한 조언을 하나 던진다. 바로 갈등을 해결할 수 없을 때, 극복할 수 있는 척해서는 안 된다는 것이다.

어느 쪽도 핵심 이해관계에 관해 타협하려 하지 않는데도 평화가 유지될 수 있다고 주장하는 것은 터무니없다. 그렇게 해봤자 또 다른 국제적인 혼란을 불러올 뿐이다. 그런 혼란은 세상의 다른 영역으로, 즉 사이버나 우주 같은 영역까지 확산될 수 있다. 정말로 분쟁을 종식시키려 애쓰는 진정한 중재자로서 역사책에 남을 주장을 하고 싶다면, 신뢰구축, 대화, 경제적 상호의존에 대한 집착을 뛰어넘어야 한다. 이러한 요인들은 겉으로 보기에는 갈등을 경감시키는 것처럼 보이지만 오히려 역효과를 불러일으킬 수 있다. 그런 요인들 때문에 근본적인 갈등을 보지 못하고, 과거에 교류를 촉진했던 노력을 들어 자신에게 유리한 쪽으로 정당화하기 때문이다.

권력의 이동인가, 패러다임의 전환인가

그렇다면 이 책은 중국의 부상을 다루는 기존의 많은 훌륭한 연구들과 어떤 관련이 있는가? 우선 아시아에서 중국의 부상을 권력의 이동보다는 패러다임의 전환으로 보는 학자들과 의사 결정자들을 비판한다. 그들은 중국이 점차 강력해지고 있다는 점은 문제가 아니라고 주장한다. 그보다는 중국이 새롭게 획득한 힘을 지역 이익을 위해 사용하고, 과거에 다른 강대국들이 펼쳤던 공격적인 태도에서 벗어나는 데 전념한다는 사실이 중요하다는 것이다. 즉, 중국은 평화로운 발전을 추구함으로써 강대국 전쟁이라는 오랜 격변의 역사와는 상반된 국가로 우뚝 서고, 이로써 필연적으로 국제 권력 정치의 본성을 변화시킬 거라는 주장이다.

평화로운 부상이라는 약속을 바라보는 시각은 다양하다. 중국 지도자들은 세상이 근본적으로 변했으니 사상 역시 근본적으로 변해야 한다고 주장하려 든다. 리커창Li Keqiang 총리는 "이제 세상에서는 평화와 발전이 기본적인 추세다"라고 단언했다. "새로운 중국 정부는 …… 더욱 확실하게 그리고 효과적으로 평화와 번영을 공유하는, 공통의 운명을 지닌 공동체를 구축할 것이다."[2]

중국의 새로운 외교를 연구한 즈췬주Zhiqun Zhu 교수는 중국은 특정 외교 모델을 따르지 않고 끊임없이 새로운 모델을 찾으며, 그 모델을 실행해 새로운 정체성을 만들어내고, 자체적으로 쇄신하며 바람직하지 않은 정책을 바꾸고 있다고 결론 내렸다.[3] 국제적 참여자로서 중국의 정체성을 바꾼 가장 중요한 통로 중 하나가, 국제 기구에 가입한 것이다.

하버드 대학교의 알리스테어 이안 존스톤Alistair Ian Johnston 교수가 말한 것처럼, 중국의 외교 정책에는 여전히 현실 정치와 이상 정치 사이의 갈등이 존재하지만, 중국의 외교 정책 그 이면에는 다자주의multilateralism가 우세한 관념적인 기조로 자리 잡았다.[4] 또한 대내적으로 많은 시행착오가 있었다. 이를 테면 환경 문제나 세계적인 유행병 때문에 관료들은 점차 중국이 지구촌의 일부라고 인식하게 되었다.[5] 마찬가지로 기업의 국제적 위상이 증가하면서 의사 결정자들의 시각이 국내 이익에서 벗어나 국제적 시장까지 바라보게 되었다.[6]

또 다른 흥미로운 논문은 주변국들과 일련의 사건을 겪은 이후에 낡은 방식의 권력 정치가 중국에게 더 이상 유용하지 않다는 사실을 외교관들이 깨달았다고 주장한다. 서구의 무정부적 국제 정치 질서를 중국의 전통적인 조공 체제tributary traditions로 대체해야 한다고 깨달았다는 것이다.[7]

그러나 많은 학자들이 시사했듯이, 중국의 세계관에는 여전히 의혹이 많아서 중국의 사상과 정체성이 중대하게 재구성되었다고 말할 수는 없다. 대신 중국의 평화로운 부상이라는 정책은 다른 국가 경제와의 상호 연계성이 점차 증가하면서 경제적 발전을 위해 안정이 필요하다는 사실을 중국이 실용적인 차원에서 인식한 결과라고 생각할 수 있다.

지금 중국에 필요한 것은 무역의 증가와 평화로운 관계 유지다. 중국이 호전적인 태도를 취할 경우 잃을 것이 너무 많기 때문이다. 팽창주의는 더 이상 성공할 수 없다. 만약 중국이 조금이라도 공격을 감행한다면 중국의 성장은 무너지고 말 것이다. 게다가 무역에 대한 의존도가 늘면서, 중국 역시 대외 환경에 대해 점차 취약하게 되었다. 현재 중국은 안전한 해상 무역, 안정적인 금융 시장, 뚜렷한 경제적 규범을 확보하기 위해 다른 국가들에게 많이 의존하고 있다. 따라서 협력을 통해 얻는 혜택이 어마어마해 이러한 협력관계가 더욱 제도화되었다.

중국은 지역기구가 기동성을 제약할 수 있다는 것을 알지만, 다른 방법이 없다는 것 역시 이해하고 있다. 즉, 중국은 이러한 기구들을 이용하면 중국의 현안을 평화롭게 전개해나갈 수 있는 반면, 공격적인 일방주의를 보일 경우 지역기구들이 중국에 등을 돌릴 수 있다는 것을 깨달았다.[8] 게다가 현재 중국은 경쟁력 있는 무역 국가로서 개방된 경제 질서, 자유무역, 국제 통상을 위한 탄탄한 지침을 마련하는 데 점차 많은 관심을 보이고 있는 형국이다.

또한 협력에 따른 여파는 안보 영역까지 이어진다. 중국은 국제적인 안보 이익을 얻으려 하기 때문에, 국제적 안보 협력에 관여할 수밖에 없다. "중국은 책임감 있는 강대국이 되어야 하고, 국제 안보 협력에서 더 큰 책임을 맡아야 한다."[9] 베이징 대학교 왕이저우 Wang Yizhou 교수는 이렇게 저술했다. 그러나 경제적 상호의존이 확실하게 평화를 보장하는 것은 아니다. 데이비드 랩킨David Rapkin과 윌리엄 톰슨William Thompson은 이렇게 언급했다. "상호의존은 갈등이 고조되는 것을 억제할 수 있지만, 동시에 심각한 경제적 마찰을 일으켜 갈등을 억제하는 효과를 상쇄하거나 압도하기 쉽다."[10]

신흥 무역 국가라면 자유무역을 위한 평화를 주장하는 것이 일리가 있다. 그러나 중국의 부상을 연구하는 학생들은 통상이 이루어진다고 해서 안보와 국경, 군대에 대한 집착이 전부 사라지는 것은 아니라고 주장했다. 이러한 관점에서, 평화롭게 부상하는 것은 중국이 안보를 획득하는 최선의 방식일 수 있다. 방어적 현실주의자defensive realist들에 따르면, 중국 정부는 아직 갈등이 남아 있어도 국제 체제를 전복시킬 생각이 없고, 공격할 경우 엄청난 대가를 치러야 한다는 것을 이해하고 있다.

푸단 대학교의 탕시핑Tang Shiping 교수 역시 "중국의 힘이 더 커질 수도 있지만, 중국이 새로이 획득한 권력을 국제적으로 다른 국가를 위협하는 데 사용할 것 같지는 않다"라며 이 점을 단호하게 주장한다. 또한 탕시핑은 이렇게 덧붙였다. "중국과 다른 국가 사이에 안보 딜레마가 있을지라도, 두 국가가 진정 방어적 현실주의를 추구한다면 진실하게 정의로운 의도를 드러내고 불화를 해결할 수 있는 방법을 찾을 수 있다." 다만 탕시핑은 이러한 자세가 주로 덩샤오핑Deng Xiaoping하에서 배운 외교적 교훈 때문이라고 하는 반면, 다른 사람들은 중국의 취약성 때문이라는 의견을 견지했다.

노련한 중국 전문가 앤드류 네이선Andrew Nathan과 앤드류 스코벨Andrew Scobell은 이렇게 단언한다. "중국의 주된 외교 정책은 여전히 방어적이다. 이는 해외에서 밀려드는 불안정한 영향을 약화시키고, 영토 상실을 막고 경제 성장을 지속할 여건을 조성하기 위해서다."[11] 현재 중국을 다루는 중요한 책 『중국, 세계로 가다: 불완전한 강대국Partial Power』의 저자 데이비드 샴보David Shambaugh는 "중국의 외교는 극도로 위험을 회피하고 편협하게 자국의 이익에 주력하는 경향을 드러낸다"고 주장한다.[12]

실제로 방어적 현실주의에는 중요한 문제가 남아 있는데, 이러한 접근방식을 지지하는 사람들은 대부분 두 가지 중요한 비판을 다루는 데 실패했다. 하나는 좋은 의도라도 언제든지 악화될 수 있다는 것이고, 다른 하나는 만약 중국의 자제력이 약소한 국력 때문에 일시적으로 발휘된 것이라면, 힘이 커진 후에는 사라질 것이라는 점이다.

이제 국제 정치에서 좀 더 회의적인 입장을 살펴보고자 한다. 신고전 현실주의자neoclassical realist들은 중국을 신뢰할 수 없다고 주장한다. 중국은 단순히 권력을 갈망하는 국가가 아니라, 권력을 갈망하는 권위주의 국가라는 것이다. 이것이 중요하다. 프린스턴 대학교의 애런 프리드버그Aaron Friedberg 교수는 권위주의 국가인 중국이 아시아를 지배한다면, 중국 주변에 있는 비민주적인 국가들에서 자유 개혁이 일어날 가능성이 크게 줄어들 것이라고 말한다. 또한 이미 민주주의가 정착된 국가들조차도 억압될 수 있다고 지적한다. 국제적으로 세력 범위와 영향력이 증가한 중국은 비민주적 정권을 더욱 효과적으로 지원할 수 있고, 서구의 자유 민주주의적 자본주의에 맞서는 실행 가능한 대안으로 중국 고유의 제도를 변형한 체제를 제시할 수 있다.[13]

중국과 같은 국가가 권력을 극대화하기를 원하는 것은 신고전 현실주의자들에게는 놀랄 만한 일이 아니다. 오히려 국제 질서가 불균형한 상황에서는 국가의 권력을 극대화하도록 독려한다. 또한 중국은 충분히 자신감이 생기면 곧바로 권력을 사용해 국제 정치에 영향을 줄 것이다. 이것이 특히 문제가 되는 이유는 바로 중국 내 정치 체제 때문이다. 바로 그 체제 때문에 중국은 국제 정치에 영향을 미칠 수단을 갖자마자 현재의 자유주의적 질서를 무너뜨리도록 예정되어 있다. 프리드버그 같은 학자들은 혹독하게 중국을 비판하는 것처럼 보이지 않으려고 애쓰지만, 이러한 접근 방식에 따르면 필연적으로 선과 악 사이의 충돌처럼 보이기 마련이다. 여기서 분열의 원인은 구조에 있다. 즉, 진정한 위협은 중국의 정치, 독재, 국가 자본주의, 민족주의, 황실전통이며, 더 심각한 것으로 군국주의가 있다.

공격적 현실주의자offensive realist들 역시 회의적인 태도를 보인다. 국제 정치의 불평등한 구조 때문에 중국과 같은 주요 개발도상국이 국제 질서를 재편해 선진국에 도전하려고 애쓴다는 것이다. 이들에 따르면 권력 욕구는 늘 존재하는 것으로, 주도적인 국가들은 매일 권력이 어떤 효과를 내는지 보여주고 있다. 또한 수정주의에 필요한 것은 성공 가능한 기술적인 돌파구가 될 적당한 기회와 효율적인 경제 모델, 강대국의 실수뿐이라고 주장한다.

그러나 공격적 현실주의자들은 국내 정치와 이념이 중요한 차이를 만든다는 것을 부인한다. 중국 정부뿐만이 아니라 주요 개발도상국의 어떤 정부든 기회, 즉 권력을 극대화하고 패권국이 될 기회가 주어진다면 이와 같이 행동할 것이다. 패배의 위험이 도사리고 있는 한 자제하며 잠자코 있겠지만, 지배력을 획득하면 획득하자마자 강압적으로 사용할 것이라고 본다.

존 미어샤이머John Mearsheimer는 누구보다 강력하게 이러한 주장을 펼친 사람이다. "중국은 자국이 아주 강력해져서 아시아의 어느 국가도 자국을 위협할 수 없게 되기를 바란다. 단, 그렇다고 중국이 지역 내의 다른 국가들을 정복하기 위해 군사적 우위를 추구할 가능성은 희박하다. 물론, 가능성은 항상 존재하지만 말이다." 그리고 이렇게 덧붙였다. "그리고 미국이 19세기에 서반구에서 유럽 강대국을 몰아낸 것처럼, 더욱 강력해진 중국은 미국을 아시아 – 태평양 지역에서 축출하려고 노력할 것이다."[14] 국제 정치 분야에서 중국을 차기 아시아 패권국으로 그려내고 싶어 하는 것은 소수의 중국학자들뿐인데, 그들 중 일부는 공격적 현실주의와 비슷한 방안을 제시한다.

나는 중국의 부상에 관해서 공격적 현실주의자들의 말이 옳다고 생각한다. 신고전 현실주의자들의 주장은 그다지 타당해 보이지 않는다. 성공한 중국은 결국 중상주의를 자유무역으로 대체하고 일종의 민주주의를 채택하겠지만, 그래도 여전히 같은 안보 딜레마가 있는 다른 강대국들과 대적할 것이다. 이는 전적으로 가능한 일이다. 중국이 민주적으로 변했다고 해서 갑자기 잃어버린 영토를 되찾는 일을 그리 중요하게 여기지 않게 될 것이라고 가정할 이유가 전혀 없기 때문이다.

몇 년 전만 해도 나는 중국의 외교정책이 방어적 현실주의defensive realism와 상호의존 자유주의interdependence liberalism 사이 어디쯤 걸쳐 있다고 생각했다. 자제력은 중국이 살아남을 수 있는 유일한 방안이었다는 중국 관료들의 주장에 종종 속아 넘어갔기 때문이었다. 공산당 대외연락부의 한 관료는 "우리 질서의 토대가 되는 것은 지정학적 위치다"라고 말했다. "우리가 한 국가에 공격적으로 행동하면, 20여 국에 달하는 모든 주변국과 문제가 생길 것이 분명하다." 잃어버린 영토의 일부를 되찾겠나는 중국의 열망이 그러한 사실까지 바꿀 수 있는 것은 아니다.

중국이 요구하는 것 중 상당수는 다른 국가들의 요구만큼 타당하지만 문제가 있는 부분도 있다. 미국이 중국의 해양 주변부에서 기웃거릴 때, 중국의 해군 현대화는 방어적인 노력의 일환으로 보였다. 게다가 중국의 의사 결정자들은 자국이 개방된 국제 경제 질서를 지지하고, 국가 자본주의는 진정한 시장 경제에 자리를 내주어야 한다고 진심으로 확신하고 있는 듯했다. 물론 다른 신흥 강대국들이 그랬듯이 이 과정은 점진적으로 이루어질 것이다.

또한 중국은 국제 기구에 깊이 관여하게 되었고, 점차 국제 공동 자산의 보존에 관심을 기울였다. 그 누구도 더 많은 중국의 학자들이 전통적인 권력 정치에서 국제법, 공공 외교, 소프트 파워와 같은 사안으로 관심을 돌렸다는 것을 부정할 수는 없을 것이다. 그러나 여전히 중대한 의혹은 남아 있다.

낙관적 현실주의자realist optimist들의 주장에는 명백한 두 가지 결점이 있다. 하나는 중국은 강력해질수록 더욱 강경한 태도를 취할 것이고, 중국이 권력을 획득하면 중국에 대한 다른 국가들의 저항이 거세질 것이라는 비판에 반박할 수 없다는 점이다. 물론 현재는 중국이 여전히 취약하기 때문에 자제력을 발휘하는 것이 타당하다. 언젠가는 중국의 국력이 미국을 압도하는 순간이 오겠지만, 아직은 한참 뒤의 일이다. 즉, 로버트 길핀의 권력 이동 이론에서 체계적 위기systemic crisis로 묘사하는 순간이 도래하려면 아직 멀었다.

그러나 성숙한 강대국은 아직 아닐지라도, 중국의 경제력과 군사력은 곧 주변국을 능가하게 될 것이다. 이렇게 되면 강압적인 방식을 사용할지 말지 결정하는 기준치가 낮아질 수 있다. 불완전한 강대국도 가해자가 될 수 있는 것이다. 중국은 권력을 통해 자국의 안보를 강화하고, 주변국의 안보를 위태롭게 만든다. 이러한 안보 딜레마는 권력 이동의 균형 문제에서 점차 시급한 사안이 되어가고 있다. 안보 딜레마로 인해 더욱 뚜렷하게 균형을 유지해야만 하고, 분쟁이 자주 발생하거나 통제 불능의 사태를 맞이할 가능성이 증가한다.

또 다른 결점은 국제 법규와 국제 기구에 대한 중국의 최근 태도를 평가하는 낙관주의자들의 주장과 관련이 있다. 중국이 다자간 협력에 아주 관심이 많고 적극적이라는 것을 부인할 수는 없지만, 문제는 이것이 선택적인 사항이라는 점이다. 예를 들어, 중국은 해양 분쟁을 해결하는 데 다자주의를 선호하지 않는다. 이러한 중대한 현안에 제한이 있는 것으로 보아 중국이 충분한 권력을 얻는 즉시, 자국의 주장을 강화하기 위해 일방주의적 태도를 보일 것이라는 회의적인 의견에 반박하기가 쉽지 않다. 그뿐만 아니라 하위 정치의 영역에서조차 다자간 협력이 오래 지속될지는 불확실하다. 이것은 단지 중국의 역할 때문만이 아니다. 다른 강대국들과 대립하고 있는 영역에서 중국 정부가 자국의 이익을 증가시킬 수 있는 영향력을 얻으면, 다른 강대국들이 다자주의가 더 이상 유용하지 않다는 사실을 알게 될 수 있기 때문이다.

낙관적 현실주의에는 또 다른 주요 결점이 있다. 신고전 현실주의자들처럼, 낙관적 현실주의자들은 기본적으로 중국에 집중해 중국이 국제 질서에 어떻게 영향을 미치는지 설명하며 주장을 전개한다. 반면 국제 질서가 중국과 중국의 정책에 어떤 영향을 미치는지는 분석하지 못한다. 그렇기에 중국의 부상에 대해 구조적으로 접근하는 것은 여러 이유에서 중요하다.

첫 번째로 국제 질서가 중국이 열망하는 것에 어떤 영향을 끼쳤는지 이해하는 데 도움을 준다. 미국이 질서를 주도하는 현재, 중국은 대체로 미국이 갖고 있는 것을 원한다. 국내적으로 발전이란 소비주의, 특히 고소득이 뒷받침된 소비주의와 경쟁력 있는 산업을 토대로 한 고소득, 기술 혁신을 이룬 경쟁력 있는 산업을 뜻한다. 국외적으로 발전이란 주권을 보호하는 능력, 전 영역을 아우르는 최첨단 전쟁에서 힘을 발휘하는 미국을 따라잡는 능력, 국제 무역을 실행하는 능력, 국제 법규를 구체화하는 능력, 강대국으로서 추앙되는 수준을 말한다.

두 번째로 구조적인 접근을 통해 중국이 이 모든 목표를 이루는 데 기존 국제 정치의 구조가 방해된다는 사실에 주목할 수 있다. 세 번째로 구조적인 접근을 통해 중국이 성공하는 유일한 방법은 권력을 극대화하고 국제 정치의 구조를 변화시키는 것이라는 현실과 맞닥뜨릴 수 있다. 안보와 권력의 극대화는 동전의 양면이나 다름없다. 네 번째로 중국이 구조적인 차원에서 변화를 일으키는 데 성공하면, 강대국의 특권을 종식시키고 약소국은 더욱 착취당할 것이다.

따라서 구조적인 접근에 따르면, 수정주의자를 비난할 이유가 없다. 중국의 열망은 현재 주도적인 국가의 주장 못지않게 충분히 이해할 수 있다. 중국의 정책이 기존의 주도적인 국가가 성장할 때처럼 불안정한 상황에 놓여 있기 때문이다. 기존의 국제 법규를 지켰는지 여부는 중요하지 않다. 어찌 되었든 결과는 동일하며, 새로운 강국이 성공해 새로운 욕구를 드러내는 것만으로도 다른 국가들은 자국의 이익을 충족할 능력이 떨어지게 된다.

공격적 현실주의자들의 주장은 정확히 이렇다. 존 미어샤이머 교수의 중국에 대한 최초 연구 결과를 주의 깊게 읽어보면, 공격적 현실주의가 중국의 부상을 분석하는 냉정한 체계라는 것을 알 수 있다.

궁극적으로 내가 공격적 현실주의 쪽으로 기울게 된 것은 중국이 더욱 강경한 태도로 변했다는 주장 때문이 아니다. 북한의 위력 과시에 대해 중국이 적대적으로 반응한 것과 2010년 분쟁 수역을 둘러싼 갈등이 일어난 것은 결국 미국과 미국의 동맹국들이 더욱 강경한 태도를 보였기 때문이었다. 내가 중요한 결론에 이를 수 있었던 것은 중국의 군사 변천, 지역기구에서 중국의 역할, 중국의 경제 정책처럼 더욱 구체적인 주제에 대한 일련의 연구 결과 덕분이다. 그리고 그 결론은, 중국 지도자들이 아시아 평화를 위한 위대한 전략으로 무엇을 주장했든, 이러한 구체적인 정책들은 중국이 효과적으로 새로운 제국을 건설하고 주변국의 영유권에 대한 결정을 구체화할 수 있을 때만 효과가 있다는 것이다. 하지만 이러한 정책들이 변할 것 같지는 않다. 그렇다고 일본, 인도, 베트남, 미국과 같은 국가들이 변한 지역 질서를 받아들일 것 같지도 않다.

한편, 과거에 강대국들이 걸어온 제국주의적인 궤적을 살펴보면, 신흥 강국들이 민간 개척자들을 뒤따라 점차 지역 영향력을 강화하면서 어떻게 성공을 거두었는지, 그리고 너무 빠르게 뒤쫓아 갔을 경우 어떻게 실패했는지 분명히 알 수 있다. 또한 강대국들이 어떻게 널리, 종종 비의도적으로 방어적인 정책에서 공격적인 정책으로 옮겨갔는지 명확하게 확인할 수 있다. 여기에서 공격적 현실주의가 놓쳤던 중요한 요소를 발견할 수 있다. 바로 신흥 강국은 성공할 때가 아니라 실패할 때 쉽게 공격적인 행동을 취한다는 것이다.

중국의 부상은 그 자체로도 충분히 흥미진진하지만, 이어지는 장들에서는 국제 정치에서 광범위하게 이루어지는 일부 논의에 대한 통찰력을 제공하고자 한다. 나는 중국과 같은 국가는 수정주의 국가가 될 수밖에 없다고 주장할 것이다. 현상 유지는 선택할 수 있는 사안이 아니다. 국익이 미리 결정된 것은 아니지만, 중국이 선진국만큼 부유해지고 국경 지역을 통제하며 조국을 재통일하겠다는 야심을 포기하리라고 기대할 이유가 전혀 없다. 그러한 야심 중 일부라도 포기할 경우, 공산당의 리더십이 무너지고, 오늘날 존재하는 인민공화국의 종말을 초래할 수 있다. 하지만 현재의 권력 분배는 중국이 이익을 달성하도록 내버려두지 않기 때문에, 중국은 국제 질서를 바꿀 필요가 있다.

수정주의 개념을 적절하게 사용한다면, 중국의 부상이 일으키는 많은 갈등을 이해하는 데 도움이 될 것이다. 앞에서 언급했듯이, 수정주의는 영토 확장이나 공격, 현존하는 규칙과 기구들을 파괴하려는 의도를 뜻하지 않는다. 본질적으로 수정주의는 경제력 분배를 변화시키려는 욕구이며, 이는 지배적인 규범하에서도 전적으로 발생할 수 있다. 그러나 신고전 현실주의자들이 가정한 것과는 반대로, 지배적인 규범이 다른 국가들에 대한 매서운 도전을 경감시키지는 않는다.

이것은 다자주의에 대한 논의와 밀접한 관련이 있다. 중국은 아시아 지역기구를 이용해 주변국들과 신뢰를 구축했다. 중국 관료들은 다자 협력이라는 규칙에 더욱 익숙해졌고, 작은 국가들이 이러한 지역 회의에서 상정한 몇 가지 의제들을 채택했다. 그러나 오늘날 다자주의는 권력 정치의 다른 유형이 되고 있다. 그것은 일종의 벼랑 끝 전술brinkmanship(외교 협상을 유리한 방향으로 이끌기 위해 협상을 막다른 상황으로 몰고 가는 극단적 방법의 협상 전술 - 옮긴이)이다. 강대국들은 어느 정도의 복종을 받는 대신 승인, 합법, 영향력을 제공한다. 그렇기에 다자주의는 일단 자리를 잡으면, 작은 국가들을 안심시키는 중요한 도구로, 양자 간 협상을 위장하는 형태로, 강대국들의 기준을 촉진시키는 통로로 쓰인다. 중국과 같은 강대국들 역시 기존의 방법들과 병행해 지역 협력을 위한 그들만의 기관들을 추진하려고 노력한다.

　게다가 수정주의와 다자주의 이외에도, 중국과 아시아의 관계 역시 정교화된 경제 민족주의가 증가하는 양상을 크게 보인다. 중국의 현 경제 민족주의는 세계화에 저항하는 문제가 아니며, 그렇다고 국제 수지에 연연하는 협소한 중상주의도 아니다. 중국의 경제 민족주의는 경제 세계화를 조종하고, 국제 무역에서 수익성이 큰 부분을 차지하며, 국제 기술 표준을 형성하고, 전략적으로 중국 기업이 세계적·지역적 공급망을 따라 자리를 잡는 것이다. 따라서 중국의 부상은 권력 정치가 확실하게 더욱 정교화되었다는 것을 보여주지만, 또한 가장 중요한 우려를 남긴다. 바로 어느 누구도 그 정교화된 방식이 지속될지 아닐지 알려줄 수 없다는 것이다.

chapter 2

변혁의
서곡

China

온 나라가 황폐해졌고 사람들은 굶주렸으며 지칠 대로 지쳤다.
1949년, 마오쩌둥이 중화인민공화국 성립을 선포할 당시 중국의
상황이 이랬다.[1] 5억 4천만 명의 인구 중에서 1억 1천만 명에 달하
는 남부지방 시민들이 두려움에 떨며 공산당과 국민당 간에 20년
동안 맹렬하게 지속되었던 내전에 마침표를 찍을 최후의 결전을
눈앞에 두고 있었다.[2] 나머지 4억 3천만 명의 시민들은 오랫동안
시달린 가난을 비롯해 새로운 정치 현실과 힘겹게 싸우고 있었다.

수십 년 동안 지속되었던 전쟁으로 농촌 지역의 평균 기대 수명
은 35세까지 떨어졌고, 용수로는 파괴되었으며 가축은 대부분 떼
죽음을 당했다. 당시는 중국 농부의 거의 3분의 1이 밭을 갈기 위
해 소를 키우고 있던 때였다.[3]

공산당은 토지 개혁을 일으켜 소작농에게 치명적인 국민당의 봉
건제를 없앴을 뿐만 아니라, 도시의 식료품 가격을 낮추기 위해 학
구적인 정당 간부들을 들이고 새로운 법과 세금을 도입했다. 이 도
시 시민들의 대부분은 일단 마오쩌둥을 믿었다. 하지만 인플레이션
과 굶주림, 실업률이 악화되는 상황에서 국민들은 인내심의 한계를
드러냈고 상황은 폭발 직전까지 치달았다.

만주에 있는 공장은 전쟁 기간 동안 산산이 부서졌고, 간신히 남

아 있던 일부 공장마저 소련이 해체해버렸다.[4] 상하이 주변 지역에 남아 있던 중요한 공장들은 국민당의 잔혹한 포위공격을 받은 후 제국주의자들에게서 더 멀리 벗어나 광산 지역과 더 가까운 내륙 지역으로 옮겨졌다. 300만 명의 도시 거주민들은 공장과 함께 강제 이주를 당했다.[5]

"삶이 있는 곳 어디서나 투쟁이 있다."[6] 중국의 어느 저명한 소설 가는 이런 글을 남겼다. 그러니 중국 사람들이 평화를 갈망했던 것은 놀랄 일이 아니다.

네 가지 위대한 열망

그러나 아무리 많은 사람들이 평화를 원했다 해도, 마오쩌둥이 가장 원한 것은 권력이었다. 사실 많은 중국 지도자들은 안정이 필요하다는 것을 인식했다. 마오쩌둥은 이런 말을 했다. "현재 가장 중요한 문제는 평화를 구축하는 것이다. 중국은 앞으로 3년에서 5년 동안 평화가 필요하다. 그래야 내전 이전 수준으로 경제를 회복시킬 수 있다." 저우언라이Zhou Enlai 총리도 같은 생각이었다. "우리가 생산에 주력하지 않으면, 무엇으로 군사 작전을 지원해 승리를 굳힐 수 있겠는가? 생산은 새로운 중국이 해야 할 기본적인 일이다. 먹을 음식이 없다면 우리는 아무것도 할 수 없을 것이다."[7]

그러나 역시 평화는 거짓이었다. 공산주의 사상에 따르면 진정한 평화란 달성하기 어려운 것이다. 이와 관련해 마오쩌둥 스스로 블라디미르 레닌Vladimir Lenin의 말을 인용하며, 투쟁은 상대적으로 하나의 환경이 파괴되고 새로운 환경이 생겨나는 과정이 끊이지 않는 것이고, 평화는 이 투쟁이 일시적으로 잦아들 때를 의미한다고 주장했다. 마오쩌둥은 영구히 지속되는 평화를 꿈꾸었지만, 평화는 조화를 토대로 이루어져야 하는데 주도적인 강대국들은 중국이 바라보는 조화의 개념에 저항할 것이라고 생각했다.

이념적인 이유 외에도, 중국이 회의적이 될 수밖에 없는 실질적인 이유는 충분했다. 마오쩌둥이 평화가 도래할 가능성을 몹시 싫어했던 것이다. 이는 평화가 찾아오면 마을 사람들이 공산당 리더십하에 강한 국가를 구축하지 않고 그들의 하찮은 삶 속으로 되돌아갈 것이라고 생각했기 때문이다. 마오쩌둥은 평화로 인해 중국이 또다시 경제적 착취와 불평등한 교류의 희생양으로 되돌아가게 된다면, 차라리 평화를 거부하는 것이 낫다고 여겼다. 또한 평화로 인해 주요 강대국들이 중국 주변 지역을 지배하게 된다면 평화를 맹렬히 비난할 것이었다. 따라서 중요한 것은 평화 그 자체가 아니라, 평화의 조건이었다.

권력은 이득이 되는 평화를 달성하기 위한 선행조건이었다. 우려와 불안감이 어떻게 생겨났는지 이해하는 데는 그다지 큰 상상력이 필요하지 않다. 20년이 넘는 기간 동안 게릴라 전투에 시달리다 자금성 옆에 있는, 벽으로 둘러싸인 중난하이의 조용한 안마당으로 옮겨 앉은 지도자들에게 바깥세상은 여전히 두려운 장소였다.

1949년 겨울 마오쩌둥은 윈난 성, 청두 시, 광시좡족 자치구는 물론이고 중국 해안에서 떨어진 열도, 하이난 성, 타이완에 여전히 국민당의 잔재가 많이 남은 것을 포착할 수 있었다. 그곳은 앞으로 수십 년 내에 다가올 저항의 방벽이 될 터였다. 그곳에 남아 있던 국민당은 본토와 해상 보급로를 계속 급습했다.

남쪽에는 반항적인 티베트가 있었다. 멀리 떨어진 서쪽에는 동투르키스탄 독립운동이 발생한 신장이라는 통치하기 어려운 지역이 있었다. 신장은 내몽골, 만주, 뤼순항과 같은 다른 지역과 더불어 합자회사, 광산채굴권, 철도, 불평등한 무역제도를 통해 소련에게 계속 착취당했다.[8] 1950년까지 중국은 이 지역들 대부분에 대한 자국의 공식적인 통제를 주장했지만, 저항이 빗발쳤다. 마오쩌둥 정권이 성장하면 할수록 북부 이웃 국가는 중국에 복종을 주장했다.

그러는 동안 다른 제국주의 국가인 미국은 중국 주변의 많은 지역을 어슬렁거리며 배회했다. 미국은 한국에 8천 명의 병력을 배치했고 일본에 1만 3천 명의 병력을 주둔시켰다. 또 오키나와에 군사시설을 구축하고 타이완에 군사 고문들을 두었으며 추가적인 항공모함을 도입해 태평양 함대를 확장했다.[9] 워싱턴에서는 정치인들 사이에서 중국을 억제할지 또는 와해시킬지 여부를 놓고 많은 설전이 오갔다. 동남아시아에서는, 프랑스가 인도차이나에 '중공군 Reds'이 들어오지 못하도록 중국 국경 근처에 12만 병력을 주둔시켰다. 프랑스 정부는 중국을 억제할 필요가 있는 한 중국을 승인하지

않기로 미국과 영국 정부와 합의했다.[10]

따라서 중국은 불확실한 상황에서 국가 건설 프로젝트를 추진해야 했다. 국가 건설은 네 가지 위대한 열망이 토대가 되었다.

우선 윈난 성, 티베트, 신장, 내몽골 등 국경 지역에 대한 통제를 의미했다. 두 번째로 당은 합법적인 정치 체제로 인정받아야 한다는 것을 의미했다. 그러려면 안정을 되찾고 사람들을 먹여 살려야 하며, 지속적인 경제성장이 가능하게 만들어야 한다는 것을 중국의 지도부는 분명히 알았다.

세 번째로 중국은 문서상으로 외교적 승인을 획득하고 실제로는 강대국의 간섭에 저항함으로써, 자국의 주권을 존중받을 수 있어야 했다. 네 번째로 강한 중국은 자국의 잃어버린 영토를 되찾아야 했다. 마오쩌둥은 내전 기간 동안, 이런 말을 한 것으로 유명하다. "우리 중국은 마지막 한 방울의 피가 남을 때까지 적군과 싸울 정신력, 자력으로 잃어버린 영토를 되찾겠다는 투지, 국제 사회에서 제 발로 우뚝 설 능력이 있다."[11]

1949년 이후에는 타이완에 주력했다. 소위 타이완과의 재통일과 국민당이 통제하는 몇몇 열도는 지도자들이 달성해야 할 '신성한 과업'이 되었다. 또한 중국은 인도와 분쟁이 있는 국경 지역의 일부를 되찾겠다고 주장했다.

1954년에 자와할랄 네루Jawaharlal Nehru 인도 총리는 다른 정치인들의 뜻에 크게 반해 티베트가 중국에 속한다고 승인했다. 2년 후 저우언라이 총리는 네루 총리에게 1904년 심라 조약Simla Accord에 명시된 영국령 인도와 중화제국의 국경이 된 맥마흔 라인McMahon Line 의 대부분을 평등한 협상을 거친다면 수용할 수 있다고 말했다. 그러나 인도는 중국의 제의를 거절했다. 그때부터 양측은 분쟁에 시달렸다.

가장 큰 지역 두 곳, 오늘날의 아커싸이친Aksai Chin과 아루나찰프라데시Arunachal Pradesh라는 비승인 지역은 대체로 상징적인 의미가 크다. 중국은 진심으로 아루나찰프라데시를 되찾을 것이라고 기대하지 않고, 인도 역시 아커싸이친을 되찾기를 심각하게 바라고 있는 것이 아니다. 그러나 타왕Tawang, 봄딜라Bomdi La, 다울라트 베그 올디Daulat Beg Oldi처럼 작은 몇몇 지역들은 진정한 분쟁거리가 되었다.

중국은 또한 남중국해 열도에 관심을 가졌다. 일본이 파라셀 제도Paracel(시사군도), 스프래틀리 군도Spratly(난사군도), 프라타스 군도Pratas(둥사군도)에 대한 요구를 포기했을 때, 중국은 재빨리 열도에 대한 '침범할 수 없는 영유권'을 주장했다. 또한 저우언라이 총리는 중국의 영유권 주장을 남중국해 대부분 지역으로 확장하는 남해구단선을 공개적으로 지지했고, 1958년 영해선언에 서명함으로써 공식적으로 세 개 열도의 회복을 요구했다.[12]

중국 정부가 동중국해에 대한 영유권을 주장하기까지는 좀 더 시간이 걸렸다. 센카쿠(댜오위다오) 열도는 1895년 이후로 일본의 통치하에 있었지만, 중국은 센카쿠 열도를 미국 관할하에 두기로 한 1951년 샌프란시스코 조약을 폐기했다. 중국은 1958년에 동중국해에 대한 영유권을 처음 주장했다가, 1969년 동중국해에서 석유가 발견되자 이후 재차 성명을 냈다. 1970년에 중국은 처음으로 대륙붕에 대한 현저한 권리를 가진다고 주장했는데, 그 거리는 중국 해안에서는 300해리가 넘고, 일본 오키나와에서는 150해리가 채 되지 않는다.

중국의 시각에서 볼 때 이러한 네 가지 위대한 열망은 합당하고 정당했다. 공격과 권력을 강화하기 위한 것이 아니라, 국가를 재건하고 방어하는 차원이라고 강조했다. 중국은 수정주의 강대국이 존재한다면, 그것은 군함으로 아시아 지역을 괴롭히고 불법적으로 많은 전략지에 병력을 투입하며, 전투기로 잇따라 급습한 미국이라고 주장했다. 소련이라고 더 나을 것은 없었지만 1950년대 후반까지는 이를 공공연하게 언급할 수는 없었다.

이로써 우리는 중국의 네 가지 열망이 초래하는 가장 중요한 영향을 도출할 수 있다. 중국이 불안정한 환경에서 국가 건설 프로젝트를 완성하려면, 초강대국의 지배를 무너뜨리고 아시아에서 가장 강력한 국가조직으로서의 지위를 회복해야 한다는 것이다.

중국이 미국과 소련의 권력을 약화시키길 원했던 것은 분명하다. 1937년 마오쩌둥은 주도적인 강대국의 영향을 제한할 새로운 세계 질서를 창출하는 목표를 선언했고, 그 이후 그것은 줄곧 중국의 외교 정책에 있어서 양보할 수 없는 한계선, 즉 레드라인이 되었다.[13] 이는 1950년대 저우언라이 총리가 주장한 영토 보존과 주권의 상호 존중, 상호 불가침, 내정 불간섭, 평등과 호혜, 평화공존이라는 평화공존 5원칙에 뿌리 박혀 있었다.

1970년대에 들어서 마오쩌둥은 제3세계 이론에서 새로운 국제 질서를 위한 계획을 담아냈다. 제3세계와 제2세계는 제1세계의 두 초강대국을 억제하기 위해 협력해야 했다. 중국 지도자들에게 이것은 약소국들을 착취하는 초강대국의 특권을 종식시키고, 내정 간섭을 중단시키며, 다양한 발전 궤적을 지닌 국가들을 존중하기 위해 국제 정치에서 공정성을 회복하는 것을 의미했다. 이번에도 중국의 시각에 대해 논쟁할 여지가 있긴 하지만 윤리적 시각에서 보면, 이러한 목표의 상당수는 아주 합법적이다. 그렇지만 이러한 현안을 전개하기 위해서는 국가 간의 능력을 재분배해, 결국 권력의 대대적 이동이 전제되어야 했다.

아시아에서 가장 큰 강대국이 되겠다는 중국의 목표가 명백하게 드러난 것은 아니었다. 공식적으로 중국의 지도자들은 중국이 패권국이나 새로운 제국을 추구한다는 것을 부인했고, 모든 사회주의 국가들과 함께 번창하기를 원한다고 강조했다. 그러나 새로운 중국 제국의 탄생은 몇몇 계획된 목표에서 비롯된 당연한 결과였다. 전통적인 해안 중심지를 가운데 두고 티베트·신장과 같은 모든 중국 국경지역을 통합하려는 노력은 국가 권력을 위해 인적자원과 토지, 농업, 광물, 담수 자원이 가장 인상적으로 결합된 국가가 아시아에서 탄생하는 것을 의미했다.

1950년에 이미 개략적으로 제시한 산업 생산, 기술 혁신 수준을 획득하려는 목표는 중국이 세계는 물론이고 지역에서 가장 큰 경제 강국이 되는 것을 뜻했다. 그렇게 되면 중국에게 대적할 수 있는 도전자는 인도가 유일할 것으로 보였다.

　모든 가능한 수단을 동원해 타이완과 재통일하고 잃어버린 영토를 회복하려면, 중국은 주변국과 미국의 동맹 형성을 저지하고 그 국가들을 패배시킬 수 있는 군 자원을 보유해야 했다. 안전한 이웃을 형성하려는 욕구를 달성하기 위해서는 우선 주변국 정부에 특혜를 부여하고, 다른 강대국이 개입하지 못하도록 주변국을 설득해야 했다. 중국은 이런 목표를 모두 이루기 위해 필연적으로 아시아에서 가장 강력한 국가가 되어야 했다. 다시 한 번, 중국의 전략적 사고의 기초가 되었던 가정으로 돌아갈 수밖에 없다. 바로 권력 없이는 이득이 되는 평화를 이룰 수 없다는 것이다. 같은 맥락에서, 아시아에서 중국이 우위를 획득하지 않고는 이득이 되는 평화란 있을 수 없을 것이다.

　그 당시 중국 지도자들의 입장에서 생각하면 지역 질서를 재편하는 것이 필요했고, 성공적으로 재편하기 위해 국가의 힘을 극대화하는 수밖에 없었다. 그러한 수정주의자의 목표들이 중국을 적대적인 약탈자로 만들었다는 뜻은 아니다. 이를 테면, 중국 정부의 영토적 야심은 일본이나 베트남, 인도의 야심과 마찬가지로 타당한 면이 있었다. 그 국가들은 역사 지도, 고고학적 발견, 지리적 해석, 진화하는 국제 협약에 대한 지식 덕분에 모두 합리적인 요구를 할 수 있었다. 이른바 체면을 잃지 않으면서 타협하는, 합리적인 요구를 할 수 있었던 것이다.

　두 초강대국이 국경을 침범하는 것을 막고 잃어버린 영토를 회복하려는 자국의 노력을 방해하는 것을 막으며, 장기적으로 미국의 방위선security perimeter을 뚫기 위해 중국이 군사력을 이용한 것은 이상한 일이 아니었다.

중국이 가장 큰 경제 대국이 될 수밖에 없는 이유를 상상하는 것도 물론 어렵지 않다. 1950년에 중국 1인당 국민소득이 일본 1인당 국민소득과 동일해지려면, 중국 경제는 일본의 7배, 미국의 4배가 되어야 했다. 그러한 부를 이루기 위해서는 원자재가 필요했을 뿐만 아니라, 전 지역에 걸쳐 영향이 미치는 힘의 균형도 중요했다. 부득이한 경우가 아니더라도, 중국은 자연스럽게 수정주의 국가가 될 수밖에 없었다. 그러한 복잡한 국내 사정과 아주 불리한 국제 질서에 처한 강대국이라면, 누구나 같은 목표를 달성하려고 애썼을 것이다.

그러나 최강대국이 되겠다는 목표는 달성하기 어려운 꿈이었다. 더욱 시급한 문제는 환상에 불과한 평화를 위해 초강대국들에게 그 목표를 드러내지 않고, 국가를 지속적으로 운영하는 것이었다. 처음 20년 동안 중국은 이번에는 내부의 적이 아니라 외부의 적을 목표로, 수정주의자의 야심을 장기간에 걸친 게릴라 작전으로 탈바꿈시켰다. 그 새로운 게릴라 작전은 몇 가지 상호보완적인 목표를 포함하고 있었다. 우선 중국 사회 전체를 계속 동원해야 했다. 인민해방군은 1949년 500만 병력에서 1953년 300만 병력으로 축소되었지만, 민병대는 500만에서 2천 200만으로 증대되었고, 민병대의 주요 책임은 국가의 재건을 지원하는 것이었다.[14] 나머지 사람들은 집합 농장과 새로운 국영 산업에 참여해야 했다.

다른 목표는 당의 리더십을 유지하는 것으로, 사람들에게 혜택을 홍보하는 것을 비롯해 개인숭배, 민족주의, 행정적 통제, 다수의 공공의 적을 이용해 리더십을 구축했다. 또한 처음에는 모스크바를 비롯해 여러 유럽 지역의 수도에서 실용주의적으로 경제적 기회를 찾다가, 나중에는 전제국가의 엄격한 전략을 통해서 경제적 독립을 이루고자 노력해야 했다. 더 나아가, 미국과 소련과의 관계에서 정치적 자주권을 강화하고 싶어 했다.[15] 그리고 이 때문에 10년도 채 안 되어 두 거대 강국과 중국 주변의 작은 국가들 대부분과 충돌할 수밖에 없었다.

한쪽으로 기울기 정책

중국은 소련 쪽으로 기우는 것을 우선 정책으로 삼았다. 그런데 이는 사실 전혀 당연한 일이 아니었다. 우선 중국 정부는 소련 정부가 1949년까지 국민당과의 분쟁에서 중국 공산당에 대한 지원을 거부한 사실을 잘 알고 있었기 때문이다. 마오쩌둥은 이렇게 털어놓은 적도 있다. "중국이 단지 소련에만 의존하고 미국과 영국을 무시하는 것은 잘못된 일일지도 모른다."

중국은 중국 땅에 대한 소련의 특권 때문에 크게 동요했다. 중국

류사오치^{Liu Shaoqi} 국가주석은 "민주당의 일부, 학생들, 노동자들은 소련 군대의 주둔과 외몽골의 독립, 소련이 만주에서 기계 장비를 제거한 일들을 놓고 논의를 벌인다"라고 덧붙였다.

1949년 겨울 마오쩌둥이 모스크바에 방문했을 때 겪은 굴욕적인 사건 전에도 이런 분위기였다. 처음 이오시프 스탈린^{Joseph Stalin}은 마오쩌둥을 보는 것조차 거부하고 시골 저택에 가둬두다시피 했다.[16] 마오쩌둥은 후에 "스탈린은 두 달 동안 협상을 진행하지도 않고 나에게 그곳에 머물도록 했다"라고 기록했다. "그래서 나는 끝내 미친 듯이 화가 치밀어올라, 협상하고 싶지 않은 것이라면 중국으로 돌아가겠다고 스탈린에게 말했다."

또 다른 문제는 공산당이 미국에 대해 문호를 폐쇄하는 것을 원하지 않았다는 것이다. 저우언라이 총리는 알바니아의 외무장관과 대화를 하며 "우리는 제국주의자들과도 교역관계를 맺고 있다"라고 말했다. "사실, 우리는 수정주의 국가들과 더 많은 교역을 하고 있을지도 모르지만, 이런 교역 역시 평등의 원칙을 토대로 이루어져야 한다."[17] 1949년 12월 한 방송사는 이를 열정적으로 보도했다. "소련 외에도, 우리와 교역이 임박한 국가들이 많이 있다. …… 영국, 일본, 미국, 인도, 다른 국가들은 이미 우리와 교역을 하고 있거나 곧 할 예정이다."[18]

그리고 중국이 워싱턴 내부에서 벌어지는 논쟁에 대해 모두 알지는 못했겠지만, 해리 트루먼^{Harry Truman} 대통령과 딘 애치슨^{Dean Acheson} 국무장관의 개입을 보고 모든 사람들이 공산당과 협력하는 것을 반대하거나 공산당을 붕괴시키려고 애쓰는 것은 아니라는 사실을 알았으면 좋았을 것이다. 1950년 초 무렵, 트루먼 대통령은 국민당을 돕는 것을 철회하고 한국에서 군대를 철수할 준비를 시작했다. 국무장관이 말한 방위선에는 일본, 류큐 열도, 필리핀이 포함되었을 뿐, 타이완이나 한반도는 제외되었다.

소련으로 선회한 최종 결정은 오랜 논쟁거리가 되었다. 결국 중국 역시 소련 정부와 미국 정부 양쪽에 걸쳐 있기로 결정할 수도 있었다. 이데올로기, 더 나은 대화 창구, 기존 협력 관계는 분명 중국이 소련을 선택하는 데 영향을 미쳤다. 또한 전략적으로 주변 해역에 숨어 염탐하는 먼 제국보다, 가깝고 어디에나 있는 주변국을 적으로 돌리는 일이 더욱 위험한 것 같았다. 뚜렷한 증거는 없을지라도, 미국이 아닌 소련이 중대한 위협이라는 것은 명백하다. 마오쩌둥이 말한 한쪽으로 기울기 정책을 선택한 것은 일시적이었고, 그 정책에 힘입어 중국이 장기적으로 제 발로 우뚝 설 수 있었다는 데는 의심의 여지가 없다.[19]

실용주의가 소련과 동맹을 맺는 토대가 되었다면, 미국에 대한 적대성을 설명하는 데는 몇 가지 복합적인 요소가 있었다. 첫 번째로 중국은 당시 미국 정부가 중국을 대하는 방법을 놓고 얼마나 분열되었는지, 그리고 특히 관계 회복을 위한 가능성이 여전히 열려 있었다는 점을 충분히 알지 못했던 것 같다.

두 번째로 미국이 국민당을 지지한 것도 미국에 대한 대중의 인식에 결정적인 영향을 미치면서, 미국은 정치 엘리트들에게 매력적인 적수가 되었다. 한 중국인 교수는 1949년 더크 보데^{Derk Bodde}의 아주 흥미로운 북경일기에서 이것을 아주 깔끔하게 설명했다. "한 때 미국은 중국에 진정으로 진보적인 정부가 세워지기를 원했던 게 분명하다. 그러나 지난 2~3년 동안 자유주의에 대한 미국의 관심이 점차 줄어들었고, 아무리 반동주의 성향이 있다 해도 상관없이 자유주의와 공산주의 사이의 방벽이 되는 것은 무엇이든 관심을 기울였다." 그리고 이렇게 덧붙였다. "이러한 변화는 마침 중국 정부 자체에서 일고 있던 반응과 일치했다. 결과적으로 미국 정부는 끊임없이 민주적 권리를 말했지만, 이러한 권리에 점차 무심한 태도를 보였던 중국 정부를 지속적으로 도와주었다. 이것이 우리 중국인이 반미주의자가 되었던 이유다. 우리는 미국 사람들이 아니라 미국 정부에 적대적인 것이다."[20] 더 나아가 미국에 대한 적대성은 세 번째 요인인 이데올로기 때문에 더욱 촉진되었다.

마지막으로 비록 착각이긴 했지만 한국에 대한 미국의 개입 때문이었다. 중국이 이 개입을 소련과의 파트너십으로 영향력을 획득하고, 중국 주변국에 대한 미국의 간섭을 저지하며, 마오쩌둥이 자신의 개인적인 리더십을 강화할 수 있는 중요한 기회로 삼았던 것이다.[21]

한국전쟁의 발발로 냉전으로 인한 갈등은 아시아에서 공고히 굳어져 버렸고, 중국은 미국과 더욱 멀어지게 되었다. 전해진 바에 따르면 100만의 미국 병력과 맞서 군대를 배치한 것은 마오쩌둥이 직접 내린 결정이었다. "중요한 사람이 한국에 개입하기로 결정했다."[22]

이에 많은 당원들은 그 개입을 반대했다. 마샬 린 뱌오[Marshal Lin Biao]는 "싸움, 싸움, 싸움. 우리는 과거 수십 년 동안 싸움이 끊이지 않았다. 사람들은 이제 평화를 원한다"라고 주장했다. "더 많은 싸움에 가담하는 것은 사람들의 뜻에 전적으로 반하는 것이다. 우리국가는 이제 막 자유화되었고 국내 경제는 엄청난 혼란에 빠져 있으며, 군 시설은 여전히 보강되어야 한다. 이런 우리가 어떻게 더 전쟁을 치를 여력이 있을 수 있단 말인가? 게다가 국민당과 싸우는데는 제법 자신이 있지만, 원자폭탄을 갖춘 현대식 미국군과 싸우는 것은 아주 다른 문제다."[23]

또 다른 공산당 중앙위원회인 가오강[Gao Gang]은 이렇게 밝혔다. "우리는 이 땅에서 20년 동안 전쟁을 치러왔다. 이제 막 통합된 우리는 평화를 되찾아야 한다. 또다시 싸우게 되면 우리 경제가 그 부담을 견딜 수 없을까 봐 두렵다. 전쟁은 주먹으로 하는 게 아니라 돈으로 하는 것이다."[24]

전쟁을 벌인 데는 중요한 전략적 이유가 있었다. 북한의 김일성 주석이 한국을 공격할 필요성에 대해 스탈린을 설득하자, 스탈린은 중국의 개입을 독려하거나 최소한 중국의 개입에 찬성했다.[25] 그리고 미국에 대한 불신이 중국의 결정에 거의 확실하게 영향을 주었다. 1950년 1월, 미국 정부는 국민당을 지지하는 것을 중단하겠다고 발표했지만, 그해 6월 무렵 미국이 그 결정을 뒤집었던 것이다. 맥아더 장군은 타이완을 영원히 침몰하지 않는 항공모함이라 불렀다. 이 타이완이 무너질까 두려웠던 미국은, 의회에서 벌인 타이완의 로비활동과 6월에 발생한 북한의 공격에 놀라 타이완을 다시 도와주기 시작하고 타이완 해협에 제7함대를 보냈던 것이다.[26]

8월에 미군은 중국의 영공을 침범했을 뿐만 아니라 맥아더 장군 역시 타이완을 방문해 중국의 회유 정책은 결함이 있는 전략이라고 공공연하게 말했다.[27] 그 달, 마오쩌둥은 이미 이렇게 경고했다. "제국주의자 미국이 전쟁에서 승리하면, 그들은 더욱 오만하게 굴고 우리를 위협할 것이다." 중국을 대표해 유엔 안전보장 이사회에서 중재했던 위슈추안Wu Hsiu-chuan은 훨씬 더 교묘하게 딜레마를 요약했다. "미국에 적대적인 국가의 군대가 하와이를 점령하고, 그동안 같은 국가의 또 다른 군대는 미국의 주변국 멕시코를 공격하고 있다고 치자. 그때 공격자가 미국 국민들에게 어떠한 공격도 하지 않을 것이라고 호언장담했다고 가정해보자. 과연 미국 국민들이 이러한 확약을 믿을까?"[28]

미국 군대가 북쪽으로 이동하자, 중국 정부는 북한을 침략하면 중국이 개입할 것이라고 더욱 엄중하게 경고하기 시작했다. 10월 1일에 연합군이 38선을 넘어갔고, 중국군은 며칠 후 움직였다. 방어와 억제는 확실히 중요했다. 그러나 전쟁을 벌인 마오쩌둥의 명령이 전적으로 안보 환경을 감안한 결과였을 것 같지는 않았다. 아무리 위험이 따른다 해도, 전쟁은 마오쩌둥의 리더십을 공고히 할 기회가 될 수 있기 때문이다. 또한 마오쩌둥은 개입해달라는 스탈린의 요청 덕분에 군사 지원, 더욱 수월한 재정 지원의 획득, 중국의 산업 계획을 위한 지원과 관련된 협상에서 소련 정부에 대한 자신의 영향력을 강화할 수 있다는 것을 알았다.[29]

1953년 휴전 이후 중국 정부는 도미노 효과로 새로운 중국 정권이 초기에 억압되는 것을 막기 위해 공공연하게 엄청난 사람들의 희생을 합리화했다. 저우언라이는 "미국은 일본 기지를 사용함으로써 1895년 전쟁 이후의 역사를 뒤따르며 일본 군국주의자들의 모험주의를 계승했고, 중국을 정복하는 길을 선택했다"라고 주장했다. "그들은 처음에는 중국을 진정시키고 싶어 하더니, 북한을 점령한 후에는 중국을 공격하고 싶어 했다."[30]

그런데 한편으로 미국이 유럽 냉전에 휩쓸리면서 감당할 수 있는 능력을 넘어서게 되었고, 중국과의 장기전은 아주 불리한 상황이 되었다고 마오쩌둥은 언급했다.[31] 그 결과 중국은 수정주의의 또 다른 중요한 요인에 점차 의존하게 되었다. 그것은 바로 중국 권력의 확고한 토대로서 강한 산업을 구축하는 것이다.[32] 중국이 장기적으로 염두에 둔 것은 명백했다. 그것은 바로 주도적인 강대국 대열에 들어가는 것과 강력한 경제적 기반을 구축하는 것이다. 중국은 제국주의 강국들이 누리던 경제적 특권에 종지부를 찍고, 중국이 주도적인 산업적·기술적 대국이 되는 새로운 경제적 질서를 원했다.

경제 강국을 향한 중국의 집착은 세계 경제가 아주 무질서하다는 시각에서 비롯되었다. 중국은 강한 경제를 구축해야 대중의 지지를 확보하고 다른 강대국들이 불화를 조장하지 못하도록 막을 수 있다고 생각했다. "우리가 경제 문제를 해결할 수 없다면, 현대적 산업을 구축할 수 없다면, 생산 능력을 강화할 수 없다면, 대중이 반드시 우리를 지지할 것이라고 보장할 수 없다."[33]

또한 독립을 유지하고 협상력을 획득하기 위해서도 경제력은 필요했다. 마오쩌둥과 저우언라이는 "우리 국가는 정치적으로 독립했다. 그러나 우리가 완전히 독립하기를 바란다면 완전한 산업화가 반드시 필요하다"라고 주장했다. "산업이 발전하지 않으면 국가는 다른 국가의 속국이 될 수 있다. …… 소련은 중공업과 국가 방위 산업을 개발하는데, 우리 국가는 경공업을 개발하게 돼야 하는가? 그렇게 할 수 있을까? 내 생각에, 우리는 그렇게 할 수 없다."[34] 더군다나 경제력은 군사력의 기초로 여겨졌다. "산업 없이는 탄탄한 국방, 국민의 복지, 국력이 있을 수 없다."[35]

회복

산업화는 중국의 제1차 5개년 계획(1953~1957년)의 근간이 되었다. 투자의 약 70퍼센트가 신규 공장, 광산, 다른 기반산업 개발에 투입되었다. 그 당시 중공업의 20퍼센트와 경공업의 60퍼센트가 민영화되었지만, '온건적 자본주의'라 불리던 그 기간은 국가가 통제하는 산업화를 위해 길을 열어주었다. 산업 생산량, 철강 생산량, 석탄 생산량은 매년 15퍼센트 이상씩 증가했다. 이것은 중국이 외교 정책에서 온건한 태도를 보이고 안정을 추구했던 기간과 일치한다.

그러나 미국은 그것을 줄 준비가 되지 않은 듯했다. 드와이트 아이젠하워Dwight Eisenhower는 이제 막 대통령이 되었고, 공산주의자들에게 중국을 빼앗긴 것은 국가 역사상 가장 큰 외교적 실패였다. 곧바로 그는 타이완 해협에서 제7함대를 철수했고, 국민당은 샤먼에서 15킬로미터 떨어진 진먼과 마쭈 열도에 7만 병력을 배치할 수 있었다. 중국 정부는 포격으로 대응했지만 단계적으로 확대되는 것은 막으려고 했다.

새로운 국무장관 존 포스터 덜레스John Foster Dulles는 국방부와 의회에서 이구동성으로 소리 높이는 중국 강경파의 지지를 받으며 태평양에서의 강경한 전략을 요구했다. 그는 중국이 진먼과 마쭈 열도를 획득하면 공산주의자들이 미국을 태평양 밖으로, 곧바로 하와이와 미국으로 몰아내려는 목표를 착수할 수 있게 된다며 발끈 화를 내었다.[36]

리처드 닉슨Richard Nixon 부통령은 아시아 여정에서 돌아오자마자 북대서양조약기구NATO와 맞먹는 아시아 기구를 옹호했고, 이는 뒤이어 동남아시아조약기구SEATO의 창설로 이어졌다.[37] 한국전쟁이 일어나는 동안 이미 방위조약들이 체결되었다. 1951년 8월 필리핀과 상호방위조약, 1951년 9월 오스트레일리아·뉴질랜드와 태평양 안전보장조약, 샌프란시스코와 일본의 방위조약, 그리고 전쟁이 끝났을 때는 한국과 상호방위조약을 체결했다.

그러는 동안 미국은 베트남에 있는 프랑스에 막대한 기금을 지원하기 시작했고, 라오스와 캄보디아를 도와주기 시작했다. 또 필리핀과 방위조약을 체결하고, 버마를 지원할 기회를 찾아냈으며, 태국 정부를 뒤에서 온힘을 다해 지원했다. 즉, 봉쇄전략을 실행한 것이었다.

이미 한국전쟁이 일어나는 동안, 중국은 자국의 안보 환경을 개선할 기회를 찾으려고 노력했다. 1952년에 저우언라이는 모스크바에서 중국은 군대를 보내지 않고 평화적인 영향력을 행사하는 지역 전략을 추구하는 것을 목표로 하고 있다고 설명했다.[38] 그 이후 아시아와 환태평양 평화 회의Asia and Pacific Rim Peace Conference가 이어졌고, 베이징에 있는 신규로 건축된 평화 호텔에서 피카소의 유명한 평화의 비둘기가 그려진 배너 아래에 13개국의 대표들이 모였다.

1954년에 중국과 인도는 평화 5원칙에 동의했다. 같은 해, 중국은 인도차이나에 대한 제네바 회담을 4대 강대국과 중국과의 관계를 개선하고 서방 국가가 중국에 집단적으로 대항하는 것을 막을 기회로 삼았다. 중국 대표단은 베트남, 캄보디아, 라오스를 중립화하고 이 국가들과 동맹을 체결하는 것을 금지하자고 제안했다. "우리는 인도차이나에 평화가 찾아오고, 라오스와 캄보디아가 평화롭고 독립적이고 우호적이며 중립적인 국가가 되기를 바란다. 그들이 미국 동맹에 가입해 미군 기지를 구축하면, 평화를 회복하는 것이 무의미해진다."[39]

1년이 지나지 않아 인도네시아 반둥에서 열린 비동맹 국가의 정상회담에서 중국은 타이완 정부와 교섭을 시작해 극동 지역의 긴장을 완화하기로 약속했는데, 이 일로 아시아 국가들 사이에서 찬사를 받았다. 인도 대표단은 이렇게 말했다. "반둥 회의 결과로 실질적으로 긴장이 완화되지는 않더라도, 공산주의인 중국의 주변국들 사이에서 두려움이 줄어들고 있다."[40]

중국이 대부분의 주변국들과 균형적인 관계를 추구함에 따라, 소련과의 관계는 중국 내부 문제에 대한 소련의 간섭, 중국 군사의 현대화에 대한 전폭적인 지원 거절, 사상적 리더십을 비롯한 다양한 현안에서 틀어지기 시작했다. 1956년 이미 중국은 헝가리를 필요 이상으로 혹독하게 탄압하는 소련 정부를 비난했다.

1958년에 마오쩌둥은 중국은 다른 길을 가겠다고 강조하며 불균형한 관계를 비난하는 일이 더욱 거세졌다. 마오쩌둥은 소련 대사에게 "당신은 소련 국민들은 우등하고 중국 국민들은 열등하며 경박하다고 생각한다"라고 말했다. "당신은 공동 소유권을 원한다. 우리의 육군, 해군, 공군, 산업, 농업, 문화, 교육을 비롯한 모든 것을 공동 소유하기를 원한다. 그렇지 않은가?"

중국이 평화 경쟁이라는 소련 정부의 새로운 접근방법을 받아들이지 않자, 관계는 한계에 도달했다. 핵무기가 전통적인 전쟁을 무용지물로 만들기 때문에 공산주의 국가들은 이제 비동맹 국가들과 평화 지역을 구축하기 위해 노력해야 한다는 주장이 시발점이 되었다. 중국 정부에게 그러한 접근방법은 핵무기를 보유한 강대국들이 핵 억지력을 이용해 또 다시 불평등한 평화를 강요하려는 시도로 보였다.

흐루시초프^{Khrushchev}는 1957년에 이렇게 기록했다. "마오쩌둥을 제외한 모두, 전쟁을 피할 방법을 두고 고심하고 있었다. 우리는 '평화를 위한 투쟁을 시작하시오'라는 슬로건을 내걸었으나, 갑자기 마오쩌둥이 전쟁을 두려워해서는 안 된다고 말하는 것이었다." 그 딜레마를 가장 분명하게 요약한 것인 린뱌오^{Lin Biao}였다. 그는 "흐루시초프 수정주의자들은 평화 공존, 평화적 이행, 평화 경쟁이라는 그들의 일반적인 방식을 준수하면, 억압당하는 국가들은 자유를 찾고 무기, 무력, 전쟁이 없는 세상이 도래할 것이라고 주장한다"라고 말했다. "그러나 미국이 주도하는 제국주의와 그 대응 때문에 군 장비를 열성적으로 준비하고, 매일 혁명적인 사람들을 피비린내 날 정도로 억압하고, 독립 국가를 위협하고 무력을 사용하는 일에 가담하는 것은 바꿀 수 없는 사실이다. 흐루시초프 수정주의자들이 유포한 일종의 쓰레기 같은 소리는 이미 수많은 국가에서 엄청난 사상자를 냈다."

흐루시초프가 1959년 베이징을 방문했을 때, 파트너십은 붕괴되었다. 그는 센터 밖 언덕에 있는 모기들이 들끓는 방갈로에 머물렀는데, 마오쩌둥이 소련 시골 저택에서 추위에 떨며 머물렀던 것에 대한 보복임이 분명했다. 1960년에 소련 정부는 경제적 지원을 끝냈다. 이제 중국은 혼자가 되었다.

혁명의 전파

한편, 중국의 내부 개혁은 너덜너덜 누더기가 된 상태였다. 농업 생산은 5개년 계획에서 크게 소외되었다. 공장들이 발전하고 도시가 확장될수록, 시골 지역은 점차 따라가는 것이 힘들었다. 산업적 성장에 대한 집착으로 중국은 외국 장비를 구매하는 데 막대한 비용을 들였고, 그 비용을 치르려면 가난한 소작농에게 무거운 재정 부담을 지울 수밖에 없었다.

1955년 전국인민대표대회는 농부들이 점차 농업 생산량을 증가시킬 수 있도록 협동조합을 조직하는 계획을 승인했다. 그러나 그 결정이 있은 지 하루도 안 되어, 마오쩌둥은 개인적으로 협동조합은 2년 미만으로 운영되어야 한다고 결정했다. 결국 그 결정은 실패로 끝났다. 농업 생산량은 부족했고, 정부 역시 대규모 기반시설 비용 때문에 과도한 부담을 떠안았다.

당이 분열되기 시작했지만, 마오쩌둥은 제2차 5개년 계획을 밀어붙였다. 대약진 운동이 일어나는 동안, 정부는 영국과 미국의 산업 생산량을 따라잡는 데 얼마나 걸릴지 일정표를 만들기도 했다. 실패가 커지면 커질수록 날짜는 20년에서 15년으로, 7년으로, 2년으로 점점 앞당겨졌고, 마침내 저우언라이가 실용적으로 '역사적으로 그리 길지 않은 기간 내에' 일어날 것이라고 말하기에 이르렀다. 대약진 운동은 2천만 명에서 4천 200만 명의 생명을 앗아가면서 중국의 최근 역사상 가장 어두웠던 페이지 중 하나가 되었다. 1960년과 1969년 사이에 중국의 국내총생산은 전혀 증가하지 않았는데, 이는 주로 농업에서의 손실이 산업 부문에서의 증가 효과를 상쇄했기 때문이다.

이 사건이 일어날 당시, 때마침 중국의 국제 관계도 악화되고 있었다. 중국은 버마, 스리랑카, 파키스탄, 아프가니스탄과 새로운 협정을 체결했다. 게다가 1960년대 초 무렵에는 네팔, 버마, 북베트남, 외몽골과 국경 문제를 해결했다. 그러나 중국은 값싼 산업 생산품을 덤핑하고 해외의 중국 공동체들을 교묘하게 조종한다는 이유로 몇몇 주변국들에게 비난을 받았다. 1960년에 중국 정부는 중국이민자를 부당하게 대우한다는 이유로 인도네시아 정부와 다투었고, 동남아시아에서 온 동포들 60만 명을 본국으로 송환할 것이라고 발표했다. 베트남과의 갈등은 점차 심화되었다.

중국은 제국주의자들에게 주권을 팔아넘겼다며 지역의 모든 국가들을 비난한 반면, 결국 초강대국 경쟁에 맞설 계획으로 수립한 동남아시아 공동체를 많은 조건을 붙여 받아들였다.[41] 1966년 문화혁명이 발생했을 때 중국은 버마, 캄보디아, 인도네시아, 네팔, 스리랑카에서 멸시를 받았다. 몇몇 국가들과는 외교 관계가 단절되었다.

인도와의 관계 역시 빠르게 악화되었다. 1959년에 자와할랄 네루 총리는 분쟁 국경지역의 서쪽 영역인 라다크에 군대를 보낸 중국을 비난하기 시작했고, 서서히 잠식해가는 중국의 전략에 반대하며 위력을 과시하기 위해, 소련의 군장을 주문했다. 1962년에 국경 분쟁은 짧은 전쟁으로 치달았다. 전쟁이 일어나는 동안 중국은 인도 국경을 침략했지만 인도 정부가 교훈을 얻었다고 언급하며 빠르게 철수했다. 1965년에 중국은 다시 인도와의 국경 지대에 군대를 집결했고, 카슈미르를 둘러싼 인도와의 충돌에서 이번에는 파키스탄을 지원했다.

일본은 다소 예외적으로 눈에 띄는 상황이 발생했다. 1958년, 중국 정부는 한 작은 사건에 달려들었다. 바로 기시Kishi 수상의 친서방 행정부에 보이콧하기 위해 일본 학생이 나가사키의 우표 전시회에서 중국 국기를 찢어버린 사건이었다.

1958년에 일어난 이 사건 이후, 일본은 관계를 개선하고자 전 수상을 보냈고, 양측은 1년 후 무역 협력을 재개하는 데 동의했다. 1964년 무렵 사토 에이사쿠Eisaku Satō가 내각총리대신으로 당선된 이후 관계가 냉각되었고, 중국 정부는 자국 외교관들에게 무역 협상을 연기하라고 지시했다.[42] 그러나 그 이후부터 1960년대 말까지 중국과 일본과의 관계는 눈에 띄게 회복되었는데, 1966년 베이징에 일본 사무소를 개관하고 과학적 협력을 시작하며, 항공 회담을 진행했다. 일본 정부는 심지어 문화혁명이 일어나는 동안에도 많은 실용주의적인 태도를 보여주었다.

1967년이 되자 중국은 일본 공산품의 가장 큰 고객이 되었다. 그해 양측은 무역협정을 갱신했다. 그렇지만 일본은 그 무역협정에서 타이완, 미국과의 관계를 단절할 것을 암시하는 세 가지 원칙은 공개적으로 받아들이지 않았다. 저우언라이는 일본과 더 긴밀한 관계로 발전하려는 중국의 관심을 분명히 보여주면서, 1964년 방문 대표단에게 이렇게 말했다. "중국에는 기본적으로 일본에 필요한 모든 원자재가 있고, 일본은 중국에게 다양한 기술과 장비를 많이 제공할 수 있다. …… 양측은 큰 시장을 보유하고 있다. 경제 분야에서 양국의 시장이 증대됨에 따라 서로에 대한 필요가 증가할 것이다. 따라서 서로 필요한 것을 제공할 기회는 훨씬 커지게 될 것이 분명하다."

인도가 소련에 점차 가까워지면서, 중국은 그 동맹에서 더욱 소외되었다. 1960년대 말, 안보 환경은 급격하게 변하고 있었다. 소련은 중국과의 국경 지역에 병력을 배치하고, 공군 기지를 확장하고 전략적 핵미사일의 배치를 늘리기 시작했다.[43] 소련 탱크와 대공포 부대가 몽골 지역에 주둔했다. 반면 소련 정부는 일본을 회유하고, 버마에 백기파 공산주의자들White Flag Communists을 지원하는 중국을 비난했다. 그리고 소련은 인도네시아에서 새롭게 성립된 수하르토 정권과의 관계를 정상화하기 시작하고, 나아가 인도와의 협력을 강화하며, 중국과 북베트남 사이를 이간질시키려고 노력했다.

1969년에 동쪽 지역의 우수리 강과 서쪽 지역의 신장과의 국경 지대에서 발생한 짧은 소규모 접전으로 중국과 소련과의 관계는 더 악화되었다. 미국과의 관계에서 중국은 분명하게 새로운 군사적 충돌을 피하려고 노력했지만, 그러한 노력이 진먼 섬에 새로운 포격 작전 명령을 피하는 데까지 이어지지는 못했다. 그 사건은 중국이 미국과 자국 국민들에게 모두 단호한 결의를 보여주는 계기가 되었고, 남베트남과 태국에서 미국 정부의 간섭을 반대하는 선전 공세를 촉발시켰다.[44]

1961년, 천이Chen Yi 외교부장은 미국이, 뒤이어 동남아시아조약기구가 라오스로 움직여 소련이 지원하는 반란 단체와 전투를 벌인다면, 중국은 군사적으로 대응할 것이라고 경고했다. 1965년 시작된 베트남 전쟁으로 관계는 더욱 복잡해졌다. 중국은 1967년 평화 회담에서 격분했다. 저우언라이는 "미국이 기획한 평화 회담의 목적은 그야말로 남베트남에서 미국의 입지를 공고히 하고자 감언이설로 협상을 도모하는 것이다"라고 단언했다. "미국이 군대를 철수하지 않는 한, 당신 국가가 전쟁에 무기한 매달릴 수밖에 없도록 이 회담을 끝내지 않을 수 있다."[45]

그런데 미국이 화해의 뜻을 내비치기 시작했다. 이미 린든 존슨Lyndon Johnson 대통령의 재임 말기 동안, 미국 정부가 교섭을 제안했고 중국 정부에게 고립 상태에서 벗어나라고 요청했다.[46] 중요한 징조가 있었는데, 백악관이 전화비의 지불을 승인한 것이다. 중국의 통신부서에서 체납된 60만 달러의 전화비였다.

1969년 선거 직후, 리처드 닉슨 행정부는 무역 금수 조치를 해제할 가능성을 암시했고, 베트남에 대한 미국의 개입을 줄이기 시작했다. 그 결과 태국 총리는 더욱 독립적인 외교정책을 호소했고, 필리핀의 마르코스Marcos 대통령은 미국이 빠져나간다면 자국은 중국과 화합하는 법을 배워야 한다고 말했다. 또한 버마 정부는 중국을 향한 비난의 수위를 낮추기 시작했고, 버마 적십자사를 통해 중국이 보낸 지진 피해 지원을 받아들였다. 그 광경은 중국이 외교 정책에서 주요한 전환을 준비하는 것 같았다.

사실 정말로 그랬다. 저우언라이는 외국 대표단을 받아들이기 시작했고, 외무부는 대사관을 다시 열었다. 그러나 아시아에서 벌어진 이러한 권력 정치의 전환점에서, 국내 권력 정치는 중국의 대응에 결정적인 영향을 미쳤다. 미국 정부가 동남아시아에 대한 자국의 변화를 발표할 당시, 중국은 여전히 혁명적인 극좌파를 해체하고 있었다.

소련 정부와의 갈등이 절정으로 치닫고 있던 당시, 린뱌오를 둘러싼 소련의 우호적인 장군들 집단은 저우언라이를 위시한 온건주의자들과 마오쩌둥 자체의 영향력을 훼손시키면서, 중국 리더십에서 크게 급부상하기 시작했다. 존 W. 가버John W. Garver가 주의 깊게 재구성한 것처럼, 마오쩌둥이 중국은 소련을 미국으로 바꾸고 싶어 한다고 1970년에 이미 시사했는데도 불구하고 중국 정부가 소련에 매달릴 수밖에 없었던 것은, 내부의 권력 이동 때문이었다.

다음 두 사건으로 소련에 우호적인 진영이 유리해졌다. 하나는 1969년 11월 미국이 일본과 공동서명을 체결했는데, 이를 통해 오키나와, 한국, 타이완이 일본의 안보에 극히 중요하다고 밝혔다. 다른 하나는 1970년 4월에 미국 군인들이 동부 캄보디아에서 베트남 인민군을 추적하기 시작했는데, 이 때문에 중국이 바르샤바에서 열리는 정기 대사급 회담을 연기했다. 린뱌오가 쿠데타 음모로 숙청

되고 그의 비행기가 몽골 평원으로 추락한 이후에, 저우언라이와 마오쩌둥은 미국 정부의 교섭 제의에 대응하며 혁명의 혼란 속에서 서서히 분명하게 드러나는 외교 기회를 사로잡을 수 있었다.

혁명과 수정주의

중국이 미국과의 관계를 회복할 희망을 포기하고 있었을까? 전혀 아니다. 가장 먼저 변한 것은 중국의 태도가 아니라 중국의 환경이었다. 저우언라이가 이미 1950년대 실용주의 방향으로 외교에 박차를 가했지만, 혁명과 내부 반대로 무산된 것은 사실이다. 안보 전망을 극적으로 변화시킨 것은 미국과의 관계에 돌파구가 있다는 가능성이었다. 또한 문화혁명에 대해 일본 정부가 실용적인 대응을 보이고, 몇몇 동남아시아 국가들이 더욱 관대한 태도를 보인 것도 한몫했다. 이것은 중국 정부에서 온건주의 정치가들, 그리고 개인적으로 특히 건강이 악화됨에 따라 혁명에 대한 열의가 중국을 붕괴시킬 것이라고 결론을 내릴 수밖에 없었던 마오쩌둥에게 중요한 기회로 나타났다.

다음 장들에서 살펴보겠지만, 막 싹텄던 외교적 전환의 결과는 극적이었다. 그러나 국가를 건설하는 중국의 가장 중요한 목표에는 아무런 변화가 없었다. 융통성 있는 정치, 변함없는 열망! 이러한 목표들은 온통 수정주의라는 것이 명확해졌다. 그 목표들 때문에 중국은 초강대국들의 기동성을 줄이고 장기적으로는 모든 다른 아시아 국가들을 앞설 때까지 자국의 권력을 극대화시켰다.

워싱턴의 몇몇 국회의원들이 주장했던 것처럼, 그 수정주의는 세계 지배를 위한 악의적인 의도나 전제주의의 체계와는 아무런 상관이 없었다. 중국의 수정주의, 즉 아시아 질서 구조를 재편하고 스스로 선두에 서겠다는 욕구는 정당한 이익을 추구하려는 데서 비롯되었다. 1960년대 발생한 흥미로운 진화는 중국이 성취 면에서, 즉 힘의 축적이란 차원에서는 약화된 수정주의자가 되었지만, 겉으로는 더욱 강화된 수정주의자가 되었다는 것이다. 혁명적인 외교는 중국 수정주의의 절정이 아니라 가장 낮은 수준인 것이다.

chapter **3**

정상화

China

"원숭이가 인간이 되기까지는 시간이 걸리는 법이다." 1971년 7월, 마오쩌둥은 저우언라이가 헨리 키신저와의 첫 번째 협상에 대해 간략히 보고하자, 이렇게 대답했다. 국가안보 보좌관이 베이징에 도착했을 당시, 린뱌오와 수행원들은 여전히 미국과의 관계 회복에 항의하고 있었다. 그러나 마오쩌둥은 키신저가 충분히 확신을 주었다고 생각했다.

협상은 명쾌했다. 중국이 베트남 전쟁에서 미국이 철수하는 문제를 어렵게 만들지 않는다면, 이른바 베트남화Vietnamization(베트남 전쟁에서 미국이 손을 떼고 전쟁을 남베트남 정부에게 맡기는 방식 - 옮긴이) 이후 동남아시아, 한국, 타이완에서 미군을 단계적으로 축소하겠다는 것이다. 게다가 키신저는 미국 정부는 타이완의 국민당이 본토를 공격하거나 독립을 선포하는 것을 지지하지 않고 중국을 5대 강대국 중 하나로 인정하며, 평화 공존 제5원칙을 공개적으로 인정할 것이라고 시사했다.[1] 이때부터 외교적 변화가 점차 뚜렷해졌다.

그해 10월 키신저는 중국을 한 번 더 방문했다. 같은 달, 유엔 총회에 긴장이 팽팽한 가운데 진행된 마라톤 회의에서는 공산주의 국가 중국을 인정하고 국민당 정부를 제명하는 데 찬성하는 의견이 압도적이었다. 11월에는 닉슨 대통령의 중국 방문이 결정되었다. 12월에 중국 정부는 북베트남에서 발생한 5일간의 미국 포격전에 거의 대응하지 않았다. 1972년 2월, 마침내 닉슨 대통령은 중국과 미국 간의 협력 원칙을 담은 상하이 코뮈니케^{Shanghai Communiqué}에 서명했다.

그러나 우여곡절 끝에 시작된 이 교섭은 다시 난관에 봉착했다. 1976년에 저우언라이와 마오쩌둥이 둘 다 사망한 것이다. 급진적인 4인방(문화대혁명 기간 중 막강한 권력을 휘둘렀던 문혁 4인방 - 옮긴이)이 권력을 장악하고 덩샤오핑을 밀어냈다. 혁명적으로 등장했던 현대 중국 정치는 1978년 12월에 일어난 제11기 중앙위원회 제3차 전체회의에서 막을 내렸고, 중국과 미국을 비롯한 전 세계 곳곳에서 긴장완화^{détente}가 공고해질 수 있었다.

긴장완화

긴장완화에 대한 반응은 다양했지만, 일반적으로 긍정적인 편이었다. 상하이 코뮈니케 후에 소련은 관계를 개선하는 여러 제안들로 중국을 지속적으로 회유했고, 또한 아시아에 주둔한 소련군을 증강하고 지역 안보 협력을 제안하며, 인도에 더욱 가까이 다가갔다.

싱가포르의 시나탐비 라자라트남^{Sinnathamby Rajaratnam} 외무장관은

1945년 이후 아시아의 정치 현실에 불어 닥친 가장 근본적인 변화를 대변했다. 싱가포르는 일본, 태국, 말레이시아, 라오스, 오스트레일리아와 같은 국가들과 더불어 중국에 손을 내밀고 싶어 했던 것이다.

인도, 인도네시아, 한국, 필리핀, 캄보디아는 전략적인 영향에 대해 더욱 우려를 표했다. 인도네시아의 아담 말릭Adam Malik 외무장관은 아시아 국가가 더욱 독립적인 국제 관계를 계획할 때가 도래했다고 말했다. "우리는 남에게 의지하지 않고 독립적으로 우리의 국가를 발전시켜야 한다." 마찬가지로 페르디난드 마르코스Ferdinand Marcos 필리핀 대통령은 다양한 연대 정책을 추진함으로써 대응해 나갈 것이라고 말했다. 일본, 오스트레일리아, 뉴질랜드, 필리핀, 한국, 남베트남, 말레이시아, 타이완을 포함한 반공산주의 성격의 기구인 아시아-태평양 이사회ASPAC는 더욱 개방적인 회원 가입을 요청했고, 머지않아 중국 문제로 내부 분열이 일어나면서 점차 쇠약해졌다.[2]

무역은 주변국과의 관계를 회복하는 데 도움이 되었다. 상당수는 홍콩을 통해 무역이 이루어짐으로써 관계가 회복되었다.[3] 또다시 일본은 아시아에서 중국의 주요 경제적 파트너로 급부상했다. 1972년 일본은 중요한 의사표시로, 중국 무역 사무소에 외교적 지위를 부여했다. 1975년 전국인민대표대회에서 공식적으로 제안된 저우언라이의 4대 현대화 정책을 실행하는 데 일본의 지원은 중요했다. 이러한 현대화는 농업, 산업, 국방, 기술에 주력했다. 1978년

2월에는 1985년까지 쌍방 교역을 200만 달러까지 확대하는 장기 무역협정이 체결되었다. 일본은 석탄과 원유를 수입하고 기술, 건축자재, 기계부품을 수출할 것으로 기대했다.[4]

중국은 동중국해의 영토 분쟁과 같은 일촉즉발의 논쟁을 해결하는 데 본격적으로 착수했다. 1972년, 그 지역에 대한 통제 문제는 다시 정치의 최우선 현안으로 올라왔다. 그때 미국은 류큐 열도에 대한 민간 통치를 중단했고, 센카쿠(댜오위다오) 열도의 통제권을 일본에 돌려주었다. 이 열도들은 일본에게 오랫동안 제국주의나 공산주의를 비롯한 대륙의 영향에 맞서는 물리적 이정표로 간주되었다.

중국은 그 열도들에 대한 일본의 통제를 받아들이지 않고 자국의 권리를 주창했다. 신문에서는 "우리 중국 국민들은 일본 군국주의자들에게 분명히 경고한다. 일본 폭력배들이 다시는 우리의 신성한 영토를 짓밟도록 결코 내버려두지 않을 것이다"라고 큰 소리로 떠들어댔다.[5]

1978년 팽팽한 긴장 상태가 고조된 당시, 중국은 그 지역에 어선 100척을 보냈고 일본의 우익 단체는 열도 중 한 곳에 등대를 세웠다. 그러나 1977년 미국과 소련의 관계가 새롭게 악화되자, 이에 자극을 받은 일본의 정치 내부는 관계를 회복하자는 쪽으로 기울었다.[6] 덩샤오핑은 1950년 소련과 맺었던 동맹 조약에서 반 일본 조항을 삭제할 의향을 표명함으로써 일본의 관심을 불러일으켰다. 1978년에 우호조약이 체결되었고, 뒤이어 영토 분쟁으로 더 이상 관계를 망칠 필요가 없다는 덩샤오핑의 발언이 뒤따랐다. "이 문제가 한동안, 이를 테면 한 10년 정도 보류된다고 해서 문제될 일은 없다. 우리 세대는 이러한 문제에 공통점을 찾을 만큼 충분히 현명하지 않다. 우리 다음 세대는 분명 더욱 현명할 것이다."

신사협정을 맺은 지 몇 년 후, 해상 경계선에 대한 협상은 결렬되었다. 중국은 1980년에 잠시 탐사 활동을 시작함으로써 자국의 불만을 드러냈지만 얼마 안 되어 중단했다. 야오이린Yao Yilin 부총리는 센카쿠 열도 주변에서 석유를 공동개발하자고 제안했다. 1990년대 초기까지 중국과 일본을 분열시켰던 해역 문제는 비교적 평정을 유지했다.

그러나 남중국해의 상황은 달랐다. 1949년에 이미 저우언라이는 남중국해는 중국의 영토라고 주장했고 구단선이 그려진 악명 높은 지도를 내세웠다.[7] 저우언라이 총리는 1951년에 일본이 연합군과의 평화 협정에서 남중국해에 대한 권리를 포기했을 때, 이 구단선을 공식화했다. 1956년에 프랑스가 인도차이나를 떠났을 때 중국군이 파라셀 제도의 동부 지역에 주둔했다. 1958년 중국 어민이 파라셀 제도의 서부 지역에 정착하려 했고, 정부는 영해를 인정하는 범위인 12해리 기준이 남중국해 도서에 적용된다고 말했다.

1970년대에 영유권을 주장하는 국가들이 열도, 작은 섬, 그들의 인접 영해에 앞다투어 진출하면서 긴장은 더욱 고조되었다. 1971년에 건축자재를 실은 중국 호송선들이 파라셀 제도로 향하는 것을 미국 정찰기가 발견했다.[8] 1974년에는 미국군이 베트남에서 철수한 직후, 중국 군대가 파라셀 제도에 상륙하는 바람에 남베트남과 무력 충돌이 있었다.

그동안 중국은 해양법에 대한 국제회의, 즉 많은 국가들이 자국의 해양 권리를 주장하도록 자극하는 회의에서 집요하게 영유권을 주장했다. 중국의 고고학자들 역시 섬 주변에서 고대 유물을 찾기 시작했다. 그들은 그곳에서 자기, 동화, 석조 명패를 발견했다. 전하는 바에 따르면 당나라 때의 것으로 오래된 것들이다.[9] "발견한 유물을 보면 다시 한 번 최종적으로 파라셀 제도가 고대 이후로 중국의 영토였다는 것을 알 수 있다." 베트남의 독재자인 레듀안[Le Duan]과의 회담에서 부총리 덩샤오핑은 파라셀 제도와 스프래틀리 군도 모두 중국의 영토라고 반복해서 말했지만, 협상의 뜻을 내비쳤다. "이 문제는 미래에 자연스럽게 논의할 대상이 될 것이다."[10]

뜻밖에 상황은 큰 전환점을 맞이했다. 덩샤오핑은 2년 동안 앞에 나서지 못했고, 강경파들은 중국 신문을 통해 독설을 퍼부었다. "스프래틀리 군도는 중국의 신성한 영토에 속한다!" 더욱 중요한 점은, 1975년에 사이공이 함락된 후 베트남이 재통일되자 베트남 정부가 더욱 소련의 지지를 구하려 했다는 것이다. 소련 정부는 재빨리 태평양 함대를 확장하기 위해 캄란 만[Cam Ranh Bay] 기지를 사용하게 해달라고 요청했다. 긴장이 고조됨에 따라, 센야빈[Senyavin] 해군 제독이 이끄는 소련 기동부대가 남중국해에 배치되었다.[11]

중국 정부는 인도양과 태평양을 침략하려는 소련의 앞잡이라며 베트남 정부를 비난했다. 캄보디아로 베트남 토벌대가 간 이후, 중국 정부는 '베트남에게 교훈을 가르치겠다'며 공습을 명령했다.

1979년 2월, 수십만 명의 군사들이 베트남으로 진격했다. 그들은 재빨리 하노이를 포위했다. 중국 군대에는 수백 대의 탱크만이 있었을 뿐, 공중 지원은 거의 전무했다. 그럼에도 하노이는 쉽게 다가갈 수 있는 위치에 있었고, 이것이 바로 핵심이었다. 그리고 소련은 반격하지 않았다.

3월에 전쟁은 끝이 났고, 중국은 철수한 뒤에 협상에 착수했다. 1979년과 1980년에 이루어진 이 회담들은 타개책을 이끌어내지 못했지만, 상황을 점차 완화시켰고 1980년대 중반 단계적 정상화를 위한 길을 마련해주었다.

한편 중국은 이미 리셴녠Li Xiannian 부주석이 1978년 필리핀 방문 초청을 받아들였을 때, 외교 협상을 통해 남중국해 분쟁을 해결할 의사를 내비쳤다. 1980년대 내내 영유권을 주장하는 모든 국가들이 자국의 진출을 증가시키려고 노력했다. 분쟁 열도에 설비를 건설하고 경쟁이 치열한 해역에 더 많은 초계정을 배치하고, 석유와 어류 같은 천연 자원의 개발을 장려했다.

이러한 일련의 행위들 때문에 사건은 일어날 수밖에 없었다. 결국 1988년에 마침내 사건이 터지고 말았다. 존슨 남 암초 주변에서 경쟁적으로 조사활동을 시작한 것이 공중 요격, 교환 사격, 최종적으로 해군의 포병 사격으로 이어졌다. 이 사건으로 약 70명의 베트남 사람들이 사망했다. 중국은 암초 6개를 점령했지만 그때 또다시 일본과의 신사협정의 정신에 따라 영유권 문제를 보류하자고 제안함으로써, 갈등을 완화시키고 남중국해의 자원을 공동개발하는 것을 고려하기 시작했다. 덩샤오핑은 베트남 대표단에게 이렇게 전했다. "우리의 대안 중 하나는 무력으로 이 모든 섬들을 되찾는 것이다. 그리고 또 다른 대안은 문제를 제쳐두고 그 섬들을 공동개발하는 것이다."

인도와의 관계도 정상화 쪽으로 움직였다. 1971년에 방글라데시에서 독립 전쟁이 일어나는 동안, 중국 군대는 인도 국경을 압박했다. 1975년에 여전히 알려지지 않은 이유로, 중국 군인들이 아루나찰프라데시 주에서 인도 국경수비대 4명을 살해했다.[12] 하지만 그 사고가 더 크게 확대되지는 않았다. 인디라 간디Indira Gandhi 총리는 국내 경쟁자에게 모든 힘을 쏟아야 했기 때문이다. 국가 비상사태가 일어나는 동안 인도의 병력은 국경을 지키는 대신에 시위를 진압하는 데 투입되었다.

인도 정부는 소련에 의존하는 정도를 줄이려고 했다. 1976년에 인도는 양국의 대사를 교환하자고 제의했고, 이는 1962년 국경 전쟁 이후 처음 있는 일이었다. 1978년에 중국의 경제 대표단이 3주 동안 인도를 순방했고, 왕핑난Wang Pingnan의 방문이 이어졌다. 그 방문으로 국경 협상을 위한 길이 열렸다. 그해 모라르지 데사이Morarji Desai 신임 총리가 워싱턴을 방문했고, 방문하는 동안 총리는 더욱 친밀한 관계의 중요성을 강조했다. 동시에 인도는 파키스탄과 협상을 재개했다. 이러한 발전으로 소통의 범위가 중대하게 확대되었다.

1979년에 중국은 인도의 바즈파이에Vajpayee 외무장관을 초대해 양국의 정치적·경제적 관계를 논의했다. 데사이 총리가 긍정적으로 반응을 보인 영역은 극히 제한적이었다. 인디라 간디를 포함한 반대파는 중국에 아첨이나 하는 약한 정치인이라며 데사이 총리를 비난했다. 그럼에도 총리는 더욱 강경한 태도를 보이라는 요청에 반대했다.

부탄에서 벌어진 티베트 양치기들을 둘러싼 분쟁, 이른바 야크 전쟁Yak War은 관계 회복에 영향을 미치지 않았다. 1981년에는 첫 번째 국경 회담이 열렸지만 뚜렷한 결과가 나오지 않았다. 그러나 후앙후아Huang Hua 외교부장에게서 중국이 영토 문제로 인한 교착상태에 빠져 있지만 과학과 무역에서의 협력을 지지할 것이라는 약속을 받았다.

대리석 바닥 위의 게릴라전

중국은 일본이나 베트남, 인도와 관련된 일이든 아니든 상관없이, 영토 갈등을 완화시키기 위해 점점 더 법적인 모호성과 경제 협력에 의존했다. 그런 의미에서 1970년대는 중요한 전환점이 되었다. 그러나 힘을 극대화하려는 중국의 노력이 변한 것은 아니었다. 그것은 여전히 가장 중요한 목표로 남아 있었다. 변한 것은 중국의 안보 환경과 좀 더 효과적인 정책을 위한 선택이었다.

중국의 열등한 지위를 감안하면 중국은 언제나처럼 게릴라전을 펼쳤겠지만, 이번에는 국제 행사와 무역 박람회가 열리는 대리석 바닥에서 이루어졌다. 4인방이 제압된 이후(1976년 9월 마오쩌둥이 사망한 지 한 달 만에 체포되었다-옮긴이), 긴밀하게 결집된 강한 국가를 만드는 데 효과적이지 않은 방법이 무엇인지 깨달았다. 그것은 주로 개인숭배, 패배할 수밖에 없는 전제정치, 국제적 고립으로 인한 불안정이었다. 몇 가지 경제 개혁에 대한 내부적인 실험이 이 기간을 진정한 전환점으로 만들었다. 특히 쓰촨 성의 자오쯔양Zhao Zhiyang이 주도한 실험은 충분히 생산적이고 유망해 과거 수십 년 동안 이끌어온 집산주의 경제 체제에 대한 대안으로 손색이 없다는 것이 증명되었다.

새롭게 산업화된 경제 국가들의 성공은 중국 지도자들의 관심을 끌기에 충분했다. 고난에서 벗어나려는 중국 국민들의 갈망과 떠오르는 희망이 새로운 동력을 창출했다. 그 동력은 중국 정부에게 더욱 긍정적으로 흘러가는 국제 환경 덕분에 지속될 수 있었다.

주요 강대국들은 다방면에서 중국이 아니라 자국의 태도를 바꾸기 시작했다. 주요 강대국의 태도가 변한 이후, 작은 국가들의 태도에도 변화가 찾아왔다. 중국을 방문한 오스트레일리아의 스티븐 피츠제럴드Stephen FitzGerald 대사는 이렇게 요약했다. "정치적 고립에서 벗어나 미승인 국가들과 자국의 관계를 재정립하려는 중국의 현 시도는, 1954년 이후 다양한 수준의 선전 행위와 열정으로 시도했던 정책을 되풀이하는 것이다. 다른 점이 있다면, 이번에는 이 국가들이 기꺼이 대화에 참여하는 것도 모자라 앞장서서 대화를 주도하고 있다는 점이다."[13]

그러나 중국의 수정주의 의제와 네 가지 위대한 열망에 영향을 미친 것은 전혀 없었다. 덩샤오핑의 리더십하에서, 중국은 새로운 국제 질서를 창출하려는 목표를 반복해서 세웠다. 그것은 여전히 경제력을 국제적으로 재분배하고 중국이 선진국을 따라잡아야 한다는 것을 의미했다. 예를 들어, 1978년 제11기 중앙위원회 제3차 전체회의에서 목표는 '이번 세기가 끝나기 전에 중국을 현대적이고 강력한 사회주의 국가로 만들기 위해 새로운 대장정을 시작하는 것', 그리고 '미국을 따라잡고 영국을 능가하는 것'이라고 되풀이했다. 결국 효과적으로 모든 주변국들을 능가하는 것을 의미했다.

1981년에 덩샤오핑은 2001년까지 중국의 GDP를 네 배로 증가시키고, 21세기 중반까지 고소득 국가로 거듭나겠다는 목표를 반복해 발표했다.[14] 이러한 경제적 전환이 초래하는 전략적인 파급효과는 명백했다. 우선 중국이 강력하고 독립적인 경제 주역이 된다는 것을 의미했다. 위대한 개방 정책을 실시하는 처음 몇십 년 동안 외국 기업이 어떤 역할을 하든지, 장기적인 목표는 외국 기업에 대한 중국의 의존도를 줄이고 가장 중요한 경제적 자산을 직접 통제하는 것이었다.[15]

덩샤오핑은 "현 단계에서 국가 경제를 발전시키려는 개발도상국은 무엇보다 자국의 통제하에 천연자원을 지키고 점차 외국 자본의 통제를 떨쳐내야 한다"라고 말했다. 그리고 기술 개발에 관해서는 이렇게 말했다. "우리는 자력에 의존하고 우리 고유의 창조성을 개발하며, 독립과 자립 정책을 고수해야 한다. 그러나 독립이 곧 문호 폐쇄를 의미하지는 않는다."

중국이 기대했던 정치적 파급 효과 역시 중요했다. 예를 들어, 1980년대 중반부터 중국은 새롭게 등장하는 다극화 질서에서 핵심 주역이 될 수 있다고 점차 확신했다. 처음에 이것은 주로 중국이 제3세계의 지도자 역할을 하느냐의 문제였다. 이를 테면, 1981년 세계 국제 문제 연구소의 장밍양Zhang Ming-yang 이사는 개발도상국 간의 단합을 강화시키는 것이 다극화된 국제 질서의 이면에 숨어 있는 동력이라고 말했다.[16] 그리고 이는 가치와 관심이 다양해지고 초강대국의 영향력을 감소시킨다고 덧붙였다.

시간이 갈수록 중국은 자국이 주요 강대국 중 하나로서 자주적인 역할을 할 것이라고 기대하고 있는 것이 명확해졌다. 1981년 〈파이스턴 이코노믹 리뷰Far Eastern Economic Review〉와의 인터뷰에서 우쉐첸Wu Xueqian 외교부장은 다극화 추세를 따라, 국가들은 자국의 이해관계를 보호하기 위해 더욱 독립적으로 활동할 것이라고 말했다.[17]

1985년에 덩샤오핑은 여전히 소련, 미국, 중국으로 구성된 '강대국 삼각 구도'에 대한 생각을 거부했지만, 5년이 지난 뒤에는 중국이 자국의 중요성을 과소평가할 필요가 없다고 주장했다. "세계가 3극, 4극, 5극 체제로 변한다 해도, 중국은 여전히 하나의 극을 차지할 것이다."[18] 경제력과 국제 영향력 간의 이런 관계는 매우 중요해졌다. 덩샤오핑은 이렇게 말했다. "우리가 국제 현안에서 담당하는 역할은 경제 성장의 정도에 따라 좌우된다. 우리 국가가 더욱 독립적이고 번창한다면, 국제 정세에서 더 중대한 역할을 맡게 될 것이다. 이미 우리가 맡고 있는 국제적 역할은 사소하지 않다. 더욱 강력한 자원을 기반으로 우리의 역할을 강화할 것이다."[19]

또한 중국 지도자들은 타이완을 되찾고 군사적 영향력을 획득하는 것이 꼭 필요하다고 생각했다. 어느 중요한 기사는 다음과 같이 언급했다. "많은 미국 지도자들은 미국이 소련의 팽창주의에 반대하는 한, 중국이 타이완 문제에 신경을 많이 쓰지 않을 것이라고 믿고 있다. 아직도 중-미 관계가 다른 국가들의 패권적 행위에 반대하는 것만 그 토대를 구성한다고 믿는 사람들이 있다면, 이것은 후퇴나 다름없다. 중국이 이러한 후퇴를 수용할 것이라고 그들이 믿고 있다면, 꿈을 꾸고 있는 것이나 마찬가지다."[20]

경제가 발전하면 필연적으로 강한 군대를 이끌기 마련이다. 중국 군사력의 개선은 4대 현대화 정책 중 하나에 포함되기도 했다. "우리는 불필요한 희생을 줄이기 위해 군사 장비를 개선하고 군대를 교육하며 훈련시키는 데 더욱 많은 시간을 확보할 수 있도록 매진해야 한다. 우리가 비교적 오랜 기간 동안 전쟁이 발생하지 않도록 할 수 있다면, 지속적으로 군대를 현대화하고 전투의 효과성을 높이며 방어 체제를 구축할 수 있을 것이다"라고 덩샤오핑이 설명했다.

그러나 최우선으로 고려한 것은 경제였다. 덩샤오핑은 첫 번째 세 가지 현대화가 가장 시급하고, 군대의 현대화는 그 세 가지가 달성되면 당연히 이룰 수 있다고 주장했다.[21] 1981년에 군사비 지출은 210억 위안에서 170억 위안으로 감축되었다.[22] 1985년에 100만 명의 병력을 민간 분야로 옮겼고, 10년 뒤에는 또 50만 명을 옮겼다. 현대의 환경에서 군사 작전을 위한 새로운 지침을 토대로, 전쟁에 대비할 군대를 준비하기 위해 더 많은 돈을 비축했다. 이것은 특히 핵무기, 항공기, 잠수함, 통신, 미사일, 지상군 무기에 대한 계획에 도움이 되었다. 그러나 1980년대에 중국은 경쟁력 있는 국방 산업을 구축하는 데 힘겨워했고, 더 많은 개발 계획들을 민간 산업에서 맡았다.

중국이 주요 강대국이자 아시아에서 주도적인 강대국이 될 가능성은 불확실했고, 중국도 그 점을 알았다. 중국 지도자들은 자국이 패권을 추구하지 않고 공격을 삼가며, 언제나 제3세계의 일원이 될 것이라고 열심히 강조했다. 그러나 그러한 주장은 중국의 전략적 계획에서 일어난 변화와 들어맞지 않았다.

중국이 무력 충돌을 일으킬 가능성이 없었다는 것은 사실이다. 1978년 이전에는 전쟁이 불가피하다는 것이 당의 방침이었다면, 이후 몇 년이 흐르면서 이러한 방침은 변화를 맞이했다. 소련과의 긴장 관계가 약화되면서, 중국 지도자들은 평화로운 부상이 가능할 수 있다고 생각했다. 적어도 얼마간은 그랬다. 관료들이 언급한 것을 살펴보면, 중국은 자국의 성장이 여전히 다른 국가의 이해관계와 충돌할 것이라고 예상한 것이 분명하다. 덩샤오핑이 지미 카터Jimmy Carter 미국 대통령과 만났을 때, 전쟁의 시기를 연기하는 것에 대해 언급했다. "4대 현대화를 실현시키려면 오랫동안 평화로워야 한다. 그러나 현재 우리는 소련이 전쟁을 일으킬 것이라고 믿고 있다. 그렇지만 우리가 제대로 적절하게 행동한다면 전쟁을 미룰 수 있으며, 중국은 22년 동안은 전쟁을 미루고 싶다." 이것은 저명한 사설에서도 반복되어 나온 내용으로, 그 사설은 중국에게 유리한 시간을 확보하기 위해서 최선을 다해 전쟁을 미루라고 요청하고 있다.[23]

중국은 일본에 동중국해 분쟁을 해결하지 않고 보류하자고 말했다. 마찬가지로 인도에게 협력을 추구하고 국경 분쟁은 향후 협상 대상으로 남겨두자고 제안했다. 타이완의 경우, 중국 정부는 타이완을 달래려고 노력했다. 하지만 후야오방Hu Yaobang 같은 지도자들은 중국이 군사력 이용을 배제하지는 않았다고 분명히 밝히며, 심지어 타이완에게 중국의 힘을 보여줄 때라고 했다.

1985년에 중앙군사위원회는 이렇게 말했다. "비교적 오랜 기간 동안 대규모 전쟁이 일어날 가능성은 없다." 이것은 1990년대 초에 등장한 격언과도 일치하는 것 같다.[24] "조용히 관찰하라. 우리의 지위를 공고히 하라. 조용히 일에 대처하라. 우리의 능력을 숨기고 때를 기다려라. 능숙하게 세간의 이목을 피하라. 리더십을 주장하지 마라."

이와 동시에 중국 평론가들이 중국이 다른 아시아 강국들보다 우위를 차지할 것이라고 예상했다는 충분한 증거가 있다.[25] 인도에서 일어난 개혁은 아무런 성과를 얻지 못했다.[26] 동남아시아의 성장은 여전히 취약했다.[27] 그리고 소련은 곤경에 처했다. 일본의 기적은 이미 빛을 잃기 시작했다.[28] 또한 덩샤오핑은 광둥 지방이 4대 신흥

공업국, 즉 한국, 타이완, 싱가포르, 홍콩과 동등해질 수 있도록 장려했다.

1975년에 마오쩌둥은 대양해군을 건설하는 계획을 지지했다. 1987년에 유명한 해군 전략가 류화징Liu Huaqing은 군사 균형을 중국에 유리하게 변경하는 계획을 밝혔다. 그 계획은 2000년까지 타이완을, 2025년까지 일본과 필리핀을, 2050년까지 하와이를 능가하는 것이었다.

개방

1980년대는 대대적인 문호 개방이 이루어졌던 기간이다. 중국 정부가 계속 주권과 자기 강화의 원칙을 고수했지만, 한편으로는 해외 사업에 착수하는 길을 마련했다. 1980년, 전국인민대표대회에서 광둥과 선전에 경제특별구역을 조성하는 제도를 통과시켰다. 해외 무역 정책을 간소화하기 위해 4개의 부서와 위원회들이 새롭게 창설된 대외경제무역부MOFERT로 통합되었다. 동시에 각 지역들은 각자 해외 무역 기업을 설립하고 해외 경제 관계를 확대할 수 있는 더 많은 권한을 부여받았다. 분명 중국 경제의 개방 정책과 관련된 핵심은 아시아였다. 1980년대 대부분의 아시아 국가들과의 경제 관계는 정상화되었고, 12개 나라에는 무역 사무소가 설치되었다.

동남아시아에서 태국은 주요 외교적 성공 사례 중 하나로 손꼽힌다. 처음으로 중국에 투자하기 시작한 것이 태국 기업들이었고, 중국 기업들은 건설 프로젝트와 인력 협력을 위해 태국 시장에 진출할 수 있었다. 싱가포르와 필리핀은 동남아시아에서 주요 무역 파트너가 되었다.

말레이시아와의 관계는 더욱 느리게 진행되었지만, 1985년에 마하티르 모하마드Mohamad Mahathir 말레이시아 총리가 베이징을 방문하는 동안 이렇게 선언했다. "처음 10년 동안에는 정치가 중국과 말레이시아의 관계를 지배했다면, 경제는 앞으로 10년을 지배할 것이다." 국내의 반대 때문에 1988년에 이르러서야 첫 번째 경제 협정이 체결되었다.

마찬가지로 1984년 인도네시아 목타르Mochtar 외무장관이 중국과의 직접 무역이 재개되길 바란다고 발표했다.[29] 인도네시아에서 직접 무역은 정상적으로 시작된 반면, 중국이 무역 사무소를 설립하는 것은 거부했다. 중국이 사회전복 활동을 벌이는 데 무역 사무소를 이용할지도 모른다고 두려워했기 때문이다. 1986년에 양국의 대표가 싱가포르를 통해 협약을 맺었다.

중국은 성장하고 있는 자국의 시장을 수출 증가, 특히 농업 분야에서 수출을 증가시킬 수 있는 기회로 제시함으로써, 동남아시아 국가들에 접근했다. 또한 태국, 필리핀, 싱가포르와 같은 국가에 상대적으로 저렴하게 석유를 계속 제공하기도 했다. 1988년에는 최대의 적인 베트남과 국경 무역이 재개되었고 양측은 오랜 분쟁기간 동안 파괴되었던, 풀이 무성하게 덮인 국경 도로를 재건하기 시작했다.[30]

일본과 한국과의 무역 관계는 더욱 확대되었다. 중국 지도자들은 일본의 해외 투자가 급격히 증가하고 동아시아에서 일본 산업이 이전하게 되면, 중국이 배제된 채 타이완에 유리해질 수 있다는 생각에 걱정이 되었다. 1984년 덩샤오핑은 도쿄를 방문하는 동안 나카소네 야스히로Yasuhiro Nakasone 총리에게 "우리는 당신 국가에 있는 모든 기업이 우리와 협력을 강화한다면 감사히 여길 것이다. 기업들이 장기적인 시각에서 바라보도록 일본 정부가 독려해주길 바란다. 중국은 그동안 자금이 부족해서 많은 자원을 개발할 수 없었다"라고 알렸다. "자원이 개발된다면 일본에 필요한 것을 훨씬 많이 제공할 수 있을 것이고, 일본이 지금 중국에 투자한다면 미래에 더 많은 이익을 얻게 될 것이다."

중국이 한국과 일본과의 유대 관계를 확대하자, 결국 타이완 산업계는 중국 투자에 대한 제한을 하루라도 빨리 완화해 달라고 촉구했다. 타이완 정부가 '3불 정책three no's policy', 즉 우편, 무역, 항공과 선박을 이용한 직접 거래 불가 정책을 포기하지 않는 동안, 직접 무역, 투자, 방문에 대한 장벽이 많이 낮아졌다. 이 기간 동안 홍콩은 상업 접점으로서 자국의 지위를 공고히 했다. 1980년대 중반에 들어서자 중국에 대한 해외 투자의 약 80퍼센트를 홍콩에서 운영했다. 게다가 광둥 지방에 사는 국민 중 300만 명 이상이 홍콩 제조업체에서 일했다.

또한 무역 덕분에 소련과의 관계도 원활해졌다. 1984년 중국과 소련 정부는 경제적·기술적 협력에 대한 협정을 체결하고, 그 실행을 감독할 위원회를 설립했다. 1985년 중국과 소련 정부는 중국에 새로운 산업체 7개를 설립하는 데 동의했다. 이렇게 호혜적인 정책을 가볍게 시작한 결과, 소련 극동지역과 헤이룽장, 신장 같은 국경 지역 간의 무역이 급격히 확대되었다.[31] 소련 정부는 우호적인 관계 회복을 주도했다.

1985년에 몽골의 반 중국 지도자가 교체되었다. 1986년 미하일 고르바초프Mikhail Gorbachev는 블라디보스토크에서 중요한 연설을 했다. 고르바초프는 국경 지역에 배치된 군대를 감축하고 동쪽에 추가적인 미사일을 배치하지 않으며, 몽골에서 철수하는 것을 고려하겠다고 약속했다. 이에 중국은 망설였다. 중국은 소련이 베트남에 하는 지원을 중단하기를 원했다.

1987년에 국경 협상을 시작했다. 1989년에 소련은 이미 붕괴를 향해 삐걱거리고 있었고, 소련 정부는 스프래틀리 군도에 대한 중국의 통제를 묵인했다. 또한 중국은 베트남이 캄보디아를 포기하고 캄란 만에서 해군을 철수하도록 압력을 가했다. 그해 5월 고르바초프 대통령은 베이징에 겸손한 태도로 방문했다. 소련의 위협은 사라졌다. 소련이 천천히 하락하는 동안 중국의 무역은 10배로 증가했다.

소련의 종말 이후 몇몇 다른 국가들은 중국과의 관계를 정상화하려 했다. 1985년에 라오스가 첫 시도를 했으나 중국은 1989년까지 아무런 반응을 보이지 않았다. 1988년에는 베트남이 조심스럽게 중국에 접근해 관계를 회복하고자 했으나, 중국은 1989년 1월에 베트남 정부가 캄보디아에서 군대를 철수하기 시작할 때까지 멈칫거렸다. 인도 정부 역시 내부의 비판에도 불구하고, 중국과 더욱 가까운 관계를 구축하고자 지속적인 노력을 기울였다. 무역이 또다시 중요한 촉진제라는 것을 입증했다.

덩샤오핑은 1982년에 방문한 인도 대표단에게 "우리는 서로를 이해할 수밖에 없다"라고 말했다. "우리가 국제 경제 질서를 바꾸기를 원한다면, 무엇보다 남북 사이의 관계를 해결해야만 한다. 그러나 이와 동시에 우리는 남남 협력(개발도상국 사이에 이루어지는 국제적 협력 - 옮긴이)을 증진시킬 방법을 찾아야 한다." 2년 후에 첫 번째 무역협정이 체결되었다.

여섯 번에 걸친 국경 협상 후 1986년 12월 인도 의회가 연방 국가로 아루나찰프라데시의 창설을 발표했을 때는 관계가 잠시 단절되었다. 이러한 조치에 중국 정부는 격분했다. 덩샤오핑은 분쟁 지역을 점령하지 말라고 인도에 경고했다. 그 조치가 있은 후 몇 달 동안 군대가 양측 국경에 동원되었고, 언론은 새로운 소규모 접전이라고 언급하기까지 했다. 그러나 이번에는 폭력 사태로 비화되는 일은 없었으며, 양측의 외무장관이 뉴욕에서 만난 이후 양 국가는 서서히 뒤로 물러났다.

1978년 소위 숨도롱추 계곡에서 충돌이 일어나는 동안 긴장은 더욱 고조되었다. 그 때문에 국경 지역에 심상치 않게 군대가 배치되었고, 양 정부는 물러서지 않을 것이라고 경고했다. 중국은 특히 인도가 타왕과 뎀촉과 같은 분쟁 지역에 더 많은 병력을 파견할까 우려를 표했다. 그러나 1987년 5월에 인도 외무장관이 베이징으로 와서 이러한 짧은 불안정한 사건을 끝냈다.

1988년에 라지브 간디Rajiv Gandhi 총리는 언론과 몇몇 회의당 당원들의 반대에도 불구하고, 중국에 역사적인 방문을 했다. 이 방문 동안 총리는 덩샤오핑과 오랜 대화를 했다. 덩샤오핑은 "세상은 변하고 있다. 따라서 사람들의 정신 역시 마찬가지로 변해야 한다"라고 말했다. 그때부터 협력이 가속화되었고, 교류가 급증하고 사업이 번창했지만, 여전히 국경 분쟁은 풀리지 않은 채로 남았다.

그리고 중국은 다자간 기구의 중요성을 인식하기 시작했다. 1980년에 국제무역기구를 위한 유엔 임시위원회 자리를 되찾았고, 1983년에 다자간 섬유협정에 가입했으며, 1986년에는 관세와 무역에 관한 일반협정GATT에 '재가입'했다.[32] 이 회원 가입은 수출을 확대하는 데 도움이 되었고, 정부의 현대화 계획에 재정을 지원하기 위해 필요했다. 또한 그 가입 덕분에 중국은 다른 주요 국가들에게 대체로 협력하는 신흥 강대국으로서 이미지를 보여줄 수 있었다. 중국 정부는 타이완을 앞지르려고 애쓰고 있었다. 정치적·경제적으로 이해관계가 뒤섞인 덕분에 중국 정부는 아시아의 지역기구에서 제외되지 않을 수 있었다.

1986년 중국은 아시아개발은행ADB에서 중국의 유일한 법적 대표로서의 지위를 되찾았고, 타이완은 중국, 타이베이^{Taipei, China}라는 변경된 명칭을 사용하며 존속할 수 있었다.[33] 1988년 중국은 오스트레일리아의 주도하에 설립된 비정부 간 포럼인 태평양경제협력회의^{PECC}에 가입했다.[34] 중국은 1981년에 캄푸치아 협정^{Kampuchea Settlement}을 중개하는 데 동남아시아 국가연합^{ASEAN}의 역할을 여전히 반대했지만, 1984년에 지역 단체와 '장기적이고 안정적이며, 우호적이고 친밀한 관계'를 구축하길 바란다고 선언했다.

1985년 중국은 인도네시아의 초청으로 첫 번째 아세안 비즈니스 회의에 참석했다.[35] 1988년 리펑^{Li Peng} 총리가 태국을 방문하는 동안 아세안과 경제 관계 구축을 촉구했고, 중국 정부는 일본과 오스트레일리아가 떠받치고 있는 반공식적인 포럼인 태평양 경제 협의회^{PBEC}의 회원 가입을 협상하기 시작했다. 중국은 또한 톈안먼 사태의 여파로 꼼짝 못하는 상황에서 아시아 - 태평양 경제 협력체^{APEC}에 가입하기 위해 열의를 보여주었다. 1989년 본토 중국과 타이완을 모두 포함시키기 위한 방안을 찾기 위해 중국과의 회담이 시작되었다. 중국 정부는 경제 주체로서 타이완과 홍콩의 가입에 동의했고, 1990년에 중국의 가입이 승인되었다.

중국의 지역 무역 정책이 발전하는 데는 또 다른 중요한 요소가 있다. 그것은 주변국들과 관계를 맺는 데 지방이 맡은 역할이다. 1982년, 헌법은 이러한 하위 주체들이 각자 경제적 외교를 추진하는 데 더욱 많은 재량권을 부여했다. 예를 들어, 지방에 해외 중국 사무소와 대외경제무역위원회를 설치할 수 있게 했다. 지방의 상당수가 무역 박람회, 해외 경제 사절을 계획하고 중국 대사관에 주재하기 시작했다. 해안 지방은 일본, 타이완, 홍콩과 유대관계를 맺기 위해 엄청나게 투자했다.

1980년대 지린Jilin은 두만강 주변 일대에서 지역 경제 협력을 지지하기 시작했다. 중국은 두만강 지역이 자국과 소련, 한국 같은 주변국 간의 무역 허브가 될 것이라 기대했다. 1985년에 윈난 성은 국경 무역에 대한 임시 규정을 제정했고, 몇 년 후 윈난 성장이 버마를 방문해 백화점을 개관하고 중국 상품을 홍보했다.[36] 1988년에 베트남과 무역이 재개되자마자, 광시좡족 자치구는 국경 분쟁의 조기 해결, 융통성 있는 관세 제도, 국경 도시로 탈바꿈하기 위한 교통 기반시설을 정비하는 사업을 추진했다.

꾸준한 전개

경제 개혁과 환심 공세는 더욱 효과적이었다. 중국은 주변국 대부분을 앞질렀고, 그 나라들에서 경제적 기회를 가져왔다. 1978년 중국에 외국인이 직접하는 투자는 거의 무시해도 될 수준이었지만, 1989년에는 30억 달러에 이르렀고 이후로 급격히 증가하기 시작했다. 동시에 다른 몇몇 아시아 국가에서는 외국인의 직접 투자가 침체되거나 감소했다. 예를 들어, 인도에 대한 투자는

1987년 이후 5년 연속 감소했고, 필리핀은 1988년 이후 5년 연속 감소했다. 또한 태국은 1990년 이후 5년 연속 감소했다.[37]

상품 수출에서의 추세는 그렇게 두드러지지 않았다. 지역 수출에서 중국의 점유율은 1978년 9퍼센트에서 1988년 12퍼센트로 약간 증가했다. 그러나 1988년 들어서 중국은 인도를 위축시키고, 동남아시아를 분명 앞지르기 시작했다. 동남아시아의 수출 증가율은 1988년 25퍼센트에서 1992년 12퍼센트로 감소했다.

중국의 국가 건설 프로젝트는 마침내 확고한 경제적 기반을 구축하기에 이르렀고, 그것은 덩샤오핑의 리더십하에 이루어낸 가장 중요한 성취였다. 게다가 주변국에 대한 중국의 정책 역시 놀라울 정도로 변했다. 중국은 더욱 전문가답고 다양하게 다각적이고 융통성 있는 태도를 취했다.

그 모든 변화에도 불구하고 새로운 융통성에 한계는 있었다. 네 가지 위대한 열망 중 어느 것도 바뀐 것은 없었고, 잃어버린 영토를 회복하는 데 어떠한 것도 양보하지 않았던 것이다. 그리고 중국이 초강대국과 협력을 강화했지만 그것은 세계 질서를 재편함으로써 그 강대국들의 특권을 줄이려는 열망에서 조금도 벗어나지 않았다. 그 목표를 달성하기 위해서 중국의 지도자들은 지속적으로 꾸준한 활동을 전개해야 한다고 확신했다. 1989년에 일어난 톈안먼 사태에서도 그것이 변하지는 않았다.

chapter 4

서류가방 수정주의

1989년 6월 24일, 탱크들이 마지막으로 남은 학생들을 톈안먼(천안문) 광장에서 몰아낸 지 거의 20일 지난 뒤였다. 절망으로 신음하는 소리가 중국의 수도 전체를 휩쓸었다. 그리고 상하이에서 카리스마라곤 찾아볼 수 없는 관료가 공산당 중앙위원회의 새로운 총서기로 막 임명되었다는 소식이 들렸다. 장쩌민은 타협적인 인물이다. 상하이에서 개혁을 추진한 것은 장쩌민이 아니라 역동적인 주룽지 Zhu Rongji 시장이다. 62세의 이 정치인은 저항 운동에 반대하는 선전 공세를 펼침으로써 당의 강경파들에게 높은 점수를 땄다.

새로운 국가 지도자 장쩌민은 중요한 임무 두 가지를 달성할 것이라고 기대되었다. 바로 중국 국민의 신뢰를 회복하는 것과 톈안먼 사태로 인한 외교 악화를 막는 것이다. 두 번째 임무는 실제 그다지 어렵지 않았다. 서구 사회에서 울부짖는 분노가 아무리 크다고 해도, 실제 외교적 반응은 놀라울 정도로 잠잠했다. 미국 정부는 제재를 가했지만 미국 의회의 비난에 너무 휩쓸리지 않으려고 조심했다. 제임스 베이커James Baker 국무장관은 "우리의 외교 정책은 진심으로 가능성을 계속 열어두고 중국이 국제 사회로 완전히 복귀할 수 있도록 독려하는 것이다"라고 말했다.[1] 유럽에서는 벨기에와 이탈리아가 경제적 원조를 중단했지만, 동시에 마가렛 대처

Margaret Thatcher 영국 수상은 섣부른 제재 조치는 홍콩에 공황상태를 초래할 수 있다고 경고했다.

그러나 과잉반응을 보이기를 가장 꺼려했던 것은 다름 아닌 아시아에 있는 중국의 주변국들이었다. 일본 외무장관은 "우리는 중국 정부의 인권 침해를 용인할 수 없다. 그렇지만 중국이 국제 사회에서 고립되도록 몰아세워도 안 된다"라고 말했다.[2] 한국 정부는 톈안먼 광장의 유혈사태는 '유감스러운' 일이라고 언급했을 뿐이다. 아세안의 의장을 맡은 브루나이는 톈안먼을 엄격히 국내 문제라고 생각했다. 유일한 예외가 필리핀으로, 필리핀은 정치적 관계를 단절하고 더 나아가 중국 수입을 중단하기로 결정했다. 비록 증가하는 무역 불균형을 해결하기 위한 시도에 가까웠지만 말이다.

따라서 중국은 종종 제기되는 것처럼 그다지 크게 방어적인 처지는 아니었다. 사실 톈안먼 사태 이후 10년 동안, 새로운 중국 지도자들 못지않게 중국의 주변국들 역시 적어도 중국이라는 거대 국가가 서서히 긴축정책으로 들어서는 것을 막아낼 작정이었다.

전환점

1990년대 내내, 주변국에 대한 중국의 정책은 확실히 더욱 비장해 보였다. 1993년에 리펑 총리는 연간 보고서에서 "주변국들과 유익하고 우호적인 관계로 발전하고, 평화롭고 조용한 주변 환경을 구축하는 것은 우리 국가의 외교 정세에서 중요하다"라고 강조했다. 1997년에 장쩌민은 외교 우선순위를 다음과 같이 정했다. 바로 주권과 다양한 정치적·경제적·문화적 협력을 하기 위한 존중, 불간섭, 협력을 위해 의견 차이를 뒤로 미루고 합의점을 도출하는 것, 평화로운 수단을 통해 분쟁을 해결, 다극화를 촉진하는 것이다. 이로써 중국은 지역 협력에 더욱 투자하게 되었는데, 지역 협력은 증대되는 융통성의 지표로 칭송되었다.

1991년에 중국은 APEC과 동북아시아 개발을 위해 유엔이 후원하는 체제인 두만강지역 개발계획 프로그램^{TRADP}에 가입했다. 게다가 그해 중국은 말레이시아의 초청으로 아세안의 장관급 회의에 게스트로 참여했다. 그 당시 아세안은 여전히 6개 회원국으로만 구성되어 있었다. 베트남, 미얀마, 라오스, 캄보디아는 1997년과 1999년 사이에 가입했다. 1992년에 아세안 사무총장은 공동 위원회 2개를 수립하자고 제안했는데, 중국은 이를 적극적으로 받아들였다. 1994년에 중국은 미국, 일본, 한국, 다른 7개 국가와 함께 아세안 지역 포럼의 회원국이 되었다.

1995년 중국은 메콩 강 경제권^{GMS}에 가입했는데, 아시아개발은행은 이 프로젝트를 통해 메콩 강 유역에서의 협력이 촉진되기를 바랐다. 1996년에 중국은 아세안의 대화 상대국으로 받아들여졌고, 중앙아시아 지역 공동체^{CAREC}에 가입하기 위해서 협상을 시작했다. 게다가 중국은 카자흐스탄, 러시아, 타지키스탄, 우즈베키스탄과의 협력 창구인 상하이 파이브Shanghai Five 뒤에서 견인차 노릇을 톡톡히 했다.

장쩌민 주석은 1997년에 열린 비공식적인 중국-아세안 정상회담을 장악하며 상대국들에게 다음과 같은 메시지를 전달했다. "양측에 각자의 비교 우위와 상호이익을 따른다는 원칙에 따라 경제 관계와 무역, 과학적·기술적 협력을 우선시하고 공통의 발전을 촉진하기 위해 자원, 기술, 은행, 정보, 인적자원 개발, 투자의 영역에서 협력을 강화하자."[3] 그다음 해에 아세안, 중국, 일본, 한국이 아세안+3 회의를 결성했고, 1999년 무렵 그룹 내에서 자유무역협정을 둘러싸고 처음으로 잡음이 들리기 시작했다.[4]

중국이 지역기구에 이렇게 참여하면서, 아시아와 중국과의 관계는 두 번째 변화를 맞이했다. 그것은 의사소통이다. 1994년에 첸치천Qian Qishen 외교부장은 양자 간 그리고 지역 간에 더욱 다양한 수준과 통로로 대화할 수 있는 체계를 개발하자고 제안했다. 그 이후 중국은 의사소통을 확대할 기회를 열정적으로 포착했다. 또한 관계 부처의 점진적 확대와 중국 대사관의 증대 덕분에 양국 간 공식적으로 방문하는 횟수가 기하급수적으로 증가했다. 특히 이러한 현상은 1990년대 후반에 들어서 더욱 심화되었다.

한 싱가포르 외교관은 "중국은 분명 양국 간 교류를 발전의 척도로 보게 되었다"라고 말했다. "그러나 정치적 발전을 이루기 위해 이러한 교류를 이용하는 법을 배우는 데는 얼마간의 시간이 필요했다. 종종 언어와 인적 능력이 문제가 되었고, 중국 정부가 분명한 지시를 하지 않은 점도 확실히 문제였다."⁵ 한편 다른 관료는 이렇게 말했다. "양적인 측면에서 발생한 교류의 증가가 대화의 질적인 측면에서 뚜렷한 개선까지는 이어지지 못했다. 중국 지도자들은 더욱 자신감이 생긴 게 분명했지만, 좀 더 하위의 관료들의 경우 전통적인 가르침과 비난을 뛰어넘는 데는 적어도 10년이 걸렸다."⁶

관료 모임은 소위 2트랙track-2(정부와 밀접한 관련을 맺고 있는 민간 전문가 단체의 모임-옮긴이)과 1.5트랙track-1.5(정부 관계자와 민간 전문가 그룹의 협동적 모임-옮긴이)이라는 많은 새로운 비공식적 대화로 보완되었다. 다수의 회의들은 아세안과의 파트너십을 기점으로 진전되었는데, 상당수는 무역에 주력하고 경제 협력을 강화하기 위한 기회를 찾고자 했다. 다른 플랫폼으로는 동북아협력대화NEACE와 아태안보협력이사회CSCAP가 있었다. 기업 간 교류는 중국이 많이 투자했던 또 다른 통로다. 장쩌민이 재임한 기간 동안, 공동경제위원회를 적어도 9개의 아시아 국가들과 설립했다.

경제 협력의 확대로 세 번째 추세, 즉 외교 문제에 관여하는 참가자들이 확대되는 양상이 나타났다. 예를 들어, 지방들은 주변국들과 시너지 효과를 내는 데 주도적이었다. 신장과 내몽골은 중국의 CAREC 가입을 뒤에서 밀어주었던 지역들이다. 윈난 성과 광시좡족 자치구는 동남아시아에 더 잘 접근하기 위해 사정없이 밀어붙였다. 쓰촨 성 지역은 방글라데시와 인도로 수출을 촉진하기 위해 새로운 서남 실크로드를 만들 생각이었다. 2000년까지 해안 지방들은 주강삼각주, 통킹 만, 황해, 보하이 만 주변 하위지역 계획에서 주변국들과 협력했다.

네 번째 변화는 사업 파트너이자 책임감 있는 파트너로서 중국에게 거는 기대가 점차 증가한다는 것이다. 아시아 국가들의 수출에서 중국이 차지하는 비중은 여전히 작았다. 1995년 기준으로 평균 약 5퍼센트에 불과했다.[7] 그러나 기대치가 높았고, 특히 수출 위주의 제조업체들이 투자 기회로서 중국에 거는 기대는 남달랐다. 1991년과 1995년 사이에, 중국은 타이완에서 120억 달러, 일본에서 80억 달러, 싱가포르에서 40억 달러, 한국에서 20억 달러, 다른 동남아시아 국가에서 20억 달러에 해당하는 외국인 직접 투자를 유치했고, 세기말에는 두 배나 증가했다.[8] 이러한 흐름을 촉진시키기 위해서 중국은 아시아 국가들과 16개에 달하는 양자투자보호협정을 체결했다.

1997년 아시아 금융위기가 도래한 이후 중국 시장에 대한 열의가 한층 증가되었다. 그때부터 중국 경제는 대부분의 주변국들보다 훨씬 빠르게 앞서 나가기 시작했다. 중국은 위기에 영리하게 대처했다. 중국은 준비금 덕분에 새로운 기반시설에 1조 달러를 긴급 투자할 수 있었다. 이러한 투자 유인 부양책, 작은 규모의 단기 외채, 자본 통제 역시 중국이 아시아 국가들 사이에서 일련의 경쟁적인 평가절하를 피할 수 있는 요인이 되었다. 그 이득은 엄청났다. 중국은 자국을 투자자들에게 안정적인 시장이라고 내세울 수 있었다. 다른 아시아 국가들의 통화에 비해 위안화를 평가절하하지 않음으로써 지도자들은 중국의 연대의식과 책임감을 널리 알릴 수 있었다.

1999년 중국 대외무역합작부 부부장 롱용투Long Yongtu는 "동남아시아에서 최근 금융위기가 일어나는 동안, 중국은 자국이 감당할 수 있는 한도 내에서 국제 금융 기구들의 긴급구제에 참여했다. 중국은 자국의 통화를 평가절하하지 않음으로써 아시아 경제의 안정성을 위해 대가를 치르고 희생했다"라고 말했다. "동남아시아의 금융위기로 인한 어려움에도 불구하고, 이번에 중국은 여전히 자국의 책무를 다하기로 결정했다." 그것도 모자란다는 듯이, 중국은 세계무역 기구에 가입할 준비를 했다.

또한 중국이 안보 현안과 관련해 보여주려고 노력했던 것은 책임감이었다. 중국은 국경에 대한 협상에서도 일부 책임감 있는 모습을 보였다. 예를 들자면, 중국은 베트남, 라오스, 타지키스탄, 카자흐스탄과의 분쟁 지역 중 일부를 양보했다. 또한 1995년에 중국은 주변국을 안심시키고 미국의 일방주의와의 차이를 극명하게 드러낼 계획으로, 새로운 안보 개념을 개발하기 시작했다. 그 안보 개념이 대중에게 공개되었을 때, 주권과 평등을 강조하고 평화와 공존의 제5원칙에서 상당히 차용한 것으로 드러났다. 그리고 비공식적 안보 대화, 새로운 안보 위협에 대한 협력, 대량 파괴 무기의 확산 방지, 분쟁 지역에서의 신뢰 구축, 지역기구의 역할이 새롭게 강조되었다.

게다가 군대 역시 친선관계를 구축하는 데 중요한 수단이 되었다. 1990년대 초반까지 러시아, 인도와 고위급 군사 교류를 구축했고, 비록 마지못해서였긴 했지만 일본과도 교류를 구축했다. 중국 해군은 태국, 필리핀, 말레이시아, 파키스탄, 인도, 스리랑카, 북한, 싱가포르, 오스트레일리아, 뉴질랜드, 러시아, 미국에 항만대기를 요청했다. 인도, 러시아, 중앙아시아 국가들과 중국은 지역 전체에 걸쳐 군사력을 감축하는 데 동의했다. 그리고 1999년에 중국은 오스트레일리아가 주도한 개입을 지지한 후, 유엔 사절단의 일원으로서 동티모르에 200명의 준군사조직을 배치했다.

이 모든 일 덕분에 점점 더 많은 전문가들이 중국이 합의와 현상 유지를 선호한다고 추론하게 되었다. 알리스테어 이안 존스톤Alistair Ian Johnston은 그가 쓴 유명한 기사에서 중국을 기존의 질서에 헌신적인 참가자로 그려냈다. 싱크 탱크의 일원인 베이츠 길Bates Gill과 제임스 라일리James Reilly는 이렇게 밝혔다. "주권과 개입에 대해 중국이 더욱 융통성 있는 모습을 보여주었다. 그 덕분에 중국은 국제 사회와 대통합을 이룰 수 있었고, 국제 규범을 폭넓게 수용할 수 있었다. 또한 중국군의 투명성을 높이기 위해 새로운 다자간 신뢰를 구축할 방안을 마련할 수 있게 되었다. 그리고 중국에 대한 지역 불신을 줄이고, 유엔 평화 유지군의 부담을 분산시키고, 국제적 지원을 강화할 수 있는 길이 마련되었다."[9]

오스트레일리아의 스튜어트 해리스Stuart Harris 교수는 이렇게 주장했다. "중국은 정치적·전략적 관심을 강조하는 것에서 벗어나 국익에 대해 훨씬 포용적인 시각을 갖게 되었다. 국제 체제가 언제나 적대적인 것은 아니라는 사실을 받아들였다." 중국에 대한 낙관주의를 자신의 트레이드마크로 만든 모건 스탠리의 수석 경제전문가 스티븐 로치Stephen Roach는, 자비로운 새로운 아시아 리더가 등장하고 있다고 주장했다. 아니면 이미 등장한 것인가?

강경한 태도

중국은 그 기간 동안 더욱 협력적인 태도로 변했을지 모르지만, 중국의 핵심 목표, 자국의 이익, 무정부적 세계관은 전혀 영향받지 않았다. 동남아시아 국가들, 한국, 일본, 소련, 타이완에 대한 중국의 태도를 보면 이를 가장 극명하게 알 수 있었다. 1989년 캄보디아에 중국이 개입하는 문제로 베트남 정부와의 협상이 거의 1년 동안 진행되었고, 이러한 대화 내내 중국 정부는 핵심 요구와 관련해 어떤 양보도 하지 않았다. 캄보디아의 훈센Hun Sen 총리가 이끄는 반정부 무장단체에 중국이 지원하는 것을 중단시키기 위해서는, 베트남이 수만 명의 군사들을 철수시켜야 했고 캄보디아의 크메르 루즈Khmer Rouge 정권이 정치적 전환 과정에 참여해야만 했다.

중국은 소련 정부가 베트남에 더 많은 압력을 행사하도록 요구함으로써, 관계를 정상화하려는 소련 정부의 욕구를 영리하게 이용했다. 또한 미국의 도움을 구하는 베트남의 절박함을 이용했다. 미국 역시 베트남을 지원하는 조건으로 베트남이 캄보디아에서 철수하는 것을 내걸었다. 따라서 중국은 끈기 있게 기다려야 했다.

1989년 봄, 베트남 외무차관과 가졌던 비밀 협상은 아무런 성과를 내지 못했다. 이후 4월에 베트남 정부는 연말까지 캄보디아에서 군을 철수한다고 선언했다. 6월에 중국은 중국의 톈안먼 탄압과 관련해 베트남이 반응을 자제한 것에 대한 감사의 표시로 베트남 외무장관에게 몇 가지 의사표시를 했다. 7월에 〈상하이 해방일보 Shanghai Liberation Daily〉는 훈센 총리가 캄보디아의 경제를 개선시켰다며 그 공로를 인정했다. 11월이 되자 마침내 간접적으로 크메르 루즈가 임시 정부에 참여하는 유엔 결의가 통과되었다.

긴장이 완화되기까지는 2년이 걸렸다. 그러는 동안 중국은 계속해서 크메르 루즈에게 박격포, 대공포, 로켓발사장치, 중포를 제공했다. 결국 중국은 바라던 것을 얻었다. 베트남은 캄보디아에서 철수했고, 소련이 베트남에서 손을 뗐다. 중국 정부와 크메르 루즈 간의 불만은 점차 증가했고, 캄보디아에서 중국 평화유지군을 크메르 루즈 전투원이 공격한 일로 관계는 심각해졌다.

1990년 8월 보응우옌잡Vu Nguyen Giap 베트남 부총리는 중국에서 열린 아시안 게임에 참석했고, 이것은 1979년 이후 처음으로 최고위급이 공식 방문한 것이었다. 약 1년 후 도므어이Du Muoi 공산당 서기장은 베이징에 방문해 관계 정상화를 공식화하는 정상 회담에 참석했다.

캄보디아와의 관계 개선으로 중국은 동남아시아 나머지 국가들과도 관계를 진척시킬 수 있었다. 그중 인도네시아가 가장 먼저였다. 1989년 2월에 이미 중국과 인도네시아는 관계를 정상화하는데 동의했다. 중국이 공산당 쿠데타를 지원한 혐의로 관계가 단절된 후 20년이 지난 뒤였다. 인도네시아는 중국에 큰 규모로 무역흑자를 내는 중이었고, 영향력 있는 거부들은 수하르토Suharto 대통령에게 의혹을 거두라고 재촉했다. 알리 알라타스Ali Alatas 외무장관은 태국에 대한 지역적 영향력을 획득하는 데 중국과 좀 더 친밀한 유대관계가 중요하다고 생각했다.[10] 1990년 7월, 중국 정부와 인도네시아 정부의 외교 관계가 공식적으로 회복되었다.

3개월 뒤에는 싱가포르가 이를 뒤따랐다. 톈안먼 사태가 일어난 다음에 중국 정부는 자국의 상무부장을 도시국가인 싱가포르에 보냈고, 싱가포르가 미국군 시설 유치를 제안했을 때 비난을 자제하는 모습을 보였다.[11] 다음으로는 베트남과 가까운 동맹국인 라오스였다.[12] 라오스의 외국인 투자의 절반 이상이 중국에서 비롯된 것이고, 이러한 상업적 유대관계는 급속도로 확대되었다.[13] 1991년에 브루나이와 외교 관계를 수립했다. 1989년 10월에 중국은 자그마한 술탄국인 브루나이에 첫 번째 무역 대표단을 파견했고, 브루나이는 중국에 석유를 팔 만반의 채비를 했다.

이후 중국은 필리핀과 유대관계를 맺기 시작했다. 1992년에 이미 필리핀 정부는 미국에게 수빅Subic 만 해군 기지에서 철수하라고 요구했다. 1993년에는 피델 라모스Fidel Ramos 필리핀 대통령이 중국을 방문했다. 말레이시아 역시 서둘러 관계를 강화하려고 추진했다. 1993년에 말레이시아의 마하티르 모하마드Mahathir Mohammed 총리는 290명의 재계 대표단을 이끌고 베이징에 왔다. 마하티르는 사업 이외에도 중국이 더욱 독립적인 외교 정책을 추진하고 APEC의 대안으로 동아시아 경제회의EAEC를 설치하는 데 중요한 역할을 할 것이라고 생각했다.

또한 중국은 아세안과 긴밀한 관계를 맺기 시작했다.[14] 중국은 지역 단체들과 관계를 맺는 데 주도적이었다고 전해진다. 정말로 중국은 자원, 기술, 산업에 특히 관심이 많았다.[15] 중국 전문가들은 중국 정부가 경제적인 상호 보완성을 강조했지만, 일본과 타이완, 한국, 다른 선진국에서 막대한 투자를 유치하길 원했던 것은 분명하다고 말한다. 게다가 더욱 조직적이고 법적으로 결속력 있는 지역 기구를 수립하기 위해 일본의 전통적인 영향력을 제한하고 일본 정부의 노력에 저항하고자 했다.

1992년에 일본은 일본-아세안 포럼의 의제를 넓히자고 제안했다. 그 포럼은 1977년 의욕이 넘치는 후쿠다 다케오Fukuda Takeo 총리가 설립한 것이었다. 그러나 중국은 문호 개방을 추진하고 있었다.

아세안 회원국들은 중국에 수출하기 위해 필사적이었고, 아세안 사무국은 간절히 긴밀한 경제 관계를 맺고자 했다. 동남아시아 국가들 역시 아세안과 지역 강대국들 간의 파트너십을 자국의 힘을 강화할 수 있는 기회로 바라보았다. 중국 정부가 지역기구들을 이용해 불안을 가라앉히길 기대한 것과 마찬가지로, 주변국들도 지역 체제를 이용해 중국의 야망을 규제하기를 바랐다.

그러나 관계가 진전을 보이는 듯했지만 몇 가지 걸림돌로 인해 다시 제자리로 돌아갔다. 중국은 1980년대보다 강경하고 비대한 조직으로 인식되었고, 남중국해 주변에서 완강하게 권력을 휘둘렀다. 그러나 지나고 나서 보니 이러한 인식이 전적으로 맞는 것은 아니었다. 중국은 틀림없이 완강한 강대국이었다.

중국은 구단선 내에 있는 모든 열도에 대한 영유권을 주장했다. 열도 대부분에 관해 영해와 배타적 경제수역을 일관되게 주장한 것이다. 또한 배타적 경제수역은 민간 선박에 개방하지만 군선에는 개방하지 않을 것이라고 계속 주장했다. 이는 대체로 미국 해군이 자유롭게 행동하지 못하게 하기 위한 노력에서 비롯된 것이다. 중국은 다른 국가들과 상충되는 주장에 저항하고 미국과 같은 다른 강대국의 개입을 반대하면서, 자국의 단호한 결의를 지속적으로 보여주었다. 그러나 베트남, 필리핀과 같은 국가들 역시 강경한 태도를 취했다. 사방에서 다른 나라들이 자국의 경계를 확장하려고 했으니 말이다.

군사 시설의 개발을 생각해보자. 1990년까지 중국은 파라셀 제도에 있는 우디 섬을 긴 활주로가 완비된 군사적 요충지로 탈바꿈시켰다. 필리핀은 칼라얀 군도에, 타이완은 이투아바 섬에, 베트남은 스프래틀리 섬에, 말레이시아는 셸로우 리프에 좀 더 일찍 같은 일을 벌였다.[16] 1992년 발간된 보고서에 따르면 수천 명의 군사, 선원, 건설노동자들이 21개의 섬에 거주했다. 1999년에 스프래틀리 군도에 있는 46개의 섬에 군인들이 주둔했다. 베트남은 27개, 필리핀이 8개, 중국이 7개였다. 중국은 베트남 군인 600명, 필리핀 군인

595명에 맞서, 군인 260명을 파견했다.[17]

게다가 중국은 법적 일방주의를 추구하는 유일한 국가가 아니었다. 예를 들어, 1975년 베트남 헌법은 이미 남중국해의 큰 영역에 대한 관할권을 주장했다. 1987년 필리핀 헌법은 더 나아가 남중국해의 일부 섬의 관리에 관해 아주 구체적인 조항까지 포함했다. 따라서 1992년 2월에 중국이 영해와 접속 수역에 대한 법을 발표했을 때는 오히려 늦은 감이 있었다.

또한 중국은 요구를 뒷받침할 목적으로 경제 활동을 이용한 첫 번째 국가도 아니었다. 모든 국가들이 어업 활동을 지원하고 있었다. 말레이시아, 필리핀, 인도네시아 역시 분쟁 열도와 주변에 관광 사업을 추진하기 시작했다.[18]

일련의 사건이 잇따라 발생했다. 1991년에 베트남은 중국이 우디 섬에 군을 배치했다고 보고했다. 1992년 2월에는 중국이 영해법을 만들었고, 4개월 후에는 크레스톤사Crestone Corporation와 석유 탐사를 진행하기로 했다고 발표했다. 그 지역은 베트남이 이미 시추 계획을 세워 여러 구역으로 분할했던 지역이었다. 중국은 자국이 영유권을 보유하고 있으므로, 생산량을 나누자고 제안했다. 베트남은 이 제안을 거절했고 노르웨이 회사를 초청해 유사한 탐사를 준비했다. 베트남 선박이 반복적으로 중국 석유 탐사선 주변에 출몰했다. 1992년 7월에 중국은 다락 산호초 지대를 점령하고 재래식 잠수함 3척을 배치해 산호초 지대 주변 지역을 반복적으로 순찰했다.

1993년에 중국은 나투나 제도를 자국의 영토로 표시한 새로운 지도를 공개했고, 이에 인도네시아는 불만을 표시했다. 나중에 중국 정부는 나투나 제도를 자국의 영토라고 주장한 것이 아니라 배타적 경제수역에 중첩된 부분을 표시한 것이라고 설명했다.

1995년 몬순 시즌에 필리핀 해군이 자리를 비우는 동안 중국군이 팡가니방 산호초에 주둔하며 구조물 세 개를 건설했다. 뒤이어 그 산호초 주변에서 중국 어선과 필리핀 해군 선박 간에 일련의 적대행위가 이어졌지만, 필리핀은 그 산호초를 되찾으려는 노력을 전혀 하지 않았다.

이와 동시에 중국은 다양한 대화에 참여하기 시작했다. 그 과정을 통해 대화는 점차 더욱 공식적인 성격을 띠었고, 중국은 이를 남중국해에 대한 협력의 범위를 넓히는 데 이용했다. 그러나 중국은 영토에 관한 한 어떠한 양보나 외부 세력의 참여, 국제 중재에 반대하며 완강한 태도를 유지했다.

또한 1990년에 중국은 남중국해에 관한 첫 번째 인도네시아 워크숍에 참가했지만, 이러한 계획은 오직 학계로 제한하자고 주장했다. 1991년에 열린 2차 회담에서 중국은 선박이 운항하는 수로인 주운수로, 기상자료의 교환, 해상구조에 대한 협력을 위해 구체적인 제안을 상정했다. 1992년에는 공동 해저 연구를, 1993년에는 신뢰 구축 강화를 제안했고, 이것은 1995년 5차이자 마지막 워크숍의 주요 안건으로 채택되었다. 그 회의의 주요 문제점은 중국이 회의를 압력을 완화하는 수단으로 보는 반면, 다른 국가들은 중국에 더욱 압력을 가하기 위한 수단으로 이용했다는 점이다.

1992년에 첸치천 외교부장은 중국이 다양한 수준과 여러 대화 창구를 이용해 아세안의 안보에 관한 대화를 나누는 데 관심이 있다는 점을 시사했다. 그러는 한편 중국은 조용한 외교를 통해 분쟁을 해결하기를 원했다. 1994년에 장쩌민이 역사적인 하노이 방문을 하는 동안, 양측은 스프래틀리 군도에서 벌어지는 영해 분쟁을 논의하고자 공동 실무단을 구성하는 데 동의했다.

그러나 아무런 진척은 없었다. 아세안 지역 안보포럼ARF 역시 영해를 둘러싼 난제를 완화시키지 못했다.[19] 중국은 적극적인 회원국으로서 신뢰 구축에 관한 다양한 현안을 지원했지만, 남중국해에 대해 논의하기 위해서 포럼을 이용하는 것은 거부했다. 1990년대에 유일하게 발생한 중요한 진척으로는 베트남과 통킹 만의 경계를 합의한 것인데, 중요한 것은 그 경계가 중국의 구단선과 거의 전적으로 일치했는 점이다.

그 10년이란 기간이 불러온 것은 더욱 커진 중국의 영향력이었다. 우선 아세안의 분열이 점차 명확해졌다. 예를 들어, 1997년에 베트남은 자국의 대륙붕에서 탐사 활동을 벌이는 중국을 맹렬히 비난했지만, 이에 대한 지지를 얻을 수는 없었다. 사예드 하미드 알바르Syed Hamid Albar 말레이시아 국방부 장관은 이렇게 주장했다. "동남아시아 국가인 우리는 일반적으로 중국이 아주 분별력 있고 책임감 있는 모습을 보였다고 생각한다. 중국은 최근에 다른 지역 국가들과 남중국해 자원에 대한 공동 탐사를 옹호하고 스프래틀리 군도 문제를 해결하는 데 기꺼이 국제법을 준수하려는 조짐을 보였다. 이것을 보면 중국이 주변국들과 평화롭게 공존하길 원한다는 생각이 든다."

게다가 아세안 국가들은 남중국해에 대한 행동 규약의 필요성을 놓고 의견이 분분했다. 중국은 그러한 규약에 반대했고, 다른 권리를 주장하는 나라들과 양자 간 규약을 마련하는 것이 더 낫다고 주장했다. 필리핀과 베트남은 계속해서 지역 행동 규약을 통과시키려고 로비 활동을 벌였다. 하지만 그들은 말레이시아의 지지를 얻지 못했고, 규약이 스프래틀리 군도로 제한되어야 하는지를 놓고 의견 차이를 보였다. 스프래틀리 군도는 4개의 아세안 회원국들이 요구했고, 파라셀 제도는 단지 베트남만 요구했다.

또 하나 중국은 지역에서 더욱 입지를 다져갔다. 1990년 후반에 중국은 가장 큰 어선을 보유했고, 새롭게 부상하는 석유 산업은 해안 시추에서 중요한 노하우를 얻기 시작했다. 또한 중국은 해군 능력을 대대적으로 강화하기 위한 준비에 들어갔다. 1990년대 내내 남해함대는 장후Jianghu급 호위함 14척과 루다Luda급 구축함 8척으로 연약한 중추를 이루는 데 그쳤다. 그러나 1994년에 지양웨이Ⅱ Jiangwei Ⅱ급과 루하이Luhai급인 새로운 유형의 호위함과 구축함을 주문했을 뿐만 아니라 러시아 구축함과 잠수함을 주문해 앞으로 이어질 수십 년 동안 해군 현대화를 빠른 속도로 진행했다.

양안 관계

더 북쪽에 있는 타이완은 가장 큰 장애물로 서서히 떠오를 조짐이 보였다. 사실 1989년에 타이완 관료들은 중국 정치인들을 '무장공비들'이라 언급하는 것을 그만두었다. 그 일은 상징적으로 중요했을 뿐만 아니라 중국에 대한 타이완의 신뢰가 증가하는 모습을 나타낸 것이기도 했다. 결국 그러한 신뢰 덕분에 중국 본토에 대해 좀 더 관대한 태도를 보일 수 있었다. 톈안먼 사태로 몇몇 시위가 발생하긴 했지만, 중국 학생들에게 정신적인 방패막 역할을 했던 대통령궁 앞에서 벌어진 가장 큰 시위조차도 만 명 이상의 사람들을 동원하지 못했다. 그 외에도 타이완은 놀라울 정도로 신중한 태도를 유지했다.

1987년에 여행 규제가 해제되고 타이완 사람들 90만 명 이상이 중국 본토로 이동했다. 이 때문에 기업들은 투자 프로젝트를 더욱 열심히 찾았고, 타이완 시민들은 1987년에 일어난 계엄령을 해제한 이후로 더 많은 자유를 누릴 수 있게 되었다. 1989년에 실시한 여론 조사 결과에 따르면, 타이완의 52퍼센트에 해당하는 사람들만이 자신의 민족 정체성을 중국이라고 생각했다. 타이완은 민주주의로의 전환에 대해 더욱 자신감을 갖게 되자, 중국에 좀 더 관대한 태도를 취할 수 있게 되었다.[20] "중국 본토를 보면 볼수록, 당신이 타이완에서 누리는 것을 더욱 소중하게 여기게 된다." 국민당의 사무차장이 말했다. 타이완은 아시안 게임에 참가하기로 확정하고, 또한 관료들이 중국 본토와 교류하는 것을 허용하려고 생각했다.

신뢰에 대한 의미심장한 움직임이 또 하나 있었다. 그것은 타이완의 국방 예산이 1990년에 상당히 크게 감축되었다는 점이다. 톈안먼 사태가 발생하고 10일 후, 리덩후이Lee Teng Hui 총통은 중국 본토를 상대하는 네 가지 원칙을 제안했다. 미래 합의에 대한 어떠한 협상이든 대등한 입장에서 이루어져야 한다는 것이 주요 내용이었다.[21] 또한 타이완 정부는 외교적으로 중국을 인정한 국가들과의 모든 관계를 갑자기 단절하는 자멸적인 습관을 버리고, 대신에 '융통성 있는 정책'을 선택했다.

1990년대 내내 중국 정부는 단호하면서도 종종 불안해하는 태도에서 거의 벗어나지 못했다. 1990년 타이완 총통 선거에 앞서 중국은 민주진보당이 승리한다면 일어날 파급효과에 대해 경고했다. 중국은 직접 무역이 처음으로 이루어질 수 있도록 요청하고 GATT에 타이완이 회원으로 가입하는 것을 맹렬하게 반대하면서, 공식적인 접촉을 마련하자는 제안을 거절했다. 타이완은 계속해서 거듭 양보했다. 이를 테면, 1992년에 타이완은 무역을 촉진하고자 은행들이 중국 쪽 상대와 직접 거래하는 것을 허용했다.

1995년 1월이 되어서야, 중국 정부는 양안 관계를 다루는 데 좀 더 실용적인 시각을 제안했다. 장쩌민은 재통일을 위한 여덟 가지 제안에서, 정치적 이견이 경제 협력에 영향을 미치거나 방해가 되어서는 안 된다고 주장했다.[22] 이러한 제안들은 그해 실시된 타이완

총선거와 1996년에 실시된 총통 선거 때문에 크게 진척되지 않았다. 1995년과 1996년에 리덩후이가 미국을 방문하자 그에 대한 대응으로 중국은 미사일 실험과 상륙작전을 시행했다. 이후 얼마 지나지 않아 회담이 재개되었다. 1996년에는 무역을 촉진하기 위해 해상운송 표준이 제정되었다. 1997년에 직접 무역에 대한 금지가 완화되었다. 1997년 4월에 중국 본토 푸저우, 샤먼과 타이완 가오슝 간의 직접해상운송이 시작되었다. 1998년 3월, 해협을 가로지르는 정기적인 선박 항로가 발족되었다. 양안 관계는 2000년 폭풍우 같은 선거가 있기 전까지는 평온했다.

한국과 일본

한국과의 관계에서는 중요한 진척이 있었다. 한국은 처음에는 내키지 않아 했으나 1990년대 후반에 이르러 태도를 바꾸었다. 대부분 경제적 이해관계 때문이었다. 한국의 대기업들은 유대관계가 공식적으로 회복되지 않는다면, 사업 기회를 잃게 될까 봐 두려워했다. 한국 기업들은 중국이 아시안 게임을 준비하는 동안, 수백만 달러를 후원하는 것으로 의사표시를 했다. 1989년 6월, 한국 정부는 중국 기업이 한국에 직접적으로 투자하는 것을 처음으로 승인했다. 텔레비전을 생산하기 위해서였다. 중국 정부는 제11회아시안 게임을 위해 대한항공이 베이징으로 운항하는 것을 허용함으로써 이에 화답했다. 1989년 10월에 양측은 무역 사무소를 개설하는 데 동의했다. 처음에 중국은 완전한 정치적 관계가 구축될 때까지 한국 사무소가 베이징에 자리 잡는 것을 허용하지 않았지만, 이후 양보했다.

1992년 마침내 한국과 중국의 외교 관계가 성립되었다. 하지만 이후 2000년까지 유대관계는 북한의 핵민족주의 때문에 흔들렸다. 핵민족주의는 1998년에 북한이 장거리 미사일을 발사하면서 일시적으로 최절정에 도달했다. 협상은 2003년까지 갈피를 못 잡았다. 2003년 북한은 결국 핵확산금지조약에서 탈퇴했다. 이러한 과정을 거치면서 한국은 김정일 정권에 압력을 행사하는 것을 꺼리는 중국에 거듭 불만을 표출했다.

북한은 중국 정부와 일본 정부 간에 불화의 원인이 되었다. 그러나 그보다 더욱 중요한 다른 원한들이 있었다. 톈안먼 사태가 있은 지 3년 후 관계는 서서히 개선되었다. 일본이 중국으로 수출하는 금액은 1989년 80억 달러에서 1992년 160억 달러로 훌쩍 뛰어올랐다. 중국은 미국에 이어 두 번째로 가장 큰 수출 시장이 되었다.

또한 1992년에 장쩌민이 일본을 방문했고, 아키히토^{Akihito} 천황이 6일간 공식적으로 중국을 방문했다. 수천 년에 걸친 양국의 역사상, 일본 천황이 중국을 방문한 것은 처음이었다. 한 일본 외교관은 "그 여행은 긴장의 연속이었다"라고 회상했다. "천황은 과거에 대한 사과를 받으려는 중국의 욕구와, 굴욕을 견디지 못하는 일본 대중의 의견 사이에서 줄타기를 해야 했다."²³ 중국의 시각에서 수확은 어마어마했다. 이는 국내의 신망과 증가하는 중국의 영향력에 대한 인정, 그리고 중국의 명성이 다른 지역에서 의문시되고 있는 와중에 중요한 친구를 얻었다는 확신이었다. 그러나 천황의 방문이 양국의 역사상 중요한 한 획을 그었을지는 놀라도 중국 정부가 절대 양보하지 않으려는 쟁점, 즉 레드라인은 전혀 바뀌지 않았다.

첫 번째 레드라인은 센카쿠(댜오위다오) 열도에 대한 일본의 영유권을 반대하는 것이다. 중국은 센카쿠 열도가 중국의 일부라고 주장하는 영해법이 통과되면서 그 점을 분명히 밝혔다. 그렇지만 장쩌민은 일본에게 그 현안을 보류하겠다고 약속하며 안심시켰다. 중국은 1993년 관측선 2척을 열도 주변의 배타적 경제수역으로 보냈고, 1994년에는 관측선 15척을 보냈다.²⁴ 1995년에 일본 전투기들이 중국 제트기에 맞서 긴급 이륙했다. 1996년에 중국 정부는 열도 주변의 일본의 배타적 경제수역을 주장하는 일본법에 격렬한 반응을 보였다. 그때부터 그 지역을 둘러싼 긴장은 계속 고조되었다.

두 번째 레드라인은 일본의 군국주의에 반대하는 것으로, 일본은 그 레드라인을 갈수록 무시했다. 일본은 걸프 전쟁에 참가했을 뿐만 아니라, 여론 조사 결과 시민의 대다수가 헌법에서 평화주의를 규정하는 9조를 기꺼이 폐기하자고 했다. 1990년대 일본은 군대를 대대적으로 정비했다. 1990년과 2002년 사이에 일본은 자그마치 구축함 15척, 콜베트함 5척, 대형 상륙용 함정 3척, 공격잠수함 5척, 그리고 추가로 6척을 더 취역시켰다. 일본은 현대식으로 변형된 F-16를 94대 제작하기 시작했고, 장거리 경보통제용 항공기 4대와 잠수함을 추적하는 시호크 헬리콥터(미해군의 대잠수함 헬리콥터-옮긴이) 178대를 구입했다.

일본은 군사의 현대화를 추진하면서 세 번째 레드라인을 거스르고 있었다. 즉, 일본은 자국의 영토에 미군의 진출을 늘리는 것을 허용했던 것이다. 미군의 진출은 상호안전보장조약에서 확정된 것으로, 1996년 빌 클린턴 대통령이 체결했다. 그 외에도 일본은 전역 미사일 방위에 대한 공동 기술 연구를 시행하기로 미국과 협정을 체결했다. 동중국해에서 군사 균형이 이동하고 있다면 이는 중국에 해를 끼치는 일이었다. 이 모든 것 때문에 중국은 깊은 불만을 표출했고 이는 일본의 침략적인 과거사에 대한 이슈를 제기하는 열의를 보이면서 역력히 드러났다. 더욱 중요한 것은 경제적으로, 군사적으로 일본과 균형을 유지하려고 중국이 단단히 마음을 먹었다는 점이다. 그러나 결과들은 21세기 초가 되어서야 비로소 눈에 띄기 시작했다.

무너지는 제국

그리고 소련이 있다. 중국 지도자들이 인민대회당에서 고르바초프 대통령을 맞이할 당시, 톈안먼 광장에서 시위자들이 정문을 막고 있었기 때문에 고르바초프는 뒷문으로 들어가야 했다. 그 회의는 역사적 순간을 장식했다. 베이징에서는 시위자들이 들고 일어났지만 덩샤오핑은 분명 형세가 바뀌고 있다고 생각했다.

고르바초프가 떠나기 한 달 전에 소련은 트빌리시에서 시위자들과 맞닥뜨렸다. 급격한 인플레이션이 동유럽 대부분 지역을 강타했던 것이다. 그들이 논의하면서 건배를 제의할 때, 수많은 탱크들이 몽골 국경을 덜컹거리며 지나 시베리아 기지로 돌아갔다. 소련은 중국에게 어려운 상황에 처해 죽어가는 경쟁자 제국이었다. 새로운 중국 지도자들은 오직 그 종말을 최대한으로 활용할 필요가 있었다.

1990년 1월에 소련 정부는 베트남에서 Mig-23 전투기를 모두 빼내왔다. 또한 자국의 땅에 중국의 중요한 광산 프로젝트를 처음으로 받아들였고, 국경 회담은 다시 재개되었다. 중국의 영해 분쟁이나 인도와의 국경 분쟁과 비교하면, 소련과의 국경은 제법 간단했다. 1986년에 기준점에 대한 협의를 했고, 국경 대부분은 강과 수역처럼 천연 장벽들로 이루어져 있다.

1989년까지 중국은 즉시 모든 현안들을 해결해달라고 소련에 요청했다가, 부문별로 하나씩 해결하기 위해 이러한 요구를 중단했다. 1991년에 이루어진 첫 번째 협정에서 러시아는 700개의 섬과 1,500헥타르의 땅을 중국에 넘겨주었다.[25] 또한 중국에 선적할 때 국경 지역의 강을 이용할 권리를 주었다.[26] 1994년에 이루어진 두 번째 협정에서 몽골과 카자흐스탄 간의 짧은 분쟁에 대한 문제가 해결되었다. 남은 세 개의 섬 볼쇼이우수리스크, 타라바로프, 아바가이투 섬과 관련해서는 2004년에 합의했다.

톈안먼 시위가 중국을 겸손하게 한 사건이었다면, 러시아는 이어지는 10년 동안 겸손함을 배웠다. 1992년 보리스 옐친$^{Boris\ Yeltsin}$ 대통령은 자국에서 발생한 새로운 정치 문제 때문에 베이징 방문을 서둘러 끝냈다.[27] 그해 중국의 국내 총생산과 산업 생산량은 러시아를 뛰어넘었다.

다극화 질서를 창설하고 남아 있는 초강대국을 억제하려는 광범위한 전략적 이해관계를 진척시키기 위해서, 무너지는 제국이 중국에게 유용한 파트너라는 것이 드러났다. 처음에는 중국 정부가 쿠웨이트의 이라크 침공에 반대하는 서구의 행동을 지지했지만, 곧 중국과 러시아 정부는 중동을 통제하려 애쓰고 발칸 지역, 동유럽, 동아시아에 다른 형태로 간섭하는 미국을 비난하기 시작했다.[28] 또한 두 국가는 서구의 자유적 가치에 반대하고 체첸 공화국의 투사들, 신장의 시위자들, 타이완의 정치가들이 어떤 분리 독립을 시도하든지 주권의 중요성을 강조하는 문제에서 서로 지지했다.

1997년에 성립된 공동 성명은 중국의 모든 난제들을 담았다. 그 성명에는 "점점 많은 국가들이 상호 존중, 평등, 상호 이익을 인정하기 시작했다"라고 쓰여 있다. "모든 국가는 다른 국가들의 간섭 없이 자국의 구체적인 상황에 비추어 독립적으로 발전 과정을 선택할 권리가 있다."[29] 적어도 약한 러시아가 중국의 권력을 강화하는 데 점점 큰 도움을 준다는 사실이 중요했다. 일본의 경우처럼 고위급 방문은 중국 정부가 자국의 위신을 높이는 데 기여했다.

러시아는 중국의 군사 장비, 기술, 원자재의 가장 중요한 공급원이 되었다. 또한 그것은 주요한 도전이기도 했다. 러시아가 중국과 협력하고 싶어 했던 것과 관련해 한 중국 관료가 이렇게 털어놓았다. "협력의 상당 부분이 러시아의 쇠락을 가리기 위한 눈속임이었고, 우리는 러시아가 무너지게 놔둘 수 없었다."[30]

약점이 있는 중국이 러시아와 대적하는 방법 중 하나는 러시아의 내부가 붕괴된 후에 몽골과 중앙아시아에 발생한 빈틈을 가득 채우는 것이었다. 러시아 정부가 몽골에 지원을 단절했기 때문에 몽골 정부는 새로운 친구들, 즉 미국, 일본, 중국에 손을 뻗쳤다. 우선 중국은 몽골이 중립으로 남도록 확실하게 하면서, 몽골의 재식민지화 가능성에 대해 몽골 정부가 갖고 있는 두려움을 완화시켜주고 싶었다. 1994년에 중국은 협정에서 이렇게 말하며 이를 달성했다. "어느 쪽도 다른 상대방의 주권과 영토에 악영향을 줄 수 있는 영토를 제3국가가 이용하도록 허용하지 않을 것이다."[31]

이때부터 중국의 영향력은 급속도로 커졌다. 1994년에는 중국이 몽골의 수출 중 차지하는 비중은 16퍼센트에 불과했으나 2003년에 54퍼센트까지 증가했다. 또한 중국은 광업 분야에서 주요한 투자자가 되었고, 정제된 석유 제품을 공급해 러시아의 독점을 무너뜨렸다.[32]

중앙아시아에 미치는 러시아의 영향력 역시 점점 줄어들었지만 대체로 이는 서구, 이란, 터키에 유리했다.[33] 서구 다국적 기업들은 석유 계약의 가장 큰 부분을 차지했고, 중앙아시아로 수출하는 비중이 점차 증가했다. 예를 들어, 2003년까지 카자흐스탄, 키르기스스탄, 타지키스탄, 우즈베키스탄, 투르크메니스탄의 총 수출에서 중국과 러시아가 차지하는 비중은 각각 많아야 12퍼센트와 16퍼센트 정도였다.

국가들 대부분, 특히 카자흐스탄은 사업에 관심이 많았지만 중국의 장기적인 의도에 의혹을 품었고, 신장 자치구역에서 소수 민족의 대우를 놓고 중국을 비난했다. 카자흐스탄은 1995년에 안보 보장을 제공하는 공식적 성명을 요청하며, 중국과 자국의 군사적 위협을 억제하는 정책을 결부시키고자 공세를 퍼부었다. 게다가 그해 뤄부포 호Lop Nor에서 하는 중국의 핵실험에 반대하며, 키르기스스탄과 우즈베키스탄과 함께 공식적으로 항의했다. 카자흐스탄은 중국이 국경 지역에서 군사적 신뢰 구축에 대한 1996년 협정에 서명하도록 러시아와 키르기스스탄, 타지키스탄과 발을 맞추었다. 같은 해, 중국의 기획위원회는 중앙아시아와 태평양을 연결하는 범아시아에너지교량을 제안했다. 중국 기업들이 구체적인 제안을 했지만, 카자흐스탄 정부는 중국에 지나치게 의존하는 것에 주의를 기울이는 모습을 보였다.[34]

10년 지난 후, 중국은 더욱 큰 행보를 이어가기 위한 기반을 서서히 마련했다. 중앙아시아 국가들은 신장의 이슬람 테러 행위에 대항하고 분리 독립을 억누를 것이라고 중국에게 약속했다. 중국은 상하이 파이브를 계승하는 상하이협력기구SCO를 설립했다. 이로써 그럴 듯한 포럼을 창설해 중앙아시아 지역에 제안을 전달하고, 너무 많은 불신을 초래하지 않고 자국의 결정에 더욱 힘을 실을 수 있게 되었다.

전략적 기회

장쩌민은 주석으로서 퇴임을 앞둔 2002년 제16차 전당대회에서 중국은 전략적 기회의 시대로 접어들었고, 이 기간 동안 발생한 어느 정도의 국제 안정, 평화, 경제 성장이 중국에 부유한 사회를 건설할 기회를 주었다고 주장했다.[35] 장쩌민은 "그로 인해 기업들이 더욱 많은 자본, 특히 다국적 기업에서 직접 투자를 받을 수 있었고, 이 투자로 기업들은 경제 발전과 재건의 속도를 높일 수 있다"라고 분명히 밝혔다. "또한 그것은 기업들이 자신의 이점을 마음껏 발휘함으로써 새로운 시장을 확보하고 이용하며, 다른 국가들과 외국 무역과 경제 협력을 발전시켜갈 수 있도록 장려한다. 게다가 기업들이 진보된 기술과 경영 전문지식을 더욱 빨리 획득해 후발주자로서 자신의 장점을 더욱 잘 활용하고 급격한 기술적 발전을 이룰 수 있도록 한다."[36]

장쩌민의 통치하에 중국의 외교는 그 시대의 기회를 사로잡으려고 노력했다. 확실히 분명하게, 변하는 모습을 확인할 수 있었다.

외교부 직원들은 더욱 많아지고, 젊으며 밝았다. 중국은 말뿐 아니라 행동도 그럴듯하게 하는 법을 배웠다. 아시아 국가 전역에서 중국 대사관이 계속 늘었고, 베이징에 있는 외교의 중앙본부도 마찬가지였다. 자금성을 지나가는 주요 도로인 창안지를 따라 공산당의 대외연락부와 상무부를 포함해 견고한 본부의 상당수가 그 기간 동안 건설되었다. 외무부는 1996년에 차오양 구에 새로운 건물을 개관했고, 곧 석유 회사, 은행, 무역회사 등 화려한 사무실 건물에 둘러싸였다. 아시아 기업들 대부분은 싼리툰 지역에 있는 대사관을 확장하거나 장식했고, 라오스와 캄보디아 같은 작은 국가도 중국 정부의 지원을 받았다.

주변국에 대한 정책은 더욱 확대되었고 훨씬 주도적이었다. 중국은 특히 상업과 하위 정치에 관한 계획을 잇따라 세우고 실행했다. 이는 양자 간, 다국 간 환경에서 실행한 것이다. 절호의 기회가 변하는 중국의 환경에서 비롯된 결과라는 사실은 의심의 여지가 없었다.

중국은 1980년대에 값싼 노동력을 찾았던 일본, 타이완, 서구 기업들의 관심을 끄는 데 성공했다. 그리고 1990년대 내내 제조 허브로서 자국의 입지를 가까스로 공고히 했다. 세계무역기구WTO의 가입은 확실히 도움이 되었다. 21세기 초가 되자 중국은 주요 경쟁자인 인도와 동남아시아를 압도했다. 일본과 한국은 저가 산업에서 압박감을 느끼기 시작했다. 전략적 수준에서 러시아는 더 이상 도전자가 되지 못했고 인도는 비교적 약했으며, 하나의 블록인 아세안은 두려운 대상이 아니었다.

　세상은 다극화되어갔지만, 여기에 딱 한 가지 방해되는 것이 있었다. 바로 미국의 군사적 우위와 노골적인 일방주의였다. 아시아에서 이것은 특히 군국주의화되는 일본과의 협력으로 인해 걱정거리였고, 중국의 지정학적 취약점인 해안에서 그 모습을 드러냈다. 그러나 지역 질서는 변하기 시작했다. 힘의 균형이 움직이고 있었다. 그렇다고 열광할 이유도, 안일함에 빠질 이유도 없었고, 확실히 외교적인 모험을 감행하거나 영해 분쟁을 악화시킬 이유도 없었다. 그러나 그 때문에 중국은 더욱 자신감 있게 개혁과 점진적 문호 개방, 전략적인 자제력이라는 과정을 따를 수 있었다. 이는 더 없이 좋은, 평화롭고 효과적인 수정주의의 모습이었다.

chapter 5

평화적
발전

China

텐안먼 사태가 일어난 지 9년 후, 장쩌민은 악명 높은 광장 옆 인민
대회당에 섰다. 앞에는 수십 명의 기자들이, 그의 옆에는 빌 클린턴
미국 대통령이 있었다. 이번 공식회담에서 장쩌민 주석은 자신감에
찬 환한 미소를 지은 채, 웃으며 농담을 하고 미국 대통령과 경제
개혁부터 인권을 망라한 온갖 현안들을 놓고 이야기를 주고받았다.
장쩌민의 자신감 있는 태도는 사실 놀랍지 않다. 베이징을 방문한
손님들은 건설 노동자들 수천 명이 베이징의 스카이라인을 아파트
건물이 수북이 꽂힌 바늘방석으로 탈바꿈시킨 것을 볼 수 있었다.
상하이에 있는 모기가 들끓는 습지인 푸둥은 고층건물들이 가득
메웠다.

　1989년과 21세기 초 사이에 중국 경제는 매년 평균 10퍼센트씩
성장했다. 그러한 성과로 중국은 주변국들을 위축시켰다. 아시아
전체 경제 총생산에서 중국이 차지하는 비중은 1989년 6퍼센트에
서 2002년 19퍼센트로 증가했고, 지역의 산업 생산은 8퍼센트에서
28퍼센트로, 아시아 수출은 6퍼센트에서 19퍼센트로, 외국인 직접
투자의 유입은 16퍼센트에서 55퍼센트로 증가했다.

　일본은 불황으로 어려움을 겪고 있었고 인도는 산업화를 이루겠
다는 야망을 전혀 이루지 못했으며, 동남아시아가 성장으로 얻은

혜택은 인플레이션으로 인해 대부분 사라졌다.[1] 중국 뒷마당에 있는 국가들 상당수가 사회적 불안과 분리운동으로 한바탕 홍역을 치렀다.

〈인민일보〉는 "순조롭게 수출이 증가한 것 외에도 투자와 소비역시 현저하게 증가했다"라고 자랑하듯 떠들어댔다. "국내 수요가 증가한 덕택에 국내 기반시설 공사의 미지급금을 청산했고 사람들의 생활수준을 향상시켰다. 또한 지속적이고 빠른 중국 경제의 발전을 뒷받침했을 뿐만 아니라, 격동적인 세계 경제에서 중국 경제가 더욱 다양한 전략을 구사할 수 있었다."[2]

그래도 권력과 번영을 달성하려는 중국의 목표가 끝나려면 아직 멀었다. 2002년에 실시한 조사에 따르면 중국의 50퍼센트만이 경제 현황에 만족한 것으로 나타났다. 중국 공안부는 집단 시위가 1993년 8,700건에서 2000년 4만 건으로 급증했다고 보고했다. 2001년에 당의 중앙위원회를 위해 일하는 한 조사 단체가 이렇게 경고했다. "곧 무너질 듯한 중국의 경제개발이 초래하는 위험과 압박은 점차 커지고, 집단 시위는 날로 급증하고 있다. 이는 결국 사회 안정성을 심각하게 해쳐 개혁과 문호개방이 순조롭게 진척되지 않을 수 있다."[3]

게다가 늘어난 외국 기업으로 인해 중국은 초조해지기 시작했다. 2002년에 외국 기업들이 중국 기업 생산량의 25퍼센트와 중국 수출의 45퍼센트를 차지했다. 전문가들과 의사 결정자들은 국제화에 지나치게 의존하는 것에 반대하며 경고하기 시작했다. 베이징 대학교의 왕이저우Wang Yizhou는 "국제화는 관목과 가시를 뚫고 나가는 것을 도와주지만 사용자를 해칠 수 있는 양날의 검이나 다름없다"라고 말했다. "이러한 맥락에서 경제적·사회적·정치적 측면에 동등한 관심을 기울이는 새로운 안보 개념이 수립되어야 한다."[4] 중앙위원회의 경제부 장보리Zhang Boli 부주임은 다음과 같이 말했다. "세계화는 아직도 불공평하고 불합리한 오랜 국제 질서를 반영하고 있고, 빈부 양극화를 심화시켰다."[5]

안보 환경 역시 더 복잡해졌다. 인도와 일본은 중국의 위협을 언급하며 자국의 국방 예산 증대를 정당화했다.[6] 일본 신문은 2015년까지 4만 톤급 수송선을 만들고, 200대 이상의 F-15 전투기를 구매할 계획을 발표했다.

그러나 여전히 중국에 대한 가장 큰 도전은 미국에서 흘러나왔다. 「2001년 4년 주기 국방 검토 보고서Quadrennial Defense Review」는 관심을 대서양에서 태평양으로 옮겼다. 「2002년 국가 안보 전략National Security Strategy」은 중국이 주변국을 위협하는 군사 능력을 강화함으로써 구시대적 노선을 따르고 있다고 주장했다.[7] 특히 1996년에 발생한 타이완 미사일 위기 이후로, 미국 정부는 그 지역에 미군을 증강하고 있었다. 1990년 이후로 현대식 로스앤젤레스Los Angeles급 잠수함 10척은 현대식 알레이버크Arleigh Burke급 구축함과 함께 제7함대로 배속되었다.

또한 미국은 중국의 배타적 경제수역에 비행기와 선박을 계속 파견해 자국의 결의를 보여주었다. 차세대 예인형 선배열 음향탐지 선박이 취역한 이후, 미국은 중국 주변의 해저 지도를 제작하기 위한 노력을 새롭게 시작했다. 중앙아시아, 몽골과의 군사 교류가 구축되었다. 연합작전인 Centrazbat 97 훈련을 실시하면서, NATO는 중국의 서쪽 문간까지 밀고 들어와 자리를 잡았다. 그리고 더 나아가 9·11 테러 이후에는 그곳 병력을 증대했다.

장쩌민은 "현재 국제 현실을 살펴보면 냉전식 사고가 여전히 남아 있고, 패권주의와 권력 정치가 때때로 드러난다"라고 불평했다. "더욱 밀접하게 군사동맹을 맺으려는 경향이 증가하고 있다. 새로운 유형의 포함정책gunboat policy(요구를 관철하기 위해 상대국에 함대를 파견해 압력을 가함으로써 유리한 조건을 얻어내는 정책-옮긴이)이 횡행한다. 그리고 지역 분쟁이 잇따라 불쑥 불쑥 발생했다."[8] 더 나아가 하원인 콕스 리포트Cox Report는 중국이 군사 기술을 훔쳤다고 비난하는 보고서를 발표했다. 2001년 중국 전투기와 미국 EP-3 정찰기가 충돌한 이후 분위기는 더욱 험악해졌다.

후진타오가 정권을 잡은 지 5일이 지난 2003년 3월 19일, 이라크를 침공하기로 한 미국 정부의 결정으로 이러한 인식이 뜻밖에 확인되었다. 미국이 외교적 해결 방안을 찾아보는 데 좀 더 주력하자는 중국, 소련, 프랑스의 요청을 무시했던 것이다. 그동안 미국의 도널드 럼스펠드Donald Rumsfeld 국방장관은 북한에서 정권 교체가 이루어져야 한다고 말하고 있었다. 럼스펠드는 앞서 다른 신보수주의자 집단과 함께, 미국이 중국에 대한 군사적 압박을 증대시킬 필요가 있다고 선언했다. "중국의 민주화 진행에 박차를 가할 필요가 있다."[9]

그러나 2003년은 중국이 자신감을 보여준 해였다. 중국은 세계에서 제조품의 최대 수출국이 되었고, 2010년 상하이 세계엑스포 개최지로 선정되었다. 싼샤댐 수문이 개방되었고, 세계에서 가장 큰 조선소 착공식이 열렸으며, 세계에서 가장 긴 송유관을 가동했다. 특히 중국의 첫 번째 유인 우주선을 발사했다.

미국의 일방주의와 다른 국가들의 실패 또한 중국이 자국의 평화적 의도를 강조할 새로운 기회를 마련해주었다. "현재의 국제 정세 속에서 중국을 위한 유일한 선택은 평화롭게 부상하는 것이다." 2003년 정비지안Zheng Bijian은 세계 경제 포럼에 버금가는 보아오 포럼에서 이렇게 말했다. 그해의 포럼은 중국이 위협이 된다는 아시아 지도자들의 주장을 부인하고 평화적 부상이라는 기조에 동의하도록 계획된 듯했다.

다음 해 제이드 벨트 비치에서 후진타오 주석은 아시아를 위한 정책 우선순위를 설명했다. 중국의 발전이 평화에 기여한다는 기조는 계속되었다. 후진타오는 중국은 모든 국가를 평등하게 대하고, 대화를 통해 분쟁을 해결하도록 노력하겠다고 거듭 말했다. 또한 정치적 교류, 무역 증가를 통한 경제적 관계 강화, 투자, 자유무역협정, 지역 경제 기구들과 거시경제 협력 강화, 광범위한 인적 교류, 더 빈번한 군사 협력을 약속했다. 2004년 보아오 포럼을 주최하는 정계 인사들이 최근 몇몇 중요한 성취를 달성한 덕분에 그러한 주장이 뒷받침될 수 있었다. 2003년에 중국은 우호협력조약과 자유무역협정을 아세안과 체결했다. 중국은 인도와 함께 양국 간의 관계와 포괄적 협력에 관한 원칙선언에 서명했다.

중국 정부는 2003년 봄에 고이즈미 준이치로Junichiro Koizumi 일본 총리가 야스쿠니 신사를 방문하자, 이후 조심스러운 행보를 보였다. 외교부가 맹비난하는 성명을 발표했는데도 불구하고, 원자바오 Wen Jiabao 총리는 아세안 정상 회담과는 별도로 고이즈미 총리와 악수를 하고 협력을 위한 우선 과제들을 마련했다. 그러나 가장 중요한 것은, 중국이 첫 번째 6자 회담을 주최했다는 점이다. 중국은 각국 대표들이 평등하게 참여할 수 있도록 창의적으로 설계된 6각형 협상 테이블과, 비공식적 모임을 위해 네 개의 구석에 설치한 안락한 소파를 치켜세웠다.[10]

중국의 아시아 정책에 대한 성숙, 경제 관계의 빠른 증진, 양자간·다자간 대화의 확대, 해적 행위나 테러 행위 같은 비전통적 안보 위협을 신뢰 구축과 협력을 위한 기회로 전환하려는 욕구, 이런 다양한 측면에서 제4세대는 제3세대보다 더 기억될 것이다(제3세대는 장쩌민, 제4세대는 후진타오 지도부를 의미한다 - 옮긴이). 중국이 평화적 발전을 진전시키자 점점 많은 중국 전문가들은 이것을 중국의 외교정책, 전략적 계획, 심지어 중국의 정체성이 중대하게 변하는 증거로 보았다. 미국 교수이자 외교관인 수잔 셔크Susan Shirk는 이렇게 단정했다. "중국은 신뢰를 구축하고 영향력을 증가시키기 위해 주변국의 이해관계를 수용하려는 의지가 있다. 이것이 바로 중국이 접근하는 방식의 특징이다."[11] 그러나 역시 중국과 아시아의 관계에서 세 가지 중요한 이슈, 즉 영토 분쟁, 타이완, 무역에서 확인할 수 있는 것처럼, 수용하려는 그 의지는 제한되어 있었다.

동남아시아와 남중국해

동남아시아는 중국 주변국 정책에서 주춧돌 역할을 했다. 중국의 리더십이 변화를 맞이한 시기에 동남아시아는 여전히 금융 위기의 여파로 힘겨워했고, 인도네시아와 필리핀, 태국, 미얀마에서는 증가하는 폭력 사태에 시달렸다. 이 모든 문제에서 아세안이 하는 역할은 비효과적이고 미미했다. 또한 아세안은 자유무역지역을 설립하는 사안에서도 별다른 진척을 이루지 못했다. 2005년에 비관세 장벽에 관한 합의를 도출하기로 한 중요 시한도 넘겨버렸고, 합의한 시한인 2010년까지 관세 장벽을 철폐하는 것도 성공하지 못했다.

대신에 회원국들은 동남아시아 지역 밖에서 경제 대국들과 양자 간 무역협정을 맺는 것을 선호했다. 통합을 이끌어내기 위해 더욱 강력한 기구들과 더욱 엄격한 규칙을 주장했던 저명인사 그룹의 보고서는 대부분 무시되었다. 보고서는 이렇게 언급했다. "지역 프로젝트는 종종 우리 정부보다 중국에서 더 많은 지지를 얻었다."[12] 그럼에도 불구하고 아세안은 중국에게 중요했다. 아세안 다자주의는 좀 더 작은 회원국들과 양자 간 협상을 추진하기 위한 유용한 구실을 제공해주었다.

사실 중국이 처한 상황은 거의 이상적이었다. 아세안은 너무 취약해서 중국에 대항할 세력을 형성할 수는 없었지만, 여전히 아세안에 결정 권한이 있다는 인상을 심어줄 정도로 눈에 띄는 활동을 벌였다. 중국 사회과학원의 한 연구원은 "우리 주변국이 평안을 유지하기 위해서는 두 가지가 중요하다. 하나는 미국의 군사적 우위고, 다른 하나는 지역의 협력 가능성이다"라고 설명했다. "우리는 두 번째에 더욱 자신이 있었다."[13]

남중국해는 중국과 아세안 교류에서 계속 관심의 대상이었고, 그 관계에서 비타협적인 태도는 중국 정부의 트레이드마크가 되었다. 저우언라이 총리가 구단선 지도를 제안한 지 60년이 지난 후, 중국 정부는 유엔에 남중국해가 그려진 새로운 지도를 제출했다. 그 지도에는 정확히 같은 구단선이 그려져 있었다. 중국은 유엔 총장에게 "중국은 남중국해와 근접 수역의 군도에 대해 명백하게 영유권을 갖고 있다"라고 설명했다. "그리고 해저와 그 하층토뿐만 아니라 관련 수역에 대한 영유권과 관할권을 갖고 있다."[14]

게다가 중국은 말레이시아, 베트남, 필리핀, 브루나이와 같은 국가들은 남중국해 열도 주변 12해리 내의 영해만 주장하고, 200해리의 배타적 경제수역을 주장하지 않을 것이라는 의견을 유엔에 전달했다. 중국은 그 지역에 대해 어떤 양보도 하지 않았고, 완전한 배타적 경제수역을 원한다고 나타내는 듯했다.[15] 역외 국가들과 국제 기구들을 포함할 가능성과 관련해서도 중국은 똑같은 태도를 보였다. 중국은 그러한 가능성을 계속해서 반대했다. 그러나 중국 의제의 핵심은 그대로 유지되었지만, 세 가지 중요한 변화가 발생했다.

첫 번째 변화는 새롭게 대화가 급증한 것이다. 그러나 마찬가지로 그 대화는 논쟁을 해결하는 데는 전혀 효과가 없었다. 남중국해 당사국 행동선언에 2002년 11월 서명했고, 이른바 고위관리위원회 SOMs를 개최했다. 고위관리위원회의 주요 성과는 또 다른 모임, 공동 실무 그룹을 설립하는 것이었다. 나중에 중국은 다른 창구를 제안했다. 남중국해 문제에 관한 전문가 그룹이다. 선언문 자체는 중국의 의도에 따라 애매함을 유지했다. 그리고 현재 무인도에 거주하는 행위를 자제하고 삼가도록 요청하는 가장 구체적인 5조도 막연하게 해석되었다. 결국 '거주하는 행위'와 '아무것도 하지 않는 것', 그 사이에는 여전히 다양한 대안들이 많이 남아 있었던 것이다. 예를 들어, 표식 세우기, 간이 활주로 확장, 탐조 타워bird-watching towers 등 그 밖에도 많았다.[16]

6조도 마찬가지였다. "분쟁을 포괄적이고 영속적으로 해결하기 위해, 관련 당사자들은 협력 활동을 찾아보거나 실행해도 된다." 물론 그것은 일방적인 활동을 배제하지 않았고, 그 때문에 두 번째 변화가 초래되었다. 즉, 중국이 법적 분규가 일어나는 지역 내에 자국의 군대를 증가시키기 위해 더욱 많은 능력을 집중했다는 것이다. 구축함, 호위함, 잠수함, 미사일 고속정을 새롭게 취역시켰다. 해군은 2010년 주요 훈련을 실시해 분명한 전환점을 맞이했고, 국력을 더욱 확실하게 과시할 수 있었다. 중국의 현대 어선과 측량선들을 비롯해서, 해안 경비대와 다른 경찰지구대들도 확대되었다. 중국해양석유총공사^{CNOOC}의 석유시추선 981호의 가동으로 남중국해의 에너지를 향한 중국의 야망이 확인되었다. "우리의 대형 심해 시추 장비는 이동하는 국가 영토이자 전략적인 무기다"라고 왕이린^{Wang Yilin} CNOOC 회장이 말했다고 전해진다.

한편 세 번째 변화는 아세안에서 발생한 내분이 신뢰성에 크게 해를 끼쳤다는 것이다. 중국은 선언에 앞선 협상에서 발생한 의견 충돌을 잊은 적이 없었고, 향후 몇 년이 지나서도 그 다툼은 지속되었다. 이것은 특히 영토 갈등이 아세안 회원국들 사이에서 격렬해졌기 때문이다.

2010년 7월에 열린 아세안 지역포럼에서 캄보디아, 라오스, 미얀마, 태국은 중국을 비판하는 다른 국가들을 지지하지 않았다. 그해 캄보디아 훈센 총리는 중국을 궁지로 몰아넣기 위해 아세안을 이용하는 베트남과 필리핀의 시도들을 힐책했다. 그는 "그 이슈는 국제화되거나 다자주의화되어서는 안 된다"라고 강조했다.

불화는 2012년에 절정에 달했다.[17] 그해 4월, 필리핀 당국이 스카버러 암초 가까이에서 불법 어업을 하는 중국 선원들을 체포하려 했고, 이를 중국 감시선 2척이 막았다. 그로 인해 격렬한 항의가 잇따랐지만, 중국은 불법 어업을 멈추지 않았다. 중국은 호위함을 파견하고 결의를 보여주기 위해 어선 30척을 보냈다. 그러는 동안 캄보디아는 아세안 외무장관들의 공식 발표에서 그 사건을 언급하려는 필리핀 정부에 항의했고, 그 결과 정상회담은 와해되고 말았다. 캄보디아의 호르남홍Hor Namhong 외무장관은 이렇게 설명했다. "나는 동료에게 아세안 외무장관 모임이 분쟁을 판결하는 법정이 아니라고 말했습니다."

인도네시아와 말레이시아는 처음에는 베트남과 필리핀 정부 편을 들었으나, 그러한 지지는 그리 오래가지 않았다. 인터뷰에서 말레이시아 국방장관은 중국의 의도를 걱정하지 않는다고 말했다. "단지 당신에게 적이 있다는 이유만으로, 당신의 적이 곧 나의 적이 되는 것은 아니다." 중국이 이 모든 일에서 진정한 이익을 얻은 것은 없지만, 자국의 영향력 증가로 인한 외교적인 저항을 막아낼 수는 있었다.

일본과 인도

일본과의 관계라고 더 나을 것은 없었다. 두 국가는 긴장감이 감도는 조정 국면에 접어들었고, 일본 역시 이동하는 힘의 균형에 본격적으로 대처해야만 했다. 2004년에 중국의 공식적인 국방 예산은 일본을 능가했다. 2012년에 중국은 두 번째로 큰 규모를 자랑하는 경제 대국이 되어 일본을 뛰어넘었다. 때마침 중국은 동중국해를 위해서 군사력을 급속히 현대화하기 시작했다. 2003년과 2012년 사이, 중국의 동해 함대는 강력한 러시아 구축함 4척, 새로운 강개형 호위함 6척, 러시아 킬로급 잠수함 4척, 송급 잠수함 3척을 취역시켰다.

무역 관계가 더욱 확대되었고 투자가 급증했으며, 양자 간 회담의 수는 증가했지만, 가장 의견이 분분한 현안인 역사에 관해서는 진척이 전혀 없었다. 고이즈미 총리가 야스쿠니 신사 방문을 고집하자, 중국은 지속적으로 격한 반응을 보였다. 제국주의 일본의 잔혹 행위들을 충분히 인정하지 않는 일본 역사책이 새롭게 출간되었을 때, 양국 간의 갈등은 걷잡을 수 없이 타올랐다. 그런 분쟁을 통해 중국의 영향력이 증대된 것이 명백하게 드러났다. 불매 운동과 의도적인 통관 지연 때문에 일본 기업들이 초조해졌기 때문이다. 그래서 중국 정부는 더 민감하게 굴지 않고 너그러운 태도를 유지했다. 중국의 대응에는 새로운 것이 전혀 없었지만, 중국에게 휘두를 권력이 생겼다.

또한 영토 분쟁도 마찬가지였다. 수십 년 전에 그랬듯이 중국 정부는 센카쿠 열도에 대한 일본의 영유권과, 동중국해의 배타적 경제구역 사이에 경계선으로서 제안된 중간선을 거부했다. 그리고 이제 중국에게는 단호한 결의를 드러낼 두 가지 중요한 도구가 있다. 바로 거대 석유 기업들과 해군이다.

그 석유회사는 CNOOC와 시노펙Sinopec으로, 이 기업들은 동중국해의 드넓은 해저를 눈여겨봤다. 또한 센카쿠 열도가 위치한 이 지역에서 중국과 일본의 배타경제수역이 일부 중첩되어 있다. 중국은 여기서는 어떠한 시추 작업도 시작하지 않았지만, 중간선을 넘어 일본 쪽 수역에서 시추 작업을 벌였다. 가스전 중 하나인 핑후Pinghu는 그래도 35킬로미터 떨어져 있는 곳이었다. 1999년 4월 핑후 가스전에서 생산이 시작되었고, 심지어 일본이 자금을 지원해준 파이프라인을 통해 상하이와 닝보로 가스를 공급했다.

일본이 주장하는 배타적 경제수역과 훨씬 가까운 다른 매장지가 7개 있다. 춘샤오, 톈와이톈, 두안챠오, 바오윈팅, 찬쉐, 룽징, 우윈팅이다. 2003년에 중국은 춘샤오 가스전에서 시추 작업을 시작했는데, 그곳은 일본이 주장하는 배타적 경제수역과 불과 4킬로미터밖에 떨어지지 않았다. 나카가와 쇼이치Shoichi Nakagawa 통상 장관은 오렌지 주스가 담긴 잔에 빨대 두개를 꽂은 뒤, 중국 대표단에게 그 문제를 명확히 밝혔다. 중국이 일본의 배타적 경제수역까지 뻗어 있는 매장지에서 모든 가스를 빨아들이고 있다고 주장했던 것이다. "가스 채굴 플랫폼은 중국에 있다. 그런데 가스는 일본에 있다." 결국 중국이 공동개발을 제안했으나 범위를 오직 일·중 중간선의 일본 측 수역으로만 제안했다.

2008년 12차례에 걸친 협상 후, 일본 정부와 중국 정부는 동중국해 공동개발에 관한 각서를 체결했다. 일본 당국은 처음에는 승리라며 자축했지만, 협력을 하자고 선정한 지역이 작았다. 룽징 말고는 중국이 논쟁 대상인 가스전들을 제외시켰던 것이다. 중국은 일본 기업이 자국의 다른 가스전에 참여하는 것을 허용했다.

그러나 일본 기업이 중국의 영유권을 인정할 때만 그렇게 했다. 2009년에 중국은 톈와이톈 가스전을 일방적으로 개발하기 시작했다. 일본 정부는 국제해양법재판소에 제소하겠다고 협박했지만, 중국 정부는 꼼짝도 하지 않았다. 츈샤오와 톈와이톈에서 시추작업은 계속되었고, 공동개발구역은 고스란히 그대로 남아 있었다.

이와 동시에 중국 해군은 국력을 과시하고 그렇게 할 역량이 있다는 것을 보여주는 데 아주 열성적이었다. 그때까지 중국에는 중간선에 있는 일본 정찰선, 미국 군함의 빈번한 통행, 두 국가가 동중국해에서 벌이는 훈련에 대항할 대안이 많지 않았다. 2004년 일본 정부는 일본 해안 경비대가 센카쿠 열도를 관리하겠다고 발표했다. 2005년 미국과의 공동 협약은 타이완의 지위에 대한 문제를 공동 관심사로 부각시켰고, 중국은 일본 - 미국 해군이 주축이 되어 압박을 가한다는 사실을 인식하게 되었다.

중국은 변했다. 2003년과 2004년, 중국 잠수함이 처음으로 일본 영해 가까이 과감하게 접근했다. 2003년에 중국은 중간선의 동쪽에 해군 함정 5척을 배치했다. 2005년에는 중국의 해군 구축함이 일본의 해상 자위대 정찰기에 총을 겨누었다. 또한 중국 해군은 중요한 일본 해상통로를 다니는 장거리 정찰선을 진수시켰다. 이 통로는 국제수역이지만 중국은 군함이 그 통로를 사용할 때마다 사전에 통보하라는 일본의 요구를 받아들이지 않았다.

2008년, 중국 해군 군함 4척이 쓰가루 해협을 통과했다. 2010년에는 잠수함 2척과 구축함 8척이 미야코 해협을, 그리고 2012년에는 해군 함정 3척이 오수미 해협을 통과했다. 중요한 신호였던 서태평양으로의 항해 중 일부는 오키노토리 섬 근처에서 벌어진 훈련으로 끝이 났다. 중국은 그 작은 섬에 관해 주장할 권리가 전혀 없지만, 일본이 그 섬에 대해 배타적 경제수역을 주장하는 것은 인정하지 않는다.[18]

오키노토리 섬은 전략적으로 중요한 섬이다. 일본은 근교에 있는 몇몇의 다른 섬들에 대한 권리를 주장한다. 여기에 오키노토리 섬이 추가된다면 홋카이도부터 미국 섬 괌까지 뻗는 배타적 경제수역을 주장할 수 있다고 생각한다. 따라서 적어도 일본 요구가 받아들여지고 배타적 경제수역을 통과하는 해군이 해당 국가의 허락을 요청해야 한다는 중국의 전통적인 주장을 따른다면, 오키노토리 섬은 중국이 태평양에 진입하는 데 강력한 법적 장벽이 될 수 있다. 이 점에서 그 섬이 진정한 핵심이 되는 것이다.

높은 히말라야 산맥으로는 군함이 진출할 수 없다는 것을 생각하면, 인도와 접한 국경을 따라 중국이 자국의 주장을 드러내는 표시는 그다지 극적이지 않았다. 표시라고 해봐야 대개 빈 담뱃갑들과 페인트칠 된 표지판들을 분쟁 지역에 남겨두는 게 고작이었다.

중국과 인도는 상황이 더 악화되는 것을 막기 위해 몇 가지 새로운 계획들을 실행했다. 2002년에 일부 경계의 지도가 교환되었다. 2003년에 양국 관계의 이행 원칙과 목표들을 정한 역사적인 합의가 체결되었다. 그리고 4천 미터 높이의 나투 라 교역로가 재개통되었다. 원자바오 총리는 '평화의 산맥'이라 말했다. 그러나 그렇게 될 수 없었다. 그다음 해에 양국의 뉴스 매체가 잇따른 사고를 보도한 것이다. 정찰기들의 위반, 분쟁이 있는 산 호수에 있는 보트, 헬리콥터 충돌을 보도했다.

동시에 양측은 그 황량한 지역에 자국의 진출을 확대하려는 노력을 게을리 하지 않았다. 새로운 숭국 설비가 대체로 주목을 받은 한편, 인도는 적어도 복잡한 미로 같은 먼지로 뒤덮인 경계선 순찰 도로를 발전시키는 데 빨랐다. 그 도로는 주거지와 감시초소들이 있는 곳에 위치해 있었다. 2012년까지 인도는 대체로 실질통제선의 서쪽 지역인 판공초 호수 주변의 샤이요크 계곡과 더 남쪽 지역에서, 중국보다 더 많은 군사적 요충지를 구축했다. 동쪽 구역도 마찬가지였다. 국경 순찰대의 수가 증가하기도 했지만, 국경에서 수백 마일 떨어진 곳에 있는 주요 시설을 현대화했다는 것이 더욱 중요했다. 즉, 주요시설은 항공 기지, 전술미사일 시설, 내륙지역 깊은 곳에 있는 막대한 병력의 플랫폼 역할을 하는 기차역이었다. 또한 중국은 센게, 얄룽 창포, 시바사추와 같은 국경지역에 있는 중요한 강의 경제 개발을 촉진시켰다.

동시에 어느 쪽도 중대한 것은 양보하지 않았다. 2005년에 중국은 시킴 주를 인도 지역으로 공식적으로 인정했지만, 그것은 양보가 아니었다. 게다가 중국은 처음에 인도가 티베트를 중국 지역으로 인정하도록 하려고 했다. 중국은 여전히 타왕, 뎀촉, 카우리크, 스킵키라와 같은 고립된 작은 영토를 포기하지 않았다. 2011년과 2012년에 분쟁이 발생하지 않도록 새로운 방법들이 강구되었지만 아무 소용이 없었다. 또 다시 기습 공격이 발생하자 대중들의 감정은 다시 고조되었다. 또한 그 때문에 인도가 통제하는 9만 평방킬로미터의 아루나찰프라데시를 3만 8천 평방킬로미터의 아커싸이친과 바꾸는 가장 그럴듯한 거래가 실현될 수 없었다. 한 중국 외교관이 공언했다. "어떠한 교환일지라도 인도에서는 정치적 자살이 되고, 중국에서는 비난을 받을 것이 분명했다."[19]

타이완과의 관계

중국은 반항적인 타이완 총통과 맞닥뜨렸다. 총통은 경제가 불확실한 상황에서 어떻게든 살아남으려고 부단히 애를 쓰고 있었다. 미국에서 닷컴 거품이 꺼지자, 타이완은 일부 그 영향으로 침체기에 빠져들었고 실업률이 치솟았다.[20] 경제가 악화되면 될수록 천수이벤Chen Sui-Bian 총통은 단거리 미사일을 사용하는 중국 본토를 가리키며 타이완을 강제로 통합하기 위해 '국가가 테러 행위를 주도한다'고 더욱 격렬하게 비난했다.

2003년에 천수이벤 총통은 양안 관계에 대한 국민투표를 약속했다. 2005년에 재당선되었지만 그가 한 약속은 전혀 진전이 없었다. 이에 의회 상황이 국민당에게 유리하게 돌아갔다. 이와 동시에 중요한 사건이 있었다. 바로 미국 정부가 미사일 방어 능력을 갖춘 중요한 구축함의 인도를 승인하지 않았다는 것이다. 또한 과거 몇 년 동안 중국 본토에서 타이완 재계에 하는 투자가 너무 많아지자 규제를 촉구하는 로비가 끊이지 않았다.

후진타오 주석은 양안 관계를 안정시키기 위해, 천수이볜 총통에 대한 정치적 압박, 외교 고립, 군사틱을 비롯한 강경한 요소와, 국민당과의 협상, 더 많은 경제 교류에 대한 가능성을 열어두는 유연한 요소를 결합한 '양손 전략'을 제안했다. 이것은 2005년 반분열국가법에서도 재확인되었다. 그 법은 하나의 중국이라는 원칙을 주장하고 더 많은 교류를 제시할 뿐만 아니라, 타이완이 독립을 주장한다고 해도 무력 사용을 보류해야 한다고 말했다. 특히 마지막 절은 의도적으로 재통일된 중국에서 타이완이 가질 최종 지위에 대한 여러 가능성을 보류했다.[21] 게다가 재통일을 촉진하는 것에서 일방적 독립을 반대하는 것으로, 그리고 일시적으로 현재 상태를 유지하는 것을 강조하는 것으로 변했다.

거의 비준된 지 한 달이 지나, 중국은 리언 챈Lien Chan 국민당 당수를 베이징의 인민대회당에서 열린 최고 지도자들 모임에 초대했다. 방문 뒤에 이어졌던 공동 코뮈니케에서는 전면적인 양안 경제협력과 공동 시장까지 요구했다. 양측은 항공기와 선박의 직항로를 개방하고, 투자와 무역을 강화하며, 농업 협력을 증진시키자고 약속했다. 7월 초에 중국 정부는 15가지 종류의 타이완 과일에 대한 수입 관세를 철폐할 것이라고 발표했다. 몇 달 후에 중국은 중국에 있는 타이완 투자자들에게 300억 달러를 대출해주었고, 타이완 항공사들에게 중국 영공을 비행할 수 있도록 허가했다.

이어지는 몇 년간 중국은 지속적으로 이중 전략을 따랐고, 힘의 균형은 점차 중국에 유리하게 변했다. 단거리 미사일 수백 개가 강력한 억제제로 배치되었고, 타이완의 해군이 구식이 되어가는 동안 중국의 해군은 발전했다. 또한 공군의 핵심인 현대식 전투기를 급속도로 늘린 덕분에 타이완 해협을 폐쇄하는 자국의 능력을 키울 수 있었다.

중국은 세계 금융위기를 이겨낸 반면, 타이완 경제는 또 다른 침체기로 곤두박질쳤다. 그 때문에 중국은 2008년 총통 선거에서 국민당을 훨씬 깊이 신뢰하고 지지하게 되었다. 선거에서 당선된 마잉주Ma Ying-jeou는 경제 개발과 중국 본토와의 통상 협력을 정치 활동의 핵심으로 만들었다. 중국 정부는 간접적으로 가능한 한 선거에서 영향력을 발휘하려고 노력했다. 2008년 금융위기가 터진 후에, 중국은 즉시 타이완 기업들에게 190억 달러를 대출해주겠다고 약속했다.

2008년 말에 주로 항공운송, 직접 해상운송, 우편 협력, 식품안전에 관한 네 가지 협정을 체결하면서 '3통 교류'가 실현되었다.[22] 그 결과 2009년에 주로 관광객으로 타이완을 방문한 중국 본토인의 수는 100만 명에 이르렀다.

2009년 1월, 양측은 포괄적 경제동반자 협정을 위해 비공식적으로 미리 상황을 조심스럽게 살펴보았다.[23] 후진타오 주석은 타이완 기업가들과의 미팅에서 잠재적 경제 협정에 관해 "우리는 모든 차원에서 타이완 동포들에게 혜택을 줄 수 있도록 최선을 다할 생각이고 우리가 한 약속을 지킬 것이다"라고 말했다. "협상이 진행되는 동안, 우리는 타이완 동포들, 특히 농부들의 이해관계를 전적으로 고려할 것이다."[24]

농부들을 강조한 것은 징지직 의미에서 그 중요성이 크다. 타이완 농업의 대부분이 중국에 회의적인 민주진보당의 근거지인 남쪽에 기반을 두고 있기 때문이다. 중국 국무원 대만사무판공실 주임 왕이Wang Yi는 자신의 차례가 오자, 중국은 기꺼이 다섯 가지를 양보하겠다고 발표했다. 이 다섯 가지는 타이완보다 더 적은 '조기수확(중국과 타이완 양측이 촌각을 다투고 상호이해가 큰 품목에 대해 우선적으로 관세율을 폐지해 나가는 프로그램 - 옮긴이)' 대상을 요청하고, 좀 더 소규모 타이완 기업들의 이익을 고려하며, 약한 타이완 산업을 피폐하게 하지 않고, 타이완 농부들에 대한 우호적인 의사를 표시하고, 타이완에 노동력을 수출하지 않는다는 것이다.

2010년 6월에 체결된 경제협력기본협정ECFA으로 자유무역지역을 개발하기 위한 실행 계획을 마련했다.[25] 그 계획은 다량의 상품과 서비스를 위해 무역 장벽을 낮추고, 중요한 조기수확 체계를 제공했다. ECFA와 함께 중국 정부는 타협하려는 의지를 보여주었다. 타이완이 267개 품목에 대한 관세를 인하한다고 약속한 반면, 중국은 자국의 조기수확 품목에 농산물, 석유화학제품, 기계류, 수송 장비, 직물을 포함한 539개 품목을 포함시켰다. 타이완은 자국의 품목에 농산물을 포함하지 않았고, 또한 제조품에 관해서는 훨씬 작은 규모로 관세를 인하했다. 중국은 일방적으로 보험, 의료 서비스, IT, 회계, 증권 거래와 같은 중요한 서비스 시장을 개방했다. 2010년에 중국의 조달 임무는 주로 지역 기업들의 대표단을 가진 지방 정부로 구성되었는데, 150억 달러의 가치, 인당 652달러의 잠재 수익에 해당하는 주문을 했다.[26]

중국이 얻은 주요 이득은 안정성이다. 타이완 해협에 대해 중국이 갖고 있는 군사적 영향력에도 불구하고, 중국 정부는 아직 패배의 위험을 감수하고 경제 성장을 희생할 준비가 되어 있지 않았다. 안정성 이외에 타이완과의 무역에서 중국이 거둔 성취는 그다지 분명하지 않다. 타이완의 투자를 더욱 많이 이끌어내어 2009년에는 750억 달러에 이르렀고, 반도체 산업에서 더 훌륭한 노하우를 얻었다. 그러나 그 때문에 무역 적자가 지속되었다. 타이완 대중들이 갖고 있는 중국에 대한 적대감을 줄이는 데 성공했지만, 동시에 무기한 현상 유지, 즉 무기한 지속되는 자치권에 대한 지지만 증가하게 되었다.

무역으로 한 번 더

무역은 다른 몇몇 국가들과의 관계를 강화하는 중요한 수단이라는 사실이 입증되었다. 중국은 가장 관대한 면을 보여주었지만, 현실적으로 이러한 관대함이 실은 빈약했다는 것이 여실히 드러났다. 주룽지 총리가 진행하던 것을 새로운 세대가 대부분 완성시켰다. 자유무역체제를 지휘한 것은 주룽지 총리였다. 주룽지는 일본과 싱가포르 간의 무역협정에 대해 타당성을 조사한 결과에서 어느 정도 영향을 받았다.

동남아시아는 주룽지의 주된 관심 대상이었다. 1990년대에 들어서 줄곧 중국은 다양한 세미나를 후원해왔는데, 그 세미나들은 아세안-중국 경제와 무역 공동협력위원회에서 무역 자유화를 이룰 수 있는 대안들을 조사했다. 그러나 2000년에 이르러서 주룽지 총리는 초석을 다지기 위해 중국-아세안 리더십포럼에서 완전한 자유무역 협력과 전문가 그룹의 창설을 제안함으로써, 동료들을 놀라게 했다.[27]

2001년에 주룽지 총리는 거의 개인적으로 홍콩, 마카오와 자유무역 협상을 시작했다. 원자바오 총리는 선례를 따라 오스트레일리아, 뉴질랜드, 파키스탄, 싱가포르와 새로운 협정을 하기 위한 준비를 승인했다. 2003년 상하이협력기구의 정상회담에서 원자바오 총리는 6개 회원국들과 자유무역지역을 제안했지만, 러시아 정부는 정중하게 거절했다. 원자바오 총리는 이 회담에서 유능한 우이Wu Yi 부총리와 보시라이Bo Xilai 상무장관의 조력을 받았다.

아시아 전문가인 장윈링Zhang Yunling은 아세안과 자유무역협정에 관해 "중국은 왜 그러한 계획을 세웠을까?"라고 질문을 던졌다. "해답은 중국의 자신감 증가와 잠재적 이득에 있다."[28] 처음에 이러한 이득은 중국 수출업자들을 위한 시장 접근과 관련되었다. 장원링이 기고한 시뮬레이션은 중국과 동남아시아 간의 자유무역협정이 중국과 아세안의 수출을 각각 55퍼센트와 48퍼센트씩 증가시킬 것이라고 예측했다. 또한 무역협정이 원자재에 대한 접근을 개선시킬 것으로 예상되었다. 무역협정의 또 다른 이유는 무역협정을 통해 전 지역에 투자시장과 생산 허브로서의 중국의 매력을 강화시킬 수 있다는 것이었다.

그러나 동시에 전문가들은 자유무역협정이 일본, 한국, 인도, 미국과 같은 국가들과 경쟁하기 위한 중요한 도구가 될 것이라고 생각했다. 몇몇 학자들은 지역 강대국들이 영향력을 획득하기 위한 가장 중요한 도구로 무역협정을 이용하면서, 지역 경제 리더십 경쟁에 참여하는 상황을 묘사했다. 싱가포르 국립대학의 장샤오지Zhang Xiaoji는 이것을 아시아 지역 협력에서 핵심 지위를 차지하기 위한 경쟁이라 불렀다.[29] 장샤오지는 "산업의 분업이 변한 결과로 발생한 가치 사슬은 경제 관계를 더욱 밀접하게 만들었을 뿐만 아니라 더욱 치열한 경쟁을 일으켰다"라고 강조했다.[30] 중국의 학자이자 분석가인 휴쑹링Hou Songling과 치뎬탕Chi Diantang은 일본, 인도, 미국의 경제적 야심을 언급하면서 중국은 경쟁이 치열한 세계 경제에서 발판을 다지고 싶어 한다고 주장했다. "우리가 FTA협상에서 주요 돌파구를 빨리 찾아내지 못하면, 몇몇 국가들은 미국과 FTA협상에 주력할지도 모른다." 장원링이 주장했다.[31]

그러나 무역 자유화를 위한 징조가 그다지 좋지 않았다. 2000년과 2001년에 뉴스 매체는 WTO에 대한 중국의 접근방식이 미치는 처참한 효과에 대한 이야기들을 끊임없이 쏟아냈다. 쌀 경작 농가들, 중국의 덤핑 관행 때문에 문을 닫아버린 태국 신발 공장, 홍수처럼 밀려드는 중국의 섬유, 어려움에 처한 필리핀의 시멘트 생산업자, 말레이시아의 헐벗한 진기 세소업자들 등 수없이 많았다. 아시아 정부에 대한 대중의 압박이 증가하는 이런 상황은 근본적으로 자유무역협정을 둘러싸고 위기를 고조시켰다.

그러나 중국은 자국의 대화 상대를 안심시키는 방법을 찾아냈다. 우선 중국은 긍정적인 기대를 한껏 높였다. 물론 가장 당연한 이점은 급성장하는 소비자 시장이고, 중국 정부는 그 시장의 한 부분을 차지하려는 다른 국가의 갈망을 자극하고자 부단히 애를 썼다. 보시라이 상무장관은 "중국의 시장은 개방되었고 거대하다. 쌍방 무역은 상호적으로 유익하다"라고 장담했다.[32]

중국은 원조활동을 더 증가시키고 가장 빈곤한 회원국의 채무를 면제해주었다.[33] 예를 들어, 인도네시아는 중국이 통신, 농업, 쓰나미 피해 지역의 재건을 지원하고 수백만 명에게 구매자 특혜 신용을 제공한 것에 넘어갔다. 베트남은 WTO 회원 가입을 위한 입회 지지와 3억 달러의 원조 약속에 포섭당했다. 라오스, 캄보디아, 미얀마 같은 국가들은 메콩 강 경제권을 통해 막대한 금액을 원조받았다.

게다가 대화가 진행되는 동안 중국은 융통성을 보여주었다. 아세안과 중국 간의 포괄적인 경제 협정은 '아주 융통성 있게 협상이 진행되고 호혜와 상호 이익 원칙에 따라 합의를 이끌어낼 수 있도록, 당사자들이 상품, 서비스, 투자에 민감한 영역들을 다루어야 한다'고 규정했다. 이 덕분에 각 국가별로 다른 영역에서 자유화를 확대할 수 있는 가능성을 열어두었다.[34]

국가들은 민감품목군에 어떤 품목을 추가할지 중국과 쌍방으로 논의할 수 있었다. 캄보디아, 라오스, 미얀마, 베트남과 같은 국가들은 자국의 관세를 인하하는 데 좀 더 시기를 늦출 수 있었고, 민감품목군을 더 늘리는 것이 허용되었다. 또한 중국 정부는 베트남, 라오스, 캄보디아에 최혜국 지위를 부여했다. 이러한 국가들은 WTO 회원국이 아니었지만, 이로 인해 다른 국가가 중국에서 받는 모든 무역의 이점을 얻게 되었다.

그러나 이러한 접근법을 취한 국가는 중국만이 아니었다. 인도와 일본 역시 아세안 회국들 간에 차별을 두었다. 일본은 경제 파트너십 협정을 좀 더 포괄적인 7개의 양자 무역협정으로 보완하는 데 성공했다.

협상에서 중국이 일본, 인도와 다른 점은 핵심적인 국가 이익을 결정하고 그에 따라 정책을 개발하는 중앙 정부의 능력이다. 농부들과 노동조합의 로비 단체가 아세안 국가들과 협상의 마지막 단계까지 일본, 한국, 인도를 방해하는 동안, 중국 정부는 일단 목표가 정해지면 오히려 일관성 있게 추진했다. 중국은 제조와 같은 더욱 큰 경제 분야에서 진척을 이루기 위해, 과일과 쌀처럼 작지만 중요한 틈새 분야를 빨리 양보했다. 이러한 정치적인 자유재량 덕분에, 중국 정부는 외교적 업적을 끌어낼 수 있었다.

중국은 아세안 6개의 핵심 회원 국가들이 선정한 팜유, 목재류와 같은 농업 품목에 대한 관세를 단계적으로 인하했다. 이 조기수확 계획은 그 국가들이 중국에 수출할 때 얻을 수 있는 혜택으로서 제시되었다.[35] 생선, 채소, 유제품과 같은 상품에 대한 무관세 요구가 증가함에 따라 중국은 제조 분야의 경쟁에서 농업 분야의 혜택으로 관심을 돌리는 데 성공했다. 인도나 일본, 한국은 자국의 농업 보호 정책에 따라 그러한 혜택을 제공할 수 없었다.

또한 그 계획은 아세안 회원국들 사이의 이해관계 차이를 더욱 극명하게 만들었다. 국가들이 조기수확 품목에 동일한 제품을 추가하면, 관세 조정은 중국뿐만 아니라 다른 국가들과의 무역에도 적용되었다. 이에 태국과 싱가포르 같은 국가들은 관세의 가속화된 인하를 요구한 반면, 다른 국가들은 이것을 자국의 농업에 대한 위협으로 보고 추가적인 보호를 요구했다. 그래서 결과적으로 조기수확 제도는 중국에 대한 저항을 완화시켜주었다.

중국이 많은 것을 양보함에 따라 관대해 보였지만, 한편으로는 희생을 한정했다. 예를 들어, 무역협정에서 WTO 표준보다 아주 엄격한 규정을 포함하자는 일본의 주장과 반대로, 중국 정부는 더욱 비공식적인 무역 체제에 동의했다는 사실이 그렇다. 중국 정부는 양자 간 그리고 비공식적으로 분쟁을 해결하는 것이 중국에게 유리하다고 생각했다. 조기수확과 관해서 중국은 아세안에서 수입하는 농산품을 제한하는 데 전혀 관심이 없는 듯 보였다. 그러나 실상은 정반대다. 중국 정부는 이미 식량 안보, 인플레이션 억제, 더욱 경쟁력 있는 농업 관련 산업을 발전시키기 위해 세금을 인하하기 시작했다. 게다가 중국은 WTO 회원으로 가입하면서 어차피 자동적으로 조기수확 조항의 상당수를 적용해야 했다.

중국의 경쟁국 그 어느 나라도 중국의 조기수확 프로그램을 모방할 수는 없었다. 모두 농업 분야의 보호를 무역 정책의 핵심으로 유지했기 때문이다. 또한 중국 정부는 아세안 회원국들 중 최빈국들에게 부여하는 양허관세에 막대한 비용이 들어갈 것이라고 생각하지 않았다. 베트남은 중국과 협정을 체결한 이후 불과 2년 만에 WTO 회원국이 되었을 때, 최혜국 지위를 자동적으로 받았다.

중국이 제공한 막대한 외국 원조조차도 중국의 지도자들이 겉으로 드러낸 것처럼 결코 관대하지 않았다. 그 원조의 대부분은 수출 신용과 대출로 구성되어 있기 때문에 어차피 갚아야 할 것이었다.

요약하자면 중국 정부는 자국에게 다른 국가들의 정치적 선의가 중요하다는 것을 잘 알고 있었다. 그래서 중국은 다자 방식으로 작은 것을 양보함으로써 저항을 약화시켜 협정을 영리하게 진행했던 것이다. 중국은 불신을 극복하고 중요한 지역을 자국의 시장에 더욱 밀접하게 연결시키고, 주요 경쟁국들보다 앞서나가기 위해 신뢰, 융통성, 매력을 결합할 수 있다는 것을 증명했다.

무역협정의 영향을 살펴보면 아세안도 이득을 보았지만, 중국은 확실히 더욱 많은 것을 얻었다(표 5-1 참조). 2010년과 2012년 사이에 협약이 발효되고 3년이 지난 후 중국에 대한 아세안의 수출은

<표 5-1> 2010년과 2012년 사이에 무역협정이 발효된 이후, 중국과 상대국들(아세안, 파키스탄, 뉴질랜드) 간의 수출 변화

단위: 10억 달러

	중국	상대국
농산품	+3	+11
광석과 금속	+1	+2
연료	0	+6
노동집약적 제품	+21	+3
기타 제품	+46	+13
총 수출	+71	+34

자료: UNCTAD Stats

1,130억 달러에서 1,420억 달러로 증가했다. 아세안에 대한 중국의 수출은 1,380억 달러에서 2,040억 달러로 급증했다. 아세안의 무역 증가 280억 달러 중에서, 60억 달러는 연료, 50억 달러는 전기 부품, 40억 달러는 농산품, 20억 달러는 광물, 20억 달러는 화학 비료, 다른 20억 달러는 기본 플라스틱 제품으로 구성되었다. 중국에 대한 아세안 수출은 컴퓨터, 전기 제품, 철강 분야에서 감소했다.

중국은 제조 분야에서 막대한 이익을 보았다. 기계류에서 220억 달러, 직물에서 120억 달러, 철강에서 100억 달러였다. 중국이 특히 이득을 본 것은, 노동집약적 제품에서 자국의 지위를 강화한 것이다. 아세안의 노동집약적 제품의 수출은 10억 달러 증가한 반면, 중국은 190억 달러나 증가했다. 인도네시아 외교관은 "우리 인도네시아의 두 시장에는 일자리가 필요한 사람들이 어마어마하다"라고 한탄했다. "중국과의 현재 거래는 엄청난 불균형을 초래할 뿐이다. 우리의 무역 적자는 증가했고 우리의 역할은 이제 원자재 공급자로 더욱 한정되어버렸다. 이는 장기적인 발전과 지역 안정을 저해할 뿐이다."[36]

파키스탄과의 협정 결과도 이와 유사했다. 중국의 무역 흑자는 증가했고 첨단 제조 분야에서 모든 이득을 취했다. 무역 거래에서 파키스탄의 주요 이익은 직물용 실의 수출이 증가한 것이었다. 그마저도 아주 적었다. 파키스탄의 수출이 증가한 만큼 중국에서 수입하는 실과 방직 섬유가 증가했다.

뉴질랜드와의 협정은 중국에 무역 적자를 초래했지만, 2008년과 2012년 사이에 발생한 뉴질랜드의 40억 달러 무역 이익은 거의 대부분 육류와 다른 농산품으로 구성되었다.

싱가포르는 조금 다른 양상을 띠었다. 싱가포르 역시 적자를 적은 규모의 흑자로 바꾸었고, 흑자의 70퍼센트는 제조품, 대체로 고급 장비였다. 싱가포르와의 거래는 중국이 여전히 자국의 기술력을 강화하려면 갈 길이 멀다는 것을 보여주었지만, 다른 아시아 국가들과의 자유무역은 중국 정부가 자국의 가장 중요한 목표를 달성할 수 있는 기회를 주었다. 바로 일자리를 창출하고 원자재를 구하는 것 말이다. 중국은 단지 아주 적은 희생으로 그렇게 할 수 있었다.

떠오르는 중국

새로운 세기의 첫 10년 동안에는 자유무역 다자주의의 증대를 보았다. 중국은 한 가지도 놓치지 않았다. 중국의 성장은 꾸준히 지속되었다. 이는 중국이 더 이상 가만히 있을 수 없고, 덩샤오핑이 말한 것처럼 이목을 피해 저자세를 유지하지 않는다는 것을 의미하기도 했다. 중국에게 행운이 서서히 다가오고 있다는 것은 명백했다. 평화롭고 온화한 의도를 강조하기 위해 중국이 그 행운을 이용하려고 했다. 그리고 제4세대는 그렇게 하는 데 대체로 성공적이었다.

중국은 여전히 자국의 주요 야망에 관해 전혀 타협을 하지 않고 다른 주변국들과의 관계는 점차 불평등해졌지만, 무사히 빠져나갈 수 있었다. 외교, 수백 개의 공식 회담, 셀 수 없는 회의와 박람회가 어느 정도 영향을 미쳤는지는 평가하기 어렵다. 주변국들 대부분 정부와 사회가 중국에 대한 인식이 우호적이지 않은 쪽으로 변했다. 주변국들은 평화적 부상이라는 외교를 믿지 않았고, 관계가 진정으로 더욱 조화롭게 되었다고 생각하지 않았으며, 중국이 진실로 골치 아픈 분쟁들을 해결하는 데 관심이 있다고 생각하지 않았다. 다음 장에서 이에 대한 증거를 충분히 확인할 수 있을 것이다.

chapter 6

달성하기 힘든
화합

China

후진타오 주석은 2012년 11월 공산당 전당대회에서 마지막 업무 보고서를 읽었다. 약 15분간 중국 외교가 크게 변했다고 설명하며, "국가가 이익을 추구할 때는 다른 국가들의 정당한 우려를 수용해야 하고, 개발을 추진할 때는 모든 국가들의 공동개발을 촉진시켜야 한다"라고 말했다. "국가들은 더욱 평등하고 균형 있는 새로운 유형의 국제개발 파트너십을 구축하고, 어려운 시기에 모두 협력하며, 권리를 공유하고 의무를 부담하며, 인류의 공동이익을 증진시켜야 한다."

이 성명은 우리가 앞에서 확인한 아시아에 대한 중국 정책에서 첫 번째 중요한 변화를 나타낸다. 궁핍한 거대 주변국의 발전 여부가 중국 발전에 중대한 영향을 미친다는 인식이 증대된 것이다. 이는 초기의 지도자들이 주변국 번영의 중요성을 알지 못했다는 뜻이 아니다. 중국이 성공적으로 부흥하면 할수록 중국 본토와 국경에서 안정을 유지할 필요가 더욱 절박해졌다는 뜻이다. 이러한 확신이 의사 결정자들의 마음에 얼마나 깊이 자리하고 있느냐를 정확히 평가하는 것은 어렵다. 그러나 후진타오와 같은 리더들이 중국의 이익과 주변국의 이익 간에 균형을 유지해야 한다고 강조한 진정성을 의심할 이유는 없다.

중국 관료들과의 비공식 토의를 할 때마다, 놀랍게도 그들은 중국이 아시아의 공동 목적을 위해 일하고 있다고 진심으로 믿고 있었다. 중국이 경제적 기회를 더 많이 창출하지 않았는가? 중국이 관대한 원조를 제공하지 않았는가? 확신건대 그 관료들 중 상당수는 진심으로 지역 연대를 구축할 필요성을 인식했고, 또한 중국이 관대하다고 믿었다. 그들의 시각에서 보면 나 같은 비평가들은 단지 잘못 판단하거나 아시아에 불화의 씨를 뿌리려는 사람일 수도 있다.

정책의 전환

그 관료들이 두 번째 중요한 정책의 전환을 설명했다. 바로 군사적으로 자제하고 영토 분쟁을 '보류'하려는 의지가 증가했다는 것이다. 중국의 강경한 태도에 대한 비난이 어떻든지 간에, 1980년대 후반 안개가 자욱한 어딘가에서 길을 잃은 인도의 국경 수비대원이 마지막 사상자인 것은 틀림없을 것이다. 중국의 시각에서 보면 이는 놀랄 만한 성취였다. 특히 중국의 시각에서는 많은 강대국들이 오히려 위협적인 세력으로 보이기 때문이다. 압도적인 공격 능력을 지닌 미국, 평화주의자로서의 헌법적 제약을 없앨 계획인 일본, 인도양을 인도의 호수로 변경하려는 야망을 품은 인도가 그랬다.

중요한 것은 인식이다. 대부분의 중국인들에게 싸움은 막대한 비용을 치르고 경제 발전을 위태롭게 하는 일이 명백했다. 그러나 단지 인식 때문만은 아니다. 중국의 군사능력은 충분히 위협적이고, 이런 이유로 당분간 중국은 더 이상 방어하기 위해 싸울 필요가 없었다. 중국은 군사능력으로 냉전기간 동안 두려워해야 했던 다른 강대국들의 간섭과 억압을 억제할 수 있었다.

이 때문에 중국은 또 다른 인상적인 성과를 달성할 수 있었다. 즉, 아시아 경제 질서에서 중추적인 입지를 공고히 다지되, 아주 역동적이고 포괄적으로 경제 외교를 이용해 주변국들에게 중국에 시장을 개방하면 중국의 성장에서 혜택을 받으리라는 확신을 심어준 것이다.

처음에 중국은 기계류와 건설자재 같은 자본재를 수출할 시장으로 주로 일본의 지지를 얻는 데 주력했다. 이후에는 일본, 미국, 타이완, 싱가포르, 한국의 투자자들을 상대로 값싼 가공 산업의 허브를 자처했다. 그리고 나서 중국 산업이 대대적으로 호황을 이루자 중국은 아시아 개발도상국에게 원자재와 산업 부품을 구매하기로 약속하며 접근했고, 이는 자유무역협정으로 더욱 촉진되었다. 얼마 후에 중국 정부는 채취 산업, 사회기반시설, 값싼 제조 산업에 큰 규모의 투자를 약속함으로써 경제적 기대를 조성하려고 했다.

이 매력적인 경제 공세의 다음 단계로, 중국은 자국을 대출과 기타 신용의 중요한 원천으로 내세우며 주변국에 접근했다. 가장 최근에 진전된 것은 중국에서 급증하는 중산층을 아시아의 모든 국가들, 특히 제조를 눈여겨보고 있는 국가들을 위한 미래 기회로 제시하는 것이다. 중국 정부는 경제적 기대를 증가시키고 조성하기 위해 여러 방법을 결합해 사용했다. 유능한 외교관들을 영리하게 사용하고 국경 지역에서 로비 활동을 벌이며, 고위급 대표단과 전문위원회를 활용하고, 사업 교류와 대출, 훌륭한 투자 프로젝트를 추진하고, 지역 협력을 점진적으로 수용하는 방법을 복합적으로 사용했다. 그리고 이 방식은 아주 매력적이었다. 혁명의 전조가 서려 있는 그때, 이는 정말 놀라운 변화를 뜻했다.

지역 협력으로 인해 아시아에 대한 중국의 정책은 또 다른 놀라운 전환을 맞이했다. 다자주의로 중국의 이익이 증가한 것이다. 중국에게 그리고 대부분의 다른 국가들에게 다자주의는 다양한 방법으로 권력 정치를 추구하는 것이나 다름없다. 다자기구들은 다양한 방법으로 중국에게 이익을 안겨주었다. 작은 국가 집단에게 그 국가들이 중심에 있다는 인상을 심어준 것이다. 중국은 양자 회의에서 자기 속을 드러내지 않는 국가들의 태도를 변화시키기 위해 다자기구에 대한 신뢰를 이용했다. 경제 협상의 경우가 그랬다. 중국의 경쟁력에 대한 주변국의 우려가 점점 커지자, 중국은 지역기구들을 구실로 삼아 한 국가씩 접근했고, 또한 이러한 기구들을 통해 자국에 이롭게 새로운 규칙을 형성하려고 노력했다.

2001년에 아세안과의 무역협정이 시작되었을 때 중국은 주로 제조품 시장 개방을 적극적으로 추진했으나, 싱가포르가 요청한 서비스 자유화를 추진하는 것은 다소 꺼렸다. 그러나 그 과정에서 중국의 서비스 수출이 확대되자, 중국은 오히려 아세안과의 경제 협정에 이 분야를 끼워넣기를 바라게 되었다.[1] 또한 아세안에서 중국에 하는 투자가 증가하자 중국은 오히려 좀 더 발전된 투자 보호 협약에 관심을 쏟았다. 중국의 이러한 점진주의를 지역 금융과 통화 협력에도 적용할 수 있었다.

중국은 국내 경제 상황이 준비되었을 때만 앞으로 나아갔다. 의제와 규정을 만드는 일 또한 안보 현안과 관련해 중요한 일이었다. 예를 들어, 중국은 아세안 회원국들이 계속 바쁘게 해양 안보를 논의하도록 했고, 해적 행위를 억제하기 위해 몇 가지 계획을 제안했으며, 테러 행위에 대한 지역의 전투를 지지했다. 그러나 그런 일이 일어나는 동안 정작 중국은 남중국해에 계속해서 진출했고, 어떠한 구속적인 규범도 찬성하지 않았다.

상하이협력기구의 국가들과의 상황 역시 유사했다. 중국 정부는 이슬람 테러에 대한 안보를 추구할 기회를 놓치지 않았지만, 수역 안보 그리고 중국이 심하게 착취하는 국제 하천의 관리와 관련된 사안에서는 기구의 의미 있는 참여를 모두 거절했다. 다시 말하면 지역기구들은 많은 발전을 이루지는 못했지만, 신뢰를 구축하고 작은 국가들이 진행 과정에 집착하도록 도왔던 것이다. 지역기구들이 중국의 이익 증대를 돕는 한, 중국이 견고한 일방주의로 회귀하는 경우를 피할 수 있었던 것이 그나마 좋은 일이었다.

중국은 국가 사이에 분열을 일으키는 데 점차 능숙해졌다. 제5원칙과 마오쩌둥의 제3세계 이론은 주요 강대국들과 나머지 국가들 사이를 악화시키려는 첫 번째 시도였다. 그러한 기술은 더욱 중요해졌다. 예를 들어, 일본과 미국 간에 맺은 해양에 관한 연대를 생각해보라. 두 국가는 동중국해의 상황을 바꾸려는 중국의 일방적인 행위를 막는 공통 이해관계를 강조했다. 그렇지만 미국은 일본이 중국의 도발 행위에 지나치게 대응하거나 현상 유지 상태를 바꾸는 것을 원하지 않았고, 중국 전문가들도 이를 잘 알고 있었다.

또한 미국, 일본, 한국, 러시아 간의 불화 때문에 중국은 6자 회담에서 더욱 기동성을 발휘했고, 제재 조치와 북한의 비타협적인 태도 사이에서 꼼짝 못하는 상황에 빠지지 않을 수 있었다. 그리고 아세안 회원국들 간에 발생한 내분으로 동중국해의 저항이 감소되었다.

유사한 수완을 발휘한 덕택에 중국 정부는 경제적 이익도 증진시켰다. 아세안 - 중국 자유무역지대는 중국이 협상력을 얻기 위해 조기수확 제도와 양자 간 특혜를 어떻게 이용했는지 보여주었다. 중국은 상하이협력기구의 국가들을 자유무역협정에 들어오도록 구슬리는 데 성공하지 못했지만, WTO의 회원국으로서 상품의 자유로운 흐름을 허용해야만 하는 키르기스스탄과 다른 국가들을 싸움 붙이는 데는 성공했다. 중국이 분열을 초래하지 않은 것은 분명하다. 이러한 분열은 다양한 지정학적 방향성과 경제적 이해관계에서 비롯된 것이니 말이다. 그러나 중국이 그 분열에서 이익을 얻은 것 또한 분명한 사실이다.

안보 환경

이러한 다섯 가지 정책의 전환은 명확하고 반박의 여지가 없다. 앞에서 우리는 이러한 발전으로 인한 산물을 확인할 수 있었다. 즉, 중국 정책에서 융통성과 적응력이 증가한 덕분에 많은 사람들이 중국은 수정주의 강대국이 아니고, 따라서 아시아 질서를 뒤집으려고 하지 않으며, 다른 강대국들의 지위를 약화시키지 않을 것이라고 주장하게 되었던 것이다. 그러나 그런 주장은 시기상조다. 우선 더 실용적으로 변한 것은 중국뿐만이 아니었다. 아시아 역시 좀 더 실용적인 정책을 취했다.

지난 수십 년 동안 중국의 정책이 전환되었다고 해서 아시아와의 관계가 개선되었다고 생각하는 것은 적절하지 않다. 앞의 장들에서 대체로 주변국이 먼저 변했다는 점을 직접 확인했다. 헨리 키신저와의 비밀 외교로 마련된 1971년의 외교적 혁명을 시작으로, 이후 다수의 국가들이 관계를 정상화하려고 시도했다. 각국 정부들이 선거를 치르며 중국에 대한 열망과 두려움 사이를 오갔던 반면, 일본은 냉전 기간 내내 중국에서 일어난 정치적 변화에 실용주의적으로 대응하는 성향을 보였다.

소련이 붕괴함으로써 중국에게 중요한 도전자가 사라졌다. 경제 상황 역시 점차 나아졌다. 덩샤오핑이 개혁을 시작했을 무렵, 일본은 1인당 국민소득이 1만 2천 달러로 고소득 국가가 되어 있었고,

미국 역시 중국에 투자하는 데 더욱 관심을 보였다. 값싼 노동력을 찾는 선진국들이 중국과 일본, 미국, 타이완과의 긴장을 상쇄하는 데 특히 도움이 된 것으로 드러났다.

그리고 나서 1990년 일본이 경제 침체에 빠진 이후 동남아시아에는 1997년과 1998년 금융위기가 닥쳤다. 그리고 리먼 브라더스가 미국을 수십 년 만에 최악의 경제 침체에 빠뜨리고 나자, 전 세계는 중국이 구해주기를 기대하고 있었다. 중국의 경제 성장이 더 우호적인 환경에서 일어났던 것처럼, 중국 군대의 느린 현대화는 중국을 위협했던 1950년대, 1960년대, 1970년대 초기와는 다른, 더 이상 위협적이지 않은 안보 상황에서 일어났다. 1995년과 1996년에 타이완과의 위기가 발생했을 때 미국 항공모함이 배치되었던 일은 1950년대 타이완 해협에서 미국 정부가 무력 과시를 행사했던 것과는 비교할 수준이 못되었다.

또 하나는 중국의 정책은 변했지만 네 가지 위대한 열망에서 중국은 조금도 움직이지 않았다는 점이다. 그 열망 중에는 윈난 성, 티베트, 신장, 내몽골 등과 같은 국경 지역에 대한 통제가 있었다. 지난 수십 년 동안 중국은 다른 국가들이 이 지역에 개입하려고 시도하면 완강히 저항하고 제재를 가했다. 중국은 해안 중심부와 유대관계를 강화시키기 위해 경제적 유인과 정치적 탄압을 결합시켰다. 그러나 티베트와 신장에서 고조되고 있는 불안이 미래에 어떤 일을 유발시킬지는 아직 미지수다.

다음으로 합법적인 정치 체제로 인정받고 존경받으려는 당의 야망이 있었다. 경제적 성공으로 그 열망은 더욱 수월해졌으나, 외부의 비난이 남아 있는데다 경제적 어려움과 불평등, 부패, 환경오염으로 인한 내부의 초조함은 점차 증가하고 있다.

또한 중국은 문서상 외교적 승인을 얻고 실무상 초강대국의 개입에 저항함으로써 자국의 주권을 존중받아야 했다. 그 열망 역시 대체로 달성되었다.

마지막이자 가장 논쟁이 되는 열망은 자국의 잃어버린 영토를 회복하는 것이다. 타이완과 남중국해의 열도, 동중국해의 많은 부분, 인도와 분쟁이 있는 국경의 일부가 그 대상이었다. 중국이 다른 영토 분쟁을 해결했던 것은 사실이다. 그러나 다른 지역들은 그 중요성이 떨어졌고 중국이 양보한 부분은 미미했다. 중국은 나머지 분쟁 지역에서 경제적 프로젝트를 진행하면서 권리를 주장하는 다른 국가들에 투자를 제안했지만, 그 국가들은 어떠한 타협도 완강히 거부했다.

잃어버린 영토를 되찾으려는 열망은 몇몇 중국의 외교적 성취를 훼손시켰고, 분쟁 영토에 대한 권리를 주장하는 모든 국가들의 결의를 볼 때 미래에 더 많은 피해를 줄 위험이 있다. 그러나 중국이 기존 주장에서 물러설 가능성은 전혀 없다. 중국이 제안한 공동개발조차도 조만간 자국의 주장이 법적으로 인정되기를 기대하고, 적어도 효과적인 지배를 구축할 것이라는 전제하에 이루어진 것이다.

또한 이러한 열망으로 인한 결과는 60년 전과 변함이 없다. 즉, 중국은 힘을 극대화시키고 아시아에서 가장 큰 경제 대국이 되어야 하며, 가장 유능한 군대를 구축해야 한다. 결국 이는 중국이 미국의 패권을 종식시키고, 제국 시대에 그랬듯이 주변국들보다 앞서야 한다는 것을 의미한다.

이러한 결과가 변하지 않는 이해관계에서 비롯된 것인지, 관료들의 의식적인 추구인지에는 중요한 차이가 있다. 관료들 대부분은 열정적으로 패권을 장악하겠다는 주장이나 다른 강대국들을 훼손하려는 대의제를 격렬하게 부인한다. 대부분 미국과 평등을 이루는 것이 바람직하다는 생각과 잃어버린 영토를 회복하려는 목적을 인식하고 있다. 또한 부유한 중국이 아주 강력한 중국을 뜻한다고 생각했다.

그러나 중국이 일방주의라는 미국의 사례를 뒤따른다는 생각에는 진저리를 친다. 이것이 바로 아주 중요하게 강조하는 점이다. 중국 수정주의의 주요 원인은 중국의 관료들과 지도자들의 사악한 계획이 아니고, 구조적인 차원이라는 것이다. 그렇다 보니 한쪽에는 관료들의 협력적인 성향과 가치관이 있고, 다른 한쪽에는 세계 질서에서 중국의 열등한 위치, 역사적 경험, 다른 국가들의 권력 정치와의 충돌, 이해 가능한 위대한 열망들 사이에서 비롯된 불가피한 수정주의가 있으며, 이 둘 사이에서 종종 마찰이 일어난다. 이 때문에 또 다른 분열이 발생한다. 즉, 중국의 외교 정책에서 비타협적인 태도와 융통성 사이에서 명백한 마찰이 발생하는 것이다.

게다가 극대화된 힘이 반드시 영토적 권력 강화와 동일한 것은 아니다. 앞서 살펴봤듯이, 중국의 영토에 대한 야망은 잃어버린 영토의 회복으로 한정되어 있다. 물론 이러한 주장의 합법성은 논쟁의 대상이 될 수 있다. 중국이 그 지역들을 소유한 적이 없고, 그래서 잃은 적도 없다는 주장이 많기 때문이다. 이 주장과 논쟁을 단순히 부인할 수 없을 뿐만 아니라, 중국 역시 당분간 새로운 영토를 정복할 계획이 없는 것은 사실이다.

누구나 중국 정부가 상상하는 이상적인 상황을 쉽게 그려볼 수 있다. 상하이에서 청두까지, 선양에서 쿤밍까지가 고소득 지역으로 탈바꿈하고 중산층으로 가득 차며, 발전된 산업, 국제적으로 유명한 브랜드, 높은 품질의 서비스를 자랑하고 있을 것이다. 중국의 주요 도시들은 다양하게 수익성이 좋은 경제 도시로 특화될 것이다. 이를테면 상하이는 금융 서비스, 충칭은 전기차, 쿤밍은 고급 기계류, 청두는 소프트웨어처럼 말이다. 이 사이에 있는 도시와 마을들은 녹색 정원을 갖추고 안락하고 건강한 생활환경을 제공할 것이다. 반면 빠른 기차와 항공기들은 수백만 명의 관광객들과 그들이 지출하는 수십억의 비용을 조용한 지역으로, 중국의 피레네 산맥처럼 보이는 티베트로, 미래의 중국 알프스 산맥인 동북지역으로, 새로운 안달루시아인 신장으로, 중국의 클럽 메드인 남쪽 해변으로 안내할 것이다. 중국 해변은 강력한 중국 해군들이 순찰하고, 베트남에서 온 값싼 노동자들은 중국의 석유 플랫폼을 가동하며, 필리핀 종업원은 스프래틀리 군도에 있는 새로운 열대 리조트에서 산동 메리스나 베이징 벨리니 칵테일을 제공할 것이다. 타이완은 중화인민공화국의 만족스러운 자치 지역이 되어 있을 테고, 오이스터

팬케이크와 버블 티가 여전히 후하게 제공될 것이다.

경제는 더욱 효율적으로 변하고 국내 수요는 크게 증가할 것이다. 그 수요는 점차 주변 국가들을 발전시킬 것이다. 중국의 새로운 국제적인 대표기업들은 도로, 철도, 송유관, 끝없는 방문객들로 주변국들을 중국 본토이 연결시킬 것이다. 그 기업들은 광산부터 소매점까지 생산망의 대부분을 통제하고, 주로 중국 통화로 거래할 것이다. 러시아의 운명은 분명하고 일본의 운명은 과거의 대일본제국을 회상하면서 인구가 격감된 영국의 모습에 견줄 수 있을 것이다. 중국의 이탈리아인 동남아시아는 활기차고 매력적이며, 중국 기업들, 은행, 호화 생활자들이 동남아시아 곳곳으로 파고들 것이다. 방글라데시부터 카자흐스탄까지 길게 펼쳐진 구역은 중국의 북아프리카와 중동이 될 것이다. 히말라야 평원에서 보면, 그곳은 의심할 바 없이 무더운 곳으로 부각될 것이다. 산업 없이 도시화된 그곳은 인적 부담을 견디려 고군분투하고, 하나의 정치적 위기에서 또 다른 위기로 서서히 이어질 것이다. 인도는 서로 경합하는 국가들로 이루어진, 강한 구속력이 없는 연합으로 변할 수 있다.

이러한 불안정이 억제되고 여러 정부들이 서로 대항할 수 있는 한, 두려워할 일은 별로 없다. 동시에 미국과 타협점을 모색한 결과, 미국은 중국이 해양 경계로 인한 분쟁 지역을 사실상 지배하고 타이완을 티베트와 신장처럼 또 다른 자치 지역으로 바꾸도록 허용할 것이다. 다시 말해 가장 효과적인 수정주의의 형태가 군사력을 최후의 수단으로 남겨둔 채, 경제적 정치를 토대로 번성할 것이다.

평화를 지키기 위해

싸우지 않고 아시아에서 가장 강력한 국가가 되고, 타협하지 않고 건설적인 국가가 되는 것이 바로 중국이 주변국에 다가갔던 방식이다. 힘을 극대화하려는 중국의 욕구를 제쳐두고라도, 이 방식은 성공적이었다. 1990년부터 2013년까지 다른 아시아 국가들은 매년 평균 5퍼센트씩 성장한 반면, 중국은 매년 평균 10퍼센트씩 성장했다. 그 결과 아시아 총 생산에서 중국이 차지하는 비중은 7퍼센트에서 37퍼센트로 급증했고, 이는 아시아 지역 인구에서 중국의 비중을 능가하는 것이다.

중국이 주변국보다 더 성장할 수 있었던 이유는 주로 기반시설에 막대한 투자를 했기 때문이다. 1990년과 2013년 사이에 아시아의 제조 생산에서 중국이 차지하는 비중은 9퍼센트에서 47퍼센트로 훌쩍 뛰었다. 또한 다른 분야에서도 두드러진 성과가 나타났다. 아시아 철도의 총 길이에서 중국이 해당하는 부분은 20퍼센트에서 25퍼센트로, 아시아 전체 도로에서 차지하는 비중은 52퍼센트에서 61퍼센트로 증가했으며, 아시아 고층건물 74개 중 중국이 57개를 차지하고 있다. 또한 아시아에서 중국이 차지하는 컨테이너 항만처리능력 비중이 32퍼센트에서 51퍼센트로 증가했다.[2]

이러한 항만시설들은 아시아에서 가장 큰 무역 국가로서의 중국의 역할을 뒷받침하는 데 중요했다. 1990년만 해도 중국은 여전히 일본과 한국, 싱가포르 다음으로 네 번째로 큰 수출 국가였다. 그러나 2013년에 중국의 수출은 이 나머지 세 국가를 합한 것보다 더 많았다. 특히 아시아에서 수출하는 제조품 중 중국이 차지하는 비중은 10퍼센트에서 46퍼센트로 증가했다. 고용 수준을 꾸준히 유지하는 데 중요한 아시아의 노동집약적 상품 수출에서 중국이 차지하는 비중은 51퍼센트에 달했다. 더욱 중요한 것은, 중국 때문에 아시아의 다른 개발도상국들이 원자재 공급자로 점차 역할이 변할 수밖에 없었다는 것이다.

또한 반도체, 자동차, 기계와 같은 첨단 상품에서 중국이 차지하는 비중이 증가하기 시작했다. 이러한 상품들 중 상당수를 중국 기업들이 생산했다. 2003년에는 외국인 투자자들이 중국 산업 생산량의 36퍼센트를 차지했지만, 2013년에 들어 이 수치는 23퍼센트로 떨어졌다. 이러한 성장으로 원자재에 대한 수요가 엄청나게 늘었고, 중국은 대체로 거의 모든 원자재 분야에서 세계 최대 수입국이 되었다.

1990년과 2013년 사이에 중국의 영구적인 농경지는 새로운 농업 계획 덕분에 두 배가 되었고, 중국은 인도네시아 다음으로 가장 농업 잠재력이 큰 국가가 되었다. 식량 안보 차원에서 필수적인 아시아의 곡물 생산에서 중국이 차지하는 비중은 이 기간 동안 꾸준히 대략 45퍼센트 수준을 유지했다. 이와 동시에 토양이 악화되었지만 이는 아시아 국가들 대부분이 겪는 문제였고, 중국은 토양 사막화와 비료의 영향 무력화를 이겨내기 위해 상당한 투자를 했다.

중국은 농업의 호황으로 저수량 고갈에 시달렸다. 아시아의 평균 1인당 재생 가능한 내부 담수량을 비교했을 때, 중국은 물 부족을 겪고 있는 국가에 속했다. 그러나 다른 산업국가와 비교했을 때 중국은 상당한 양의 물, 에너지, 광물을 보유하고 있다. 중국에 매장되어 있는 희토류의 양은 막대하고 중국은 값비싼 전략 광물 중 많은 부분을 통제하고 있다. 새로운 측량술 덕분에 중국은 더 많은 철, 구리, 보크사이트의 매장량을 확인할 수 있다고 한다.

에너지의 경우, 아시아 수력발전 잠재력의 60퍼센트, 석탄 매장량의 25퍼센트를 자랑하고, 가스와 석유 매장량 역시 상당하다. 즉, 아시아의 총 매장량에서 가스는 5퍼센트, 석유는 11퍼센트를 차지하고, 그것은 지난 20년 동안 늘어났다. 중국이 차지하는 태양력과 풍력 용량은 아시아의 67퍼센트다. 산업이 발달함에 따라 천연 자원이 더 필요해졌지만 중국의 상황은 일본이나 한국 같은 다른 제조 국가보다 더 나은 편이다. 또 인구학적으로 봐도 거대 국가인 인도보다 더욱 풍족한 자원을 누리고 있다.

중국은 증대된 힘 덕분에 다른 두 가지의 중요한 성취를 이룰 수 있었다. 바로 국민의 지지를 확보하고 다른 국가들과의 무역에서 유리한 조건을 얻는 것이다. 연구에 따르면 21세기 초 52퍼센트였던 중국 시민들의 경제 신뢰도는 지난 몇 년간 82퍼센트를 넘어섰다. 이는 필리핀, 오스트레일리아, 인도네시아, 일본, 한국, 인도, 파키스탄과 같은 국가들보다 상당히 높은 수치다.[3] 이러한 결과가 나온 중요한 한 가지 이유는 바로 말레이시아와 함께 중국은 평균 GDP 성장률이 물가 상승률보다 높은 수준을 유지한 국가에 속하기 때문이다. 1990년부터 2013년까지 아시아의 평균 1인당 GPD 증가율은 4퍼센트였지만, 평균 연간 물가 상승률은 9퍼센트였다. 그렇지만 중국의 경우 1인당 평균 GDP 증가율은 9퍼센트고, 물가 상승률은 5퍼센트에 불과했다. 또한 내구소비재를 구매하는 중국 가정이 빠르게 늘고 있는 것으로 나타났다.[4]

무역의 경우 중국은 평균 3퍼센트의 무역 흑자를 낸 반면 아시아 전체는 무역 적자를 냈다. 이 덕분에 중국은 2013년에 3조 7천억 달러에 달하는 막대한 외환 보유고를 축적했고, 이것은 아시아 총 보유고의 51퍼센트에 해당한다.

사실 무역 흑자와 외환 보유고는 낮은 소비 수준과 동시에 발생하는 것으로, 그것들은 대개 국내 시장을 희생해 다른 국가들에 엄청난 신용을 제공하는 것을 의미한다. 그런데 그 신용은 항구, 광산, 유전과 같은 전략적 자산에 투자하는 형태로 나타날 수 있고, 또는 수출 신용으로 제공되어 중국 제조업들이 시장 점유율을 높이고, 중국 관료들이 영향력을 얻는 데 도움을 주기도 한다.

필연적으로 다른 아시아 국가들의 외채 수준이 높은 상황인데 여기서 중국은 벗어날 수 있었다. 2013년에 아시아의 평균 외채가 GDP의 32퍼센트에 도달한 반면, 중국의 외채는 9퍼센트에 불과했다. 동남아시아 국가들은 GDP의 약 35퍼센트 수준의 외채를, 인도는 21퍼센트 수준의 외채를 보유했고, 그 국가들은 모두 21세기로 접어들면서 외채가 증가하는 양상을 보였다.

경제력에서 얻은 큰 이익은 곧 영향력으로 이어지기 마련이다. 이는 다른 국가들을 더욱 의존적으로 만들기 때문이다. 무역을 생각해보라. 1990년에 중국은 주변국들이 수출한 것 중 단지 5퍼센트만을 구매했다.[5] 그런데 2013년에 이 수치는 22퍼센트가 되었다. 이제 몇몇 시장에서 중국은 없어서는 안 될 존재가 되었다. 2012년에 중국은 몽골 수출의 89퍼센트를 차지했고, 북한의 83퍼센트, 라오스의 30퍼센트, 한국의 26퍼센트, 일본의 19퍼센트, 카자흐스탄의 18퍼센트를 차지했다.

1990년 주변국들에 유입된 외국인 투자 중 중국이 차지하는 비중은 1퍼센트에 불과했다.[6] 2012년에 이 수치는 12퍼센트로 증가했다. 중국은 라오스에서 59퍼센트, 아프가니스탄에서 32퍼센트, 캄보디아에서 27퍼센트, 미얀마, 키르기스스탄, 타지키스탄에서 23퍼센트를 차지해 아주 지배적인 지위를 갖게 되었다.

차관은 중국 경제력과 영향력의 가장 중요한 원천이다. 중국은 개별 국가에게 얼마만큼이나 차관을 제공하는지 보고하지 않지만, 중국 외채와 신용 금액은 막대하다. 2012년에는 1,650억 달러에 달했다. 이런 식으로 중국은 지역에서 단연 가장 큰 채권국이 되었다. 2013년에 아시아의 전통적인 자금 담당자였던 일본은 불과 830억 달러 수준의 대외채권을 보유했을 뿐이다.[7] 관료들의 말을 빌리자면 중국 대외채권의 절반 정도가 아시아 국가들의 것으로, 그중 상당수가 중국 상품이나 서비스와 관련해 수출 신용이나 양허성 차관(시중의 일반자금 융자와 비교해 이자율, 상환기간, 거치기간 등 세 가지 측면에서 차입국에 유리한 조건으로 제공하는 차관 - 옮긴이)의 형태다.

경제력에서의 이익은 군사력에서 중요한 이익을 얻는 것으로 이어졌다. 아시아의 전체 국방 예산에서 중국의 비중이 1990년 4퍼센트에서 2013년 35퍼센트로 증가했다.[8] 중국의 공식적인 국방 지출은 현재 단연 가장 클 뿐만 아니라 일본, 인도, 한국의 지출을 모두 합한 것보다 훨씬 크다. 중국은 우선 인적 자원에 더 많이 투자했다. 군인들의 급여와 훈련 수준이 높아지고, 비행시간과 항해시간은 더욱 늘어났다.[9] 또한 장비에도 더욱 크게 투자할 수 있었다. 2013년에 중국은 아마 군사 연구, 개발, 취득에 560억과 600억 달러 사이를 지출했을 것이다.[10]

중국은 21세기 초에는 고급 무기를 전적으로 수입에 의존했지만, 13년이 지난 후 가장 중요한 시스템과 엔진, 센서, 데이터링크와 같은 중요한 하위시스템, 미사일의 개발과 생산을 현지화시켰다. 하드웨어의 경우 중국은 주변국을 모두 합친 것보다 더욱 많은 전투기, 해군함정, 군사 위성을 가동했다. 그 결과 국경과 인접 해역에 진출한 군대를 급격히 늘릴 수 있었다.

오늘날 중국 군대의 발전 덕택에 중국에 도전하려는 국가들은 엄청난 비용을 치러야 하고, 중국 군대의 수준은 남중국해를 둘러싼 타이완과 다른 주변국들과의 작은 분쟁에서 충분히 우위를 차지할 정도가 되었다. 또한 중국 국민들의 대다수가 영토 영유권의 주장을 관철시키기 위한 군대의 사용을 지지하고 있다.

전쟁이 벌어지면 중국은 엄청나게 매장되어 있는 에너지에 의지할 수 있고, 중앙아시아나 러시아를 이용함으로써 인도양을 통과하는 길고 취약한 공급라인을 보완할 수 있다. 이 때문에 중국의 모든 주변국들은 미국의 군사 리더십과 아시아 국가들 사이의 협력에 점점 더 의존할 수밖에 없게 되는 것이다.

힘의 균형은 중국에 유리하게 이동했고, 주변국들의 대항 수단은 제한되었다. 경제적인 차원에서 주변국들 대부분은 중국과 비즈니스 기회를 확보하려고 하는 한편으로는 중국의 영향력을 제한하려고 노력했다. 다른 개발도상국들은 더욱 탄탄한 산업 정책을 이용해 자국의 대표 기업들을 보호하려고 시도했다. 인도 같은 국가는 일방적으로 관세를 부여하거나 WTO에 제소함으로써 중국의 덤핑 관행을 겨냥했다. 베트남, 한국, 일본과 같은 국가들은 경쟁적인 통화 평가절하 수단을 통해 자국의 수출을 보호하려고 했다. 또한 자유무역협정에 대한 경쟁에서 앞서고, 지역 내 교역에서 중국이 차지하는 비중이 높아지는 것을 막고자 했다. 원자재 생산업자들은 중국의 투자를 환영했지만 그 영역을 제한했다. 세계 다른 지역의 대규모 광업 회사를 끌어들여 중국에서 탈피해 수출을 다변화하려고 더욱 노력했다.

따라서 대부분의 주변국들은 완전한 보호주의를 추구하지는 않았다. 부상하는 강대국에 저항하거나 협력하고, 균형을 유지하거나 중국에 편승하는 것 사이에서 선택을 피해 위험을 관리하는 것이 대부분 주변국들의 대응책이 되었다. 중국에서 이익을 얻되 불편한 의존관계와 전적으로 경쟁관계에 놓이는 것은 피하자는 것이 주된 목적이었다. 환태평양경제동반자협정과 같은 계획들은 중국을 제외했을 때 이미 균형 유지 쪽으로 기울었지만, 이후 파트너십이 유지될 가능성은 불확실한 상태다.

균형 유지 경향을 추구하며 위험을 관리하는 것은 군사 문제에서도 뚜렷하게 나타났다. 우선 주변국들은 중국군과의 더욱 빈번한 교류, 해적과 테러 행위에 대항하는 전투에서 제한된 협력을 지지했다. 그러나 한편으로는 자국의 군대에 더욱 많이 투자를 함으로써 중국의 군사력에 대응했다. 일본은 해군의 현대화와 남쪽 열도의 방어를 우선시했다. 인도는 핵무기를 향상시키고 히말라야 국경을 따라 주둔하는 군대를 늘렸으며, 인도양의 동쪽 지역에 해군을 강화했다. 이는 중국 주변에서 구축된 많은 군사 파트너십과 동시에 일어났다. 베트남, 필리핀, 일본은 이러한 측면에서 더욱 적극적이었다. 이러한 파트너십 대부분은 다른 아시아 국가들과 구축되었지만 가장 중요한 활동을 한 것은 미국이었다. 갈등과 어려움이 무엇이든, 미국의 역할은 전보다 더욱 중요해졌다.

저항 없는 권력의 획득

지나친 저항 없이 권력을 획득하는 것, 그것이 바로 장쩌민 주석이 염두에 두었던 전략적인 기회다. 그러나 중국은 아직 만족하지 않고 있다. 우선 중국은 아직 부유한 국가가 아니다. 2013년 1인당 국민소득이 5,910달러인데, 세계은행 정의에 따르면 부유한 국가는 1인당 국민소득이 1만 2천 달러 이상이 되어야 한다.

중국이 중진국의 함정에 빠진다는 것은 중국 지도자들에게는 상상할 수 없는 일이다. 이러한 우려를 할 수밖에 없는 이유가 하나 있다. 중국이 현재 소득 수준에 꼼짝없이 갇혀 있으면 해안지역과 내륙지역, 도시와 시골 간의 경제 불평등이 줄어들 수 없기 때문이다. 그 결과 사회적 갈등, 정치적 분열, 당의 합법성에 대한 문제 제기가 더욱 거세질 것을 예상할 수 있다.

게다가 최근에 중국의 기반시설, 부동산, 공장, 사무실 건물에 투자한 이유가 대부분 풍요로운 사회를 건설하기 위한 것이다. 그래서 소득이 증가하지 않으면 이러한 투자 중 많은 것이 불확실해지고, 수익을 내지 못하며 심지어 쓸모없게 되어버린다. 특히 이러한 투자 대부분이 수조 달러에 달하는 가계 예치금을 정부와 기업을 위한 신용으로 전환해서 이루어졌기 때문에 걱정거리가 될 수밖에 없다. 주요 거품이 꺼진 후 저축 상실이 불러올 결과가 어떨지 상상하는 것은 어렵지 않다. 특히 이러한 저축이 급속도로 증가하는 고령 인구에게 아주 중요할 때는 더더욱 그렇다.

중국은 내부 불평등과 불안정 못지않게 외부 취약성을 우려하고 있다. 외국 기업들의 중요성이 줄어든다 해도, 중국은 노하우를 배우고 해외 시장에 접근하기 위해 외국 기업에 계속 의존하고 있다. 정부는 여전히 강력한 중국 브랜드가 부족하고, 기술 집약적 산업 생산에서의 입지가 열악하며, 통상서비스가 상대적으로 취약하고 국제 공급망의 상당 부분을 서양, 일본, 타이완, 한국이 지배하고 있다는 사실을 걱정하고 있다.

중국은 자국의 군사적 안보에도 만족하지 못한다. 이는 군사적 안보 환경에 대한 평가를 보면 분명하게 드러난다. 2013년 〈국방백서〉는 "패권주의, 권력 정치, 신간섭주의가 증가하는 징후가 나타나고 있다"라고 서술했다. "국제적 군사 분야에서 경쟁이 치열해지고 있다. …… 중국은 여전히 다양하고 복잡한 안보 위협과 난관에 직면해 있다. …… 어떤 국가는 아시아 – 태평양 군사 동맹을 강화하고 그 지역에 주둔하는 군대를 늘려 자주 그곳 상황을 더욱 긴장하게 만든다. 중국의 영토 영유권, 해양 권리와 이해관계에 관한 이슈에서, 몇몇 주변국들은 상황을 어렵게 만들거나 악화시키는 행동을 취한다." 이러한 우려는 새롭지는 않지만 더욱 두드러지고 있다. 지난 10년 동안 이루어진 중국군의 현대화는 독보적이었고, 힘의 균형은 중국에 유리하게 이동했다. 그러나 그것으로는 분명 충분하지 않았다. 정부는 중요한 약점을 확인했다. 바로 제2도련선 밖에서 도전자들과 겨루고 장거리에서도 지상군을 투입하며, 장거리 공군 타격부대를 배치하고, 우주 공간을 전략적 이점으로 이용하는 능력이 부족하다는 것이다.

이제 다시 한 번 중국 부상에서 가장 민감한 부분들 중 하나를 떠올릴 수밖에 없다. 바로 잃어버린 영토의 회복이다. 센카쿠 열도가 상호협력안보협정의 범위 안에 들어왔고 그래서 분쟁이 발생한다면 미국이 일본을 지지할 것이라는 미국 관료들의 말 때문에, 중국은 도전자들을 더욱 억제해야 한다고 확신했다.

미국이 필리핀, 베트남과 같은 좀 더 작은 국가들을 구하러 왔던 남중국해의 경우도 마찬가지다. 미국이 대부분의 열도에 관한 중국의 권리를 공식적으로 반박하지는 않지만 달라지는 것은 없다. "미국 정부는 우리가 열도에 대한 영유권을 주장할 수 없다고 말하지는 않는다. 그러나 우리가 열도에 대한 권리를 더 강하게 주장할수는 없다고 분명히 밝혔다. 이는 우리가 열도들을 가질 수 없다는 의미나 마찬가지다." 공산당의 대외연락부의 자문가가 이렇게 설명했다.

또한 타이완 역시 여전히 우려해야 할 대상이다. 중국 정부는 늘어난 경제 관계가 재통일을 지지하기보다 오히려 현상 유지를 지지하는 쪽으로 흐른다는 것을 잘 안다. 중국의 시각에서 보면 이는 당근 정책이 효과가 없다는 뜻이자, 타이완이 중국 본토의 관대함에 감사해하지 않는다는 뜻이다.

딜레마

그래서 이제 우리는 중대한 시점에 도달했다. 중국의 아시아 정책에 내재된 동력은 힘의 극대화다. 국경 지역을 통제하고 합법적인 정치 정부로 당의 입지를 공고히 하며, 중국의 주권을 보호하고, 잃어버린 영토를 회복하는 힘 말이다. 그 힘의 극대화는 최저 비용으로 추구해야 하는 것이다.

지난 수십 년 동안 중국은 좀 더 효과적인 정책을 주도하고 우호적인 환경이 조성된 덕분에, 놀라울 성도로 평화롭게 부상하고 그것을 유지하는 데 성공했다. 중국은 초강대국들 간에 균형을 유지하고 이어서 경제적 기대를 장려함으로써, 처음에는 그런 환경에서 이익을 얻을 수 있었다. 중국이 지배하는 새로운 지역 질서의 가능성, 즉 미국이 지배하는 다극적 질서에서 중국이 지배하는 단극적 질서로 변할 가능성이 적어도 아직까지는 희박했기 때문이다. 경제적 영향력의 측면에서 중국의 발전은 굉장했고, 이 덕분에 확실히 주변국보다 세계화로 더욱 많은 이익을 얻을 수 있었다. 수출 시장, 투자자, 채권자로서 중국의 역할은 더욱 중요해졌다. 여전히 주변국들은 중국 정부가 자국의 의지에 반해 영유권을 결정할 수 있다고 생각하지 않는다. 즉, 중국의 영향력은 다른 국가들이 자국의 주권을 걱정하고 그래서 경쟁과 협력 사이에서 선택해야만 할 정도로 심각하게 증가하지는 않았다.

다음 두 장은 중국이 이러한 딜레마를 어떻게 평가하고 있고, 군사력과 경제력을 극대화하려는 중국의 노력이 어떻게 영향을 받고 있는지 살펴본다. 중국은 자국의 번영을 더 공유할까? 또한 중국은 자국의 군사 현대화를 늦추는 것을 고려할까?

chapter 7

경제력

중국 지도자들은 국외에서 연설할 때마다 중국이 아직 개발도상국이라고 강조하고 싶어 한다. 틀린 말은 아니다. 중국 시민들이 벌어들이는 돈은 여전히 평균적으로 싱가포르나 일본의 8분의 1 수준이다. 그러나 좀 더 넓게 주변국들과 비교해보면, 중국은 분명 낙후된 경제에서 탈피해 선망의 대상이 되는 국가로 발전했다.

중국의 GDP를 생각해보라. 2000년에 중국은 전체 아시아 인구의 37퍼센트로 아시아 GDP의 14퍼센트를 생산했다.[1] 그랬던 중국이 2012년에는 아시아 인구의 35퍼센트로 아시아 GDP의 37퍼센트를 생산하기에 이르렀다. 그런데 이는 가장 작은 변화에 불과하다. 2000년과 2012년 사이에 아시아는 평균 1인당 GDP가 5퍼센트씩 상승한 반면 중국은 9퍼센트씩 상승했다.

중국의 불균형적인 이득은 무역에서 더욱 뚜렷하게 나타났다. 2000년에 중국은 아시아 수출의 12퍼센트를 차지했지만, 2012년에는 36퍼센트로 증가했다. 이 수치만으로는 중국이 특히 제조업에서 점유율을 공고하게 다져놓았다는 사실이 드러나지 않는다. 2012년에 중국은 제조품 수출의 41퍼센트와 노동집약적 제조품 수출의 52퍼센트를 차지했다. 이런 제조품들은 개발도상국들이 노동집약적 산업을 성장시키는 데 꼭 필요한 상품 유형들이다. 이로 인해 당연히 다른 아시아 국가들은 원자재 공급자의 역할로 전락하게 되었다. 2000년에 중국 주변국들의 수출에서 원자재가 차지하는 비중은 12퍼센트에 지나지 않았지만, 2012년에는 25퍼센트로 증가했다.

경제 싸움터에서

경제적 성공은 외국인 투자자들을 열광시키고 기반시설, 교육, 기술 혁신 등에서 더 큰 성장을 가능하게 하면서, 이후에도 저절로 지속되는 경향이 있다. 중국은 임금 상승에도 불구하고 아시아에서 최대 규모의 외국 투자 대상국으로서 입지를 유지했다. 2012년에는 중국이 아시아로 유입되는 직접 투자의 35퍼센트를 차지했다. 2000년과 2012년 사이에 중국은 아시아 나머지 국가들이 포장한 도로보다 더 많은 도로를 포장했다. 그 기간 동안 100명당 인터넷 가입자 수가 0에서 13명으로 증가했는데, 이는 아시아 평균을 능가하는데다 IT강국인 인도의 10배가 넘는 수치다.

또한 경제적 성공이 교역 조건에 미치는 영향도 중대하다. 중국은 대부분의 주변국들과 무역을 하면서 상당한 흑자를 거두었다. 새로운 지역 간 분업이 실현되고 있지만, 이번에도 중국이 제조업의 대부분을 차지하고 원자재는 주변국들이 맡았다는 사실이 명확해졌다. 2000년과 2012년 사이에 아시아가 중국에 수출하는 품목 중 증가한 내역을 살펴보면, 그 증가의 53퍼센트가 원자재 수출이었다. 2012년에는 아시아가 중국에 수출하는 것 중 약 46퍼센트가 원자재로 이루어졌다.

경제 강국에서 일어난 이러한 변화는 아니나 다를까 중국의 정치적 성과에도 영향을 미쳤다. 중국에서 확실히 불안이 점점 증가하고 있지만, 중국 정부는 비교적 성공적으로 국민의 신뢰를 강화해나갔다. 이것을 측정하는 여러 방법이 있다. 우선 국가의 방향에 대한 국민 만족도 조사에 따르면, 21세기를 맞이한 후 중국 국민의 신뢰 수준이 높아졌을 뿐만 아니라 앞 장에서 확인한 것처럼 만족도 역시 더욱 높아졌다. 국민 만족도에서 한국이 22퍼센트, 일본이 24퍼센트, 인도네시아가 35퍼센트, 인도와 필리핀이 45퍼센트인 반면, 중국은 85퍼센트로 나타났다.

결국 주변국들에서는 정부의 성과에 대해 점점 더 불만족하게 되었다. 일본에서는 2011년 엄청나게 파괴적인 쓰나미가 강타하기 전에도, 경제 회생 실패로 인해 민주당이 이끄는 정부의 지지 기반이 급속도로 무너졌다. 베트남에서는 2013년에 실시한 최초의 정부 만족도 조사 결과, 국회의원들이 정부의 경제적 성과를 얼마나 혐오하는지 나타났다. 공산당 정치국이 그 조사를 무효화해야 한다고 주장할 정도였다. 인도에서는 2014년에 실시한 총선에서 국가의 난제와 부패를 해결하는 데 실패한 일을 두고 국민회의당에 책임을 물었다. 국가 정부에 대한 지지가 약해지면서 지역 정치가 더욱 중요해졌고, 전통적인 정당들은 주로 더욱 강화된 민족주의로 대응했다.

일본 민족주의의 일부는 경제적인 차원으로, 또 일부는 중국을 싫어하는 현상으로 나타났다. 일본에서 아베 신조가 선거에서 승리를 거두었다. 우선적으로는 민수낭의 경제 성책 실패를 비판하는 선거운동과 경제 침체를 벗어나기 위해 공격적 전략을 벌이겠다는 공약 때문이었다. 아베는 다시 강한 국가로 만들겠다고 약속했다. 일본 국민 대부분은 중국의 부상 때문에 강한 국가가 되는 일이 시급하지만, 꼭 중국의 부상에 도전하는 것은 아니라고 생각했다.[2] 그러나 중국과 일본 간에 사건들이 끊이지 않자 민족주의자들의 힘은 더욱 커졌고, 신중한 다수와 좌절한 청년들, 외국인을 혐오하는 중산층, 애국심이 좀 더 투철한 노인들로 이루어진 소수의 강경파 사이의 전통적인 내분이 좀 더 쉽게 해소될 수 있었다.[3]

베트남 정부는 여전히 내키지 않았지만, 새롭게 등장한 다양한 운동이 중국을 향한 강화된 민족주의자 노선을 전파하는 데 앞장섰다. 뜨엉부Tuong Vu(오레곤 대학 정치학과 교수－옮긴이)는 새로운 민족주의 정치는 시장 개혁과 권위주의 정치의 특별한 결합에서 비롯된 베트남 사회의 뿌리 깊은 불만을 반영하고 있다고 저술했다. 그리고 이로써 근본적인 개혁, 정치 개혁, 국가 부흥을 위한 새로운 공감대가 조성되고 있다고 덧붙였다.[4] 정치 엘리트들은 따를 수밖에 없는 입장에 놓여 있다.

인도에서 정치 강경파는 언제나 정부의 약하고 우유부단한 태도를 비난하기 위해 중국의 위협을 이용했다. 이러한 공격을 받으면 정부들은 경제 문제에 시달리면 시달릴수록, 그러한 압박에 굴복해 지지기반이 상실되는 것을 막고자 더욱 공격적으로 행동하는 경향이 있다. 2014년 선거 기간 동안 가장 유력한 후보 나렌드라 모디Narendra Modi와 마야와티Mayawati는 중국의 위협을 강조하고, 좀 더 과감한 경제 정책과 국방 정책을 약속했다.

아시아의 민족주의는 취약함, 경제적 불확실성, 국민의 기대 충족 실패로 인해 나타나는 증상이다. 하지만 민족주의는 이러한 문제들을 해결하지 못한다. 단지 문제들을 감출 뿐이다. 운이 좋으면 선거에서 승리할 정도로 오랫동안 감출 수 있다. 민족주의의 문제는 불신하는 분위기를 조성한다는 것이다. 다른 국가들에 적대적인 의향을 표출하지는 않더라도, 민족주의 때문에 엘리트들이 타협하기가 더욱 어려워져 결국 적대적으로 대할 가능성이 증가한다.

아시아가 민족주의로 회기하면 중국의 부상이 두 가지 이유로 복잡하게 얽히게 된다. 우선 중국의 경제적 성공으로 치러야 하는 정치적 대가가 점차 증가한다는 것이다. 그리고 또 하나는 중국은 자국의 경제력을 극대화하려면 아직 갈 길이 멀고, 따라서 주변국이 불평할 이유가 없다고 생각한다는 것이다. 그래서 가장 어려운 문제가 바로 여기에 있다. 중국은 주변국들에서 경제적 기회를 빼앗고 있지만, 중국을 혐오하는 성격을 띤 민족주의의 사회적 환경을 타파하기 위해 진실 어린 타협을 할 생각이 없다는 것이다.

중국 경제의 부상을 둘러싼 딜레마는 중국 지도자들의 담론을 살펴보면 더욱 명확해진다. 우선 중국 지도자들은 경제 혜택을 공유해야 한다고 주장한다. 양제츠Yang Jiechi 외교부장은 "경제 발전은 중국의 핵심 임무다"라고 전국인민대표대회에서 강조했다. "우리 외교의 핵심은 국가와 경제 성장을 위해 우호적인 국제 환경을 조성해 경제에 직접적인 도움이 되는 것이다."5 또 중국외교학원의 선 총장인 우젠민Wu Jianmin은 이런 말을 했다. "경제 외교는 점차 중요해지고 있고, 중국은 경제 외교에서 좀 더 공동의 이익을 창출하기 위해 노력해야 한다. 중국은 외국과 경제적·외교적 관계를 다루는데, 상호적으로 이익이 되는 영역을 찾아야 한다."6

그렇지만 또 한편으로 관료들은 경제 환경에 대해 매우 의심스러운 태도를 계속 보이고 있다. "중국은 선진국, 개발도상국과 더욱 치열한 경쟁에 놓일 것이다. 아시아에서 경쟁력 있는 통합에 대한 압박이 가해지면서, 중국이 소외될 위험이 있다. 국제 거버넌스governance(공공경영)가 좀 더 큰 역할을 수행하리라 기대하는 사람은 아무도 없다. 주요 선진국들은 위기를 산업 부흥 전략과 수출 증진으로 대응하는 반면, 주요 신흥경제국들은 국제 시장에 더 많은 중점을 두고 외국 투자를 끌어들이려고 노력한다. 앞으로 5년 후에는 신흥 시장의 소비 증가가 선진국의 둔화된 성장을 보전하지 못할 것이다." 개발과 조사 위원회의 TF팀은 이렇게 밝혔다.7

대통령부터 장관급까지 고위급 지도자들은 같은 말을 반복했다. 그 결과 그들은 자립하기 위해, 더욱 경쟁력을 갖추기 위해, 중국의 기업들이 전 세계 생산망에 우호적으로 자리 잡기 위해 중국이 더욱 부단히 노력해야 한다고 생각했다.[8] 이번 장에서는 '중국의 산업 정책, 무역 정책, 원자재 정책, 중국의 화폐를 국제화하려는 노력' 이라는 관점에서 이러한 딜레마를 살펴보고자 한다.

새로운 개방 정책

2013년 새로운 리더십이 집중 조명을 받을 때, 중국의 주요 목표는 국가가 부유해지고 1인당 국민소득이 6,071달러에서 1만 2천 달러로 상승하도록 중국의 개발 모델을 수정하는 것이었다. 중국은 그 목표에 도달하기 위해 투자에서 국내 소비로, 산업 생산에서 서비스 영역으로 점진적인 재균형 정책을 추진하겠다고 밝혔다. 이 때문에 주변국 정부들은 중국 산업의 활기에 힘입어 자국의 어려운 시장까지 살아나기를 바랐다. 재균형 정책은 중국 경제에서 산업 생산의 중요성이 상대적으로 줄어들 것을 시사했다.

그러나 산업 생산이 절대적으로 감소하도록 내버려둔다는 뜻은 아니다. 실상은 정반대였다. 새로운 지도자들은 재빨리 산업을 강화하고 자원 집약적 공장에서 노동, 자본, 기술에 더욱 집약적인 생산으로 이동하려는 새로운 계획을 수립했다. 중국은 다른 개발도상국들과 경쟁이 치열해지는 것을 잘 알고 있었지만, 노동이 줄어들기는커녕 더욱 노동집약적인 제조를 원했다.[9] 그런데 이와 동시에 좀 더 부가가치가 높은 고급 제품으로 틈새시장에 진출하는 것도 추진했다.

대약진 정책이 일어난 지 수십 년이 지난 후, 흥미롭게도 중국 정치인들은 산업 생산에 지나치게 연연해왔다. 여기에는 몇 가지 이유가 있다. 무엇보다 관료들은 중국의 1인당 산업 생산이 이전히 꽤 낮은 수준이라 두세 배로 증가시켜야 한다고 생각한다.[10] 두 번째로 산업 분야의 투자가 중국이 중진국 함정을 극복하는 데 필수라고 생각한다.[11] 결국 기술과 생산성 증가의 가장 강력한 동력이 산업 분야가 되는 셈이다. 세 번째로 중국이 세계 경제 질서에서 열등한 지위에서 벗어나 '세계 분업 구조에서 더 나은 입지를 마련하기 위해서'는, 첨단 산업에 투자해 새로운 흐름을 만드는 것이 필수적이라고 보았다.[12] 네 번째로 산업에서의 권력이 포괄적인 국가 권력의 초석이 된다고 여겼다.[13]

강력한 국가 산업이 없다면 선진국들과 맞설 수 있는 협상력이 존재할 수 없으며, 군사 현대화를 이룰 가능성도 없다. 이에 관해 리커창 총리는 "현대화의 추진력으로 가장 중요한 것이 바로 산업화다"라고 아주 분명하게 밝혔다. 2014년 전국인민대표대회를 앞두고, 먀오웨이Miao Wei 공업신식화부 장관이 더욱 명백하게 표현했다. "중국이 국제적인 경제 강국 대열에 합류하려면, 먼저 산업 강국이 되어야 한다." 그리고 이렇게 덧붙였다. "산업은 중국의 포괄적인 국력의 초석으로서, 세계 무대에서 경쟁할 수 있는 전략적 능력을 증가시켰다."[14]

이처럼 중국의 산업 정책 이면에 숨은 동기들은 변하지 않았지만, 정책 자체는 효율성, 혁신, 국제적 경쟁력을 향해 더욱 박차를 가했다. 따라서 앞으로 10년 내에 중국 정부는 산업 분야에 투자를 줄이는 것이 아니라, 그러한 투자를 더욱 수익성이 높은 공장으로 이전하고 그 기업들을 경쟁이 무자비한 개방 시장에 더 많이 진출시킬 것이다. 기획국의 고위 관료가 "우리는 이제 막 발전하기 시작한 유치산업을 적당히 보호하는 것과, 이러한 조치가 혁신 능력을 가로막고 기득권이 개혁을 차단하는 행위를 못하도록 방지하는 것 사이에 균형을 유지해야 한다"라고 분명히 말했다.[15]

사실 중국은 포괄적인 경제 국가가 되려고 계획하고 있다. 바닥부터 공고히 다지면서 다른 개발도상국의 노동집약적 산업과 계속 경쟁하는 반면, 첨단 산업에도 눈을 돌려 반도체, 첨단 전자, 자동차, 바이오기술 등과 같은 분야에서 일본, 한국과 같은 국가와 경쟁할 준비를 하고 있다. 결국 중국은 지속적으로 국내 소비보다 생산에서 더욱 많은 진척이 있을 것이라고 예상할 수 있다. 따라서 산업의 추격이라는 새로운 이 무대에서 중국의 산업은 수출에 의존하게 될 것이다. 2012년 제조품에서 중국이 달성한 무역 흑자는 제조업 총 생산량의 거의 11퍼센트를 차지했다.[16] 2000년에는 3퍼센트에 불과했다. 따라서 중국의 산업 추진은 불가피하게 수출 추진과 일치할 것이다. 정부는 이것을 인지했다. 전국인민대표대회의 보고에서 리커창 총리는 수출 증진이 전략적 우선순위라고 말했다. 기획 위원회는 이렇게 덧붙였다. "수출에서 우리의 전통적인 장점을 공고히 하고, 밀접한 연관이 있는 산업과 서비스의 수출을 촉진시킬 것이다."[17]

그렇다면 이를 어떻게 달성할 것인가? 우선 중국은 서구의 경직된 시장에서 탈피해 다른 개발도상국으로 수출을 다변화할 계획을 세웠다. 그에 따른 무역 적자에 대한 불만을 완화시키기 위해 중국은 더욱 많은 원재료를 수입함으로써 자국의 제조품 수출의 균형을 유지할 것이다. 두 번째로 중국 정부는 더 많은 신용 보험과 자금 조달을 약속했다. 2012년 중국은 이미 수출 신용export credit(상품과 용역의 수출을 지원하기 위해 필요한 자금을 융자하는 제도-옮긴이)으로 1,590억 달러를 지출했고, 1,610억 달러의 수출 증치세를 환급해주었다. 이는 중국 수출의 10퍼센트 이상이 이러한 지원을 받았다는 것을 의미했다. 세 번째로 중국은 수출 시장에 침투하고 특히 개발도상국에서 시장 점유율을 늘리기 위해 더 많은 노력을 기울일 것이다.[18]

중국의 수출 전략에서 아시아는 대단히 중요하다. 아시아는 상업적으로 엄청난 노다지가 되리라 예상된다. 아시아는 저가품의 생산과 고가품의 생산·수요가 모두 증가하는 소비자 시장이다. 그리고 육지로 둘러싸인 지역에는 중요한 기회를 제공한다. 또한 제조업자들이 새로운 제품과 기술, 브랜드를 소개하는 자연스러운 시험 무대가 되기도 하며, 그 무대에서 대규모 중국인 커뮤니티의 존재는 촉진제로서의 역할을 할 수 있다.

그러나 아시아는 중국에게 도전과제이기도 하다. 중국의 의사 결정자들은 일본과 한국은 자국 기업과 경쟁이 무자비한데다 보호주의의 기류가 흐른다는 것을 잘 알고 있다. 상무부의 한 관료는 이렇게 주장했다. "새로운 환태평양 무역 협상은 주변국들이 우리에게 등을 돌리고 무역을 딴 곳으로 전환하기 전에 우리가 주변국 시장에 참여해야 한다는 것을 보여주고 있다."

중국 정부는 한국, 일본, 스리랑카와 더 많은 무역 협상을 추진했다. 2013년에 중국은 더욱 포괄적인 거래, 그래서 더욱 강화된 자유화를 목표로 추진할 것이라고 발표했다. 기존 협약에 대한 우려에도 불구하고, 리커창 총리는 10개의 아세안 회원국들에게 자유화 개선을 제안했다.

중국은 기계류, 제약, 가전제품, IT 등에 주력하는 수출 정책을 준비했다.[19] 그리고 주변국 시장에 철도, 도로, 공항, 항구 등 새로운 물리적 판로를 지속적으로 요구했다. 해양 실크로드, 방글라데시 - 중국 - 인도 - 미얀마 경제회랑, 중국 - 파키스탄 경제회랑과 같은 대표사업들은 많은 지지를 받았다. 또한 중국 기업들은 본토에 있는 공장과 주변국에 있는 가공 공장의 연결에 더욱 고무되었다. 이것은 무역 장벽을 피할 뿐 아니라, 상대 국가에 중국의 생산 네트워크가 더욱 확실하게 자리 잡는 데 중요한 역할을 했다.

그렇다면 중국의 주변국들은 자국의 미래 경제에 대해 걱정해야만 하는가? 최근 한 가지 사례를 살펴보면 중국이 어떤 산업을 대표적인 전략으로 내세울 경우, 무역 흐름이 새로운 방향으로 바뀔 수 있다는 것을 알 수 있다. 그 좋은 사례가 바로 컴퓨터 칩이다.

1990년대 후반, 중국은 컴퓨터 칩 분야에 아무런 기반이 없었지만 정부가 그 분야를 우선순위로 올려놓은 이후, 일본, 필리핀, 타이완을 시장에서 밀어내고 싱가포르 다음으로 아시아에서 최대 수출국으로 우뚝 섰다. 태양광 산업도 마찬가지였다. 중국 수출업자들은 태양광 산업 분야에서 일본의 제조업사들을 무너뜨렸고, 나머지 아시아 국가들은 결국 뒤처졌다. 제품이 복잡해질수록, 시장 간에 전문화는 더욱 정교해졌다. 예를 들어, 중국이 차세대 클린 자동차를 겨냥하면 많은 공급자들에게 다양한 기회가 될 수 있는 것이다.

그렇지만 규모가 중요하다. 전략적 산업의 지배는 대체로 국제무역 흐름에 큰 영향을 준다. 특히 내수시장의 소비가 뒤처질 때는 더욱 그렇다. 앞으로 어떻게 전개되든지, 산업을 둘러싼 아시아의 전투가 이제 막 시작했다는 것은 중국에게 분명한 사실이다. 무역협정, 무역신용, 정치적 설득을 이용해서 중국은 중국 특유의 개방정책을 수행하고 주변국 소비시장을 자국의 공장에 단단히 묶어두려고 전력투구할 것이다. 이는 중국이 아시아에서 중요한 투자자이자 일자리 창출원으로서 일본의 역할을 대신할 수 없다는 의미가 아니라, 가까운 미래에 중국은 그러한 파급효과에 관심이 없다는 뜻이다. 또한 중국의 대외 투자에도 이 점이 분명히 드러난다. 우리가 중국의 대외 투자를 전체 경제 가치와 비교한다면, 중국의 대외투자 수준은 인도와 거의 동일하고 일본과 한국의 절반에도 미치지 못한다.[20]

원자재 확보

1974년에 열린 유엔 총회에서 덩샤오핑은 원자재에 주안점을 두고 연설했다. 덩샤오핑은 신흥공업국들은 원자재 공급을 확보하고, 다른 개발도상국들은 귀중한 상품들이 열등한 위치에 처하지 않도록 해야 한다고 주장했다. 강한 국가들은 전략적으로 원자재와 농산물을 확보하고 제조업에서 이익을 얻을 기회를 남겨두지 않는 경향이 있다고 말했다.

오늘날 중국은 자국의 원자재를 전략적 자산으로 활용한다. 다른 많은 국가들처럼 수출을 제한하거나 금지했고, 제1차 산업부문을 이용해 중국 공장들을 지원했다. 그리고 때때로 다른 대부분의 선진공업국에는 없는 희토류 금속과 같은 것을 비교적 저렴한 가격에 중국의 전기, 칩, 배터리 생산업자에게 팔았다. 그러나 마지막의 경우는 장점이라기에는 조금 애매하다. 예를 들어, 비교적 비싼 광산에서 추출되는 철광석이나 석탄에 보조금을 지급해 내수시장에 저렴한 가격으로 방출하는 것은 몇몇 수출 공장에게는 경쟁우위를 창출하지만, 그 비용은 정부로, 결국에는 중국 가정으로 고스란히 전가되기 때문이다.

현재 중국은 궁극적으로 재정적·환경적으로 사회에 많은 비용을 전가한다 해도 원자재를 이용해 계속 산업화를 지원하고 있다. 많은 주변국들은 이러한 행위를 비판했다. "우리는 이처럼 불공정하게 희토류 수출을 제한하는 중국을 계속 압박할 계획이다." 에다노 유키오Yukio Edano 일본 통상 장관이 말했다.[21]

앞의 장들에서 이미 확인했지만, 두 번째 문제는 바로 중국이 비난했던 제국주의 강대국들의 행동을 중국이 똑같이 하고 있다는 점이다. 중국은 산업 역량을 세기하기 위해 다른 개빌도싱국들에 원자재 공급자 역할을 하도록 강제한다. 2000년 다른 아시아 국가에서 중국이 수입한 것 중 19퍼센트가 원자재였다. 2012년에 그 수치는 31퍼센트로 증가했다. 국가별로 보면 분업의 형태는 더욱 극명하게 나타난다. 2012년 중국 수입에서 원자재 비중의 중간값이 58퍼센트에서 71퍼센트로 상승했다. 이러한 형태는 단지 양자 간 무역에서만 발생하는 것이 아니었다. 2000년에 다른 아시아 국가들 수출품의 65퍼센트가 제조품이었다. 그런데 2012년 이 수치는 55퍼센트로 떨어졌다.

중국과 대부분의 주변국들 간의 분업 체제가 점점 더 뚜렷해졌다. 중국은 제조를 맡고 1차 산업부문은 다른 국가들이 맡는 것이다. 그러나 이것으로 끝이 아니다. 중국은 주변국의 1차 산업부분 중 더욱 큰 부분을 통제하길 원한다. 2012년에 상무부는 1차 산업부문의 전략적 자산을 획득하기 위해 당초 계획들을 확정하는 문서를 발표했다. 그 문서가 지시하는 바에 따르면 중국 기업들은 우선 해외 수출에 주력해야 하지만, 자국이 에너지, 광물, 농산물, 해양자원의 물량을 확보하도록 허용해야 한다는 것이다.[22]

에너지 산업은 중국 정부가 오랫동안 목표로 삼은 분야다. 기업들이 해외에서 생산하는 모든 석유와 가스가 중국으로 수송되지는 않지만, 에너지는 중국 기업의 국제적 협상 지위를 강화시킨다. 이와 관련된 중국의 가장 큰 성공담은 카자흐스탄으로, 중국 기업들이 석유의 23퍼센트를 개발한다.[23] 공급망이 단축될 수 있다는 점 때문에 아시아에 대한 지분투자 프로젝트는 특히 중요하다.

에너지 산업의 다음 목표는 광업 분야다. 중국 광산업체들은 몽골, 미얀마, 아프가니스탄, 캄보디아, 라오스와 같은 몇몇 아시아 국가에서 강력한 지위를 획득했다.[24] 중국은 아시아의 농업 시장에서도 동일한 길을 걷는 것 같다. 상무부는 전통적으로 중국이 다른 아시아 국가들에 투자하는 목록 중 농업을 우선순위로 포함하고, 농업부는 더 많은 재정적 지원을 하며, 국무원은 외국 농업 자원에 대한 투자를 아주 중요한 문제로 내세웠다.[25] 중국은 ADM, 카길 Cargill, 벙기Bunge, 루이스 드레이퍼스Louis Dreyfus의 사례를 따르고, 전체 공급망 지역에서 강력해져야 한다고 청궈첸Cheng Guoqian(국무원발전연구중심 연구실장 - 옮긴이)이 주장했다.[26]

이러한 형태의 자원 민족주의 때문에 다른 국가들은 중국이 귀중한 자원을 지나치게 이용해 국제 시장을 교란시키지는 않을까 의문을 제기했다. 따라서 자원이 풍부한 국가들은 너무 많은 자원의 추출을 통제하거나 적어도 추출 양허권을 누가 얻는지 통제한다. 이런 점을 감안하면 원자재 시장은 한 번도 개방된 적이 없다는 것이 중요하다. 게다가 가격 설정시 다국적 생산업자들이 소비자들보다 지배적인 힘을 발휘하는 경우가 자주 발생한다. 광산업의 일부 지역은 다국적 기업들의 과점으로 명백하게 지배되고 있다. 중국은 원자재 대부분의 경우, 다른 아시아 국가로 공급하는 것을 방해하지는 않았다. 아시아의 원자재를 수입하는 업자들 중 중국이 차지하는 비중은 경이적으로 증가했지만, 절대치로 본다면 다른 시장의 수입업자들도 계속 증가했다.

그렇지만 두 가지 중요한 차이가 있다. 하나는 중국은 중국 기업들이 소유하는 해외 지역에서 광석과 에너지를 더욱 많이 추출했다. 중국은 자국의 높은 신용 덕분에 아주 성공적으로 광산과 유전을 취득했고, 종종 인도와 한국, 일본 경쟁자들을 배제시켰다.

다른 하나는 중국이 수입하는 다양한 상품들은 놀라울 정도로 가격이 저렴했다. 중요한 순 수입국인 일본과 한국과 비교하면, 천연가스는 55퍼센트, 무연탄은 53퍼센트, 미정제 동은 34퍼센트, 철강은 53퍼센트, 미가공 알루미늄은 46퍼센트, 미정제 니켈은 46퍼센트씩 각각 저렴했다. 이러한 수입품의 가격 차이는 광석의 선광도와 석유의 순도에 따라 일부 발생할 수 있지만, 확실한 것은 중국의 협상 지위가 중요한 영향을 미쳤다는 사실이다. 원자재 가격이 중국의 산업 경쟁력에 영향을 미친 것은 확실하지만, 다른 국가로 원자재가 유입되는 것을 방해하지는 않았다.

그러나 한 상품만은 예외였다. 바로 물이다. 아시아의 평균 1인당 재생 가능한 내부담수량과 비교했을 때, 중국은 물 부족에 시달리고 있다. 그러나 중국의 1인당 재생 가능한 내부담수량 2,032입방미터는 인도의 1,149입방미터, 방글라데시의 689입방미터, 파키스탄의 306입방미터보다는 여전히 훨씬 많은 양이다. 태국, 베트남과 비교해도 중국의 상황이 지나치게 나쁜 것은 아니다.

더욱 중요한 것은 중국은 말 그대로 아시아의 급수탑을 깔고 앉아 있다는 것이다. 히말라야나 톈산 산맥처럼 중국의 거의 모든 물이 국내 원천에서 흘러나온다. 인도는 자국의 물 중 25퍼센트를 국제 하천에서 끌어온다. 방글라데시, 태국, 베트남, 캄보디아, 라오스의 경우는 50퍼센트 이상이 그렇다.

중국이 이러한 유수에 댐을 건설하고 싶어 한다는 것은 누구나 알고 있다. 사실 아시아 국가들 대부분은 종종 무모할 정도로 이러한 하천의 에너지와 잠재된 수자원을 이용하고 싶어 한다. 그러나 중국은 이러한 수원 중 많은 곳을 통제하고 '국제수로의 비항행적 이용에 관한 협약'과 같은 많은 중요한 지침을 비준하지 않았다. 중국 정부는 여전히 국제 하천을 이용하는 문제는 내부 소관이라고 생각한다.

중국은 자국의 댐이 물을 많이 저장하지 못할 뿐만 아니라 저수지가 적다고 주장하는 편이다. 중국이 적어도 8개의 댐을 건설하려고 계획하는 메콩 강의 경우도 그랬다. 다른 강기슭 지역 국가들이 개발하는 수력 프로젝트가 무엇이든, 연구자들은 중국의 프로젝트는 강 하류에 엄청난 영향을 미칠 것이라고 입을 모았다. 계단식 댐의 수위를 30퍼센트까지 줄일 수 있고, 비옥한 퇴적물은 55퍼센트에서 최대 94퍼센트까지 줄어들 수 있으며, 수산자원이 고갈되고, 해안선 후퇴와 염수침입을 가속화시킬 수 있다는 것이다.

중국은 주변국들과 소통하기 시작하고 더 많은 정보를 교환하며, 그 문제에 관해 전문가들과 의견을 나누었다. 그렇지만 환경 조직, 농부, 정치가들의 많은 항의에도 불구하고 중국의 댐 건설 계획은 철회되지 않았다.[27] 티베트부터 미얀마까지 흐르는 기다란 살윈 강의 경우도 역시나 마찬가지였다. 2006년에 원지바오 총리는 환경적인 우려로 13개의 댐에 대한 계획을 보류했지만, 그 프로젝트는 2013년에 재개되었다.

브라마푸트라 강은 더욱 민감한 사안이다. 이 강은 티베트에서 발원하지만 인도와 방글라데시 두 국가에 지극히 중요하다. 중국은 브라마푸트라 강의 상류, 얄룽 창포에 몇몇 수력 프로젝트를 준비하는 청사진을 품고 공사를 시작했고, 이것이 인도 아대륙으로 흐르는 수량을 줄이지 않을 것이라고 주장한다. 중국 관료들은 어떻게 해서든 인도로 흐르는 물 대부분의 발원지가 티베트 빙하가 아니라, 히말라야의 남쪽 경사면을 따라 흘러내리는 몬순에 따른 비라고 확신시키려고 애를 쓴다.

방글라데시와 인도가 가장 걱정하는 것은 중국이 수십억 입방미터의 물줄기를 북쪽으로 돌리는 몇 가지 계획을 세웠다는 것이다. 중국 정부는 이러한 우려의 말들이 나오지 않도록 노력했지만 주요 수로 전환 프로젝트의 계획이 아직 배제되지 않았다는 징후가 많이 있다.[28] 이미 얄룽 창포의 둑을 따라 농업 프로젝트가 확대되고 현대화되었다.

그러나 국제 하천을 따라 멀리 서쪽까지 이어지는 농업 호황과 비교하면, 아직까지는 적당한 수준이다. 톈산 산맥의 남쪽 경사부터 카자흐스탄과의 국경까지 해바라기, 밀, 쌀을 심은 논이 끝도 없이 펼쳐진다. 이렇게 정확한 직사각형 토지를 가로질러 이리 강이 흐르고 있다. 새로운 운하는 둑에서 10킬로미터까지 물을 나른다. 댐은 터커쓰 강과 카스 강처럼 강의 지류에 건설되었다. 북쪽으로 200킬로미터 떨어진 곳에 에밀 강을 따라 똑같은 일이 일어나고 있다. 물을 댄 논과 농장들이 카자흐스탄 국경까지 펼쳐진다. 그 너머를 지나야 마른 땅이 보인다. 북쪽으로 다시 200킬로미터를 가면 이르티시 강이 흐른다. 그 강 상류에는 하이찌큐 댐 저수지가 나타나고 푸윈에 있는 또 다른 댐으로 이어지며, 거기서부터 운하들이 시작한다. 서쪽으로 50킬로미터를 가면 또 다른 댐이 건설 중이다. 서쪽으로 40킬로미터를 가면 힝허 댐 저수지에 도달한다. 거기서부터 커다란 운하가 두하이 저수지까지 남쪽으로 파여 있고, 이는 커라마이 시와 우루무치 시까지 수백 킬로미터 뻗어 있는 두 개의 다른 운하들의 시작점이다. 두하이 저수지부터 작은 관개 수로가 사방으로 뻗어 있어 적어도 300평방킬로미터의 농지에 물을 공급한다.

위성지도에 따르면 이러한 관개망은 계속 확장되고 있다. 신장 지역에 대한 정부의 최근 계획은 수자원 보호와 더욱 효과적인 관개에 많은 역점을 두고 있지만, 신장의 2014년 경제와 사회 개발 계획 초안을 보면 여전히 몇 개의 댐을 신설하는 것과, 적어도 한 개의 다른 유수 전환 프로젝트가 포함되어 있다. 2013년에는 터커스 강에 추가 댐과 관련 관개 설비를 건설하는 승인이 떨어졌다.

여기서 중요한 점은 카자흐스탄이 공급받는 재생 가능한 물의 약 절반 정도를 이러한 강들에 의존하고 있다는 것이다. 연구에 따르면 이리 강과 이르티시 강과 같은 국제 하천의 방류량은 지난 몇 년간 계속 줄어들고 있고, 큰 규모의 호수가 감소할 위험에 처해 있다.

반면 중국 정부는 그러한 상황에서도 원래 하던 일을 하고 있다. 바로 양보 없는 대화를 지속하는 것이다. 2001년에 중국은 카자흐스탄과 공동으로 강 위원회를 수립하는 데 동의했지만, 권한을 모니터링으로 한정했다. 2011년에는 수질 보호와 중국-카자흐스탄 호르고스 강에 대한 공동 유수 전환 프로젝트에 대한 협약이 체결되었다. 하지만 이리 강과 이르티시 강의 물을 평등하게 공유하는 어떠한 약속도 이루어지지 않았다.

흥미롭게도 중국은 자체 자원은 유지하면서, 가능한 해외 자원에 많이 접근하려고 한다. 이는 특히 공동 자산의 경우에 그렇다. 공해를 생각해보자. 중국은 자국의 배타적 경제수역의 경제적 이용은 엄격하게 규제하지만, 대양에서는 자유주의체제의 추진을 강화한다. 중국은 인접 수역에서 수산자원을 고갈시키면서, 자국의 어업회사들에게 태평양과 인도양과 같은 원양에 뛰어들도록 장려한다. 중국의 함대가 여전히 구식인 편이지만, 중국은 세계에서 가장 큰 원양 어획 능력을 보유하고 있다. 여전히 중국은 선박 허가 준수 협약이나 수산 자원 협약을 비준하지 않았다. 또한 식량농업기구가 어획량을 모니터하는 강한 권한을 갖는 것을 꺼려한다. 게다가 중국 정부는 해저를 이용하기 위해 융통성 있는 체제를 원한다.

중국은 연구를 목적으로 한 특별 선박에 많은 투자를 했고, 국제 해저기구에 인도양과 태평양에서 광물을 연구하겠다는 신청을 했으며, 현재는 광물을 개발하기 위해 새로운 플랫폼을 다양하게 개발하고 있다.[29] 주요 대상은 희토류와 탄화수소뿐 아니라 코발트와 망간과 같은 다수의 광물들이다. 또한 메탄 하이드레이트(또는 가연성 얼음)를 추출하기를 기대한다. 이는 해저 아래에서 대량으로 발견할 수 있는 크리스털에 포함된 천연가스다.

중국 정부는 북극과 남극에서도 개발의 자유를 주장한다. 중국은 로스 해에 160만 평방킬로미터에 걸친 해양 보호구역을 수립하자는 오스트레일리아, 유럽, 미국의 제안을 거부했다. 중국은 이제 점점 항행이 가능해지는 북극해에서 어획을 금지하는 서구의 제안을 받아들이려 하지 않는다. 2041년에 만료 예정인 남극에서 채굴을 금지하는 조약을 연장하는 일에도 마찬가지로 미적지근한 태도를 유지하고 있다. 국제적인 공동 자산을 공유하려는 중국의 욕구가 최고 수준에 이른 것이다. 시진핑 주석은 대양과 극지에 있는 자원의 실질적인 중요성을 강조했다.[30] 중국 해양 대학교의 궈페이칭 Guo Peiqing 법학·정치학 교수는 "우리가 대륙에 있는 자원을 완전히 이해하는 것은 꼭 필요하다"라고 말했다. "중국의 개발은 체스를 하는 것과 같다. 글로벌 게임에서 위치를 확보하는 것이 중요하다. 게임이 언제 시작할지는 모르지만, 거점을 확보해야 한다."[31]

위안화의 국제화

중국의 경제적 야망의 세 번째 측면은 지역 금융 질서에 대한 중국의 영향력과 관련된 것이다. 중국은 더 많은 금융 협력을 모색하는 아시아에서 분명 주도적인 역할을 해왔다. 회원국들이 극심한 금융위기에 처해 있던 때, 중국은 본질적으로 대규모의 외환 보유액 공동기금인 치앙마이 이니셔티브에 일본과 더불어 가장 큰 분담금을 납입했다. 그러나 치앙마이 이니셔티브의 자원은 여전히 적은 편이다.

지난 10년 동안 중국은 주변국에 양자대출을 제공함으로써 더욱 큰 영향력을 행사하게 되었다. 1990년대 중국은 라오스와 캄보디아, 몽골처럼 아시아에서 가장 빈곤한 국가들의 채권을 포기했다. 또한 아시아 금융위기 이후 중국은 원조와 투자를 늘렸다. 그러나 그런 너그러운 태도에는 한계가 있다. 1990년대와 비교해서 중국 채권은 훨씬 증대되었고, 중국은 이제 대출금에 대한 이자를 지불하라고 주장했다. 게다가 2008년에는 수십억 달러의 재정 지원을 해달라는 파키스탄의 부탁에 응하지 않았고, 결국 파키스탄 정부는 IMF에 부탁해야 했다.

더욱 중요한 것은 위안화의 역할이다. 많은 국가들이 준비통화로 위안화를 이용하면 할수록, 위안화는 중국의 경제력을 더 나타낼 것이다. 이론상 주요 준비통화들은 가계 경제에서 다른 국가들의 신뢰도를 반영한다. 실제로 주요 준비통화는 종종 전 세계의 다른 국가들에게 소비시장으로서 그 경제 주체의 중요성을 나타낸다. 중앙 소비시장으로의 지위는 대개 경상수지 적자를 수반하는 데, 이는 상품과 서비스 수출에서 벌어들이는 것보다 수입으로 다른 국가에 더 많이 지불함으로써 자국의 통화가 더욱 널리 통용되기 시작하기 때문이다.

각국의 화폐 발행이 일정 수준의 금 보유량에 연동되어야 했던 시기가 있었다. 그러나 더 이상 그런 일이 없기 때문에 준비통화는 강점과 약점을 동시에 나타낸다. 다른 국가들이 많은 규모의 통화 준비금을 쌓아둘 때, 이는 종종 소비하기 위해서 신용을 제공한다는 의미이기 때문에 약점을 나타낸다. 장기적으로 불리한 점은 과소비와 외채를 부추겨 고통스러운 조정을 초래한다는 것이다. 그러나 준비통화를 가진 국가는 인플레이션을 일으키지 않고 돈을 발행할 수 있는 단기적인 이점이 있다. 자국의 통화로 교역한다는 것은 대체로 좀 더 적은 거래 비용이 든다는 것을 뜻한다. 무엇보다 시장이 그 통화로 운영되면, 환율변동이 원유, 광물 등의 수입 가격에 훨씬 적은 영향을 미칠 것이다.

따라서 일본이나 특히 미국과 같은 국가들은 다른 국가들이 자국의 통화나 자국의 통화로 환산된 여러 채무를 매입함으로써 높은 생활수준을 유지하는 특권을 누리고 있다. 따라서 위안화의 국제화로 이러한 특권을 종식시킬 수 있느냐가 주요 관건이다. 위안화가 엔화와 달러화에 대한 매력적인 대안이 된다면, 중국은 그 국가들을 고통스러운 환율조정 위기에 처하도록 밀어낼 수 있다.

많은 전문가들은 아시아에 위안화 블록yuan block이 형성되고 있다고 주장했다. 그러나 그것은 사실이 아니다. 2013년 공식적인 외환 준비금과 은행 산업계의 증권에서 위안화의 비중은 1퍼센트도 되지 않았다.[32] 중국의 경상수지 적자가 지속되는 한 위안화가 충분히 대규모로 국제화가 될 수 없기 때문에 이러한 상황은 정상이라 볼 수 있다. 따라서 위안화는 아직 준비통화로서 중요한 역할을 하고 있지 않다.

그러나 위안화는 점차 참조통화reference currency가 되고 있기는 하다. 아시아 통화의 변동성은 달러와 엔화보다 위안화의 변동성에 더욱 밀접하다. 이는 아시아 경제 국가들이 수출 시장으로서 중국 경제에 더욱 의존하게 되거나, 혹은 그들의 통화가 중국 위안화에 비해 지나치게 가치가 상승하는 것을 의도적으로 피하려고 노력하기 때문에 나타나는 정상적인 현상이다. 참조통화가 준비통화와 다른 점은, 중국 정부가 참조통화를 통해 더 많은 직접적인 혜택을 얻을 수 없다는 것이다.

현재 유일한 이득은 더 많은 무역 거래가 위안화로 이루어진다는 점이다. 2013년에 무역 거래들이 엔화보다 위안화로 더 많이 이루어졌다. 그렇게 되면 중국이 달러의 변동성에 영향을 덜 받게 된다. 이는 특히 에너지와 광물 시장에서 중요할 수 있다. 예를 들어, 2012년에 중국은 처음으로 달러화가 아니라 위안화로 대규모 석유와 가스 계약을 체결했다. 이 무역의 일부는 통화 스왑 계약으로 진행되는데, 이 계약으로 중국 중앙은행은 양자 간 무역에 자금을 조달하기 위해 위안화의 금액을 다른 통화로 교환할 수 있었다. 대규모 통화 스왑 계약은 한국, 홍콩, 말레이시아, 인도네시아 등과 체결되었다.

그러나 마찬가지로 이 역시 위안화가 준비통화로 전환될 정도로 충분하지 않다. 중국 통화의 대부분은 무역을 통해 중국으로 결국 돌아오기 때문이다. 현재로서 중국은 위안화가 준비통화가 되기를 원하지 않는다.[33] 리우밍캉Liu Mingkang 전 중국은행감독위원회 위원장이자 중국은행 은행장은 "우리는 위안화가 다른 국가의 준비통화가 될지 여부를 전혀 생각하지 않는다"라고 말했다. "마차를 말 앞에 놓을 수는 없는 법 아닌가? …… 광범위한 위안화의 국제화와 자본 자유화는 금융 분야 개혁의 마지막 단계가 되어야 한다."[34]

장기적으로 봤을 때만, 위안화가 엔화와 달러화의 지위에 도전할 기회가 있다. 지금부터 10~20년 후 중국의 금융 분야는 좀 더 불안정한 자본의 유출입을 다룰 정도로 충분히 성숙할 수 있을 것이다. 그때쯤 되면 정부는 산업의 경쟁력에 충분히 자신감을 갖게 되고, 그 경쟁력은 중국이 1인당 국민소득 1만 2천 달러를 달성해 풍요로운 사회 대열에 합류하도록 도와줄 수 있을 것이다. 게다가 그때는 더 이상 공산품을 많이 수출할 필요가 없을 것이다. 국내 소비가 촉진되어 어느 정도의 경상 수지 적자는 용인될 수 있을 테니말이다. 그렇게 되면 곧 잠재적으로 위안화의 주도적이고 국제적인 역할에 대한 문제가 논쟁의 핵심이 될 것이다. 그 핵심은 중국이 우선 강하고 주도적인 경제 대국이 되어야 한다는 것이다.

그러나 아직은 때가 아니다. 중국 정부의 지도자들 역시 이를 알고 있다. 중국이 계속 경제적으로 부상하면, 위안화가 준비통화가 되는 것이 그렇게 중요한지 의문을 제기할 수 있다. 중국의 경제적 부상은 이미 미국과 일본이 지배적인 지위를 잃었다는 것을 뜻한다. 준비통화가 통용되지 않는다는 것은 단지 부가적인 모욕일 뿐이고, 국민들이 새로운 현실에 적응하는 것이 더욱 어려워질 뿐이다. 미국은 셰일 가스 덕분에 수입에 대한 지출이 줄어들 것이라, 이런 문제가 어느 정도 상쇄될지도 모른다. 그러나 일본은 그런 값비싼 상품을 보유하고 있지 않기 때문에 새로운 중화 경제 질서에 흡수될 것이 거의 분명하다.

실패할 위험

중국은 순조롭게 성장해서 고소득 국가가 될 수 있을까? 중국 정부는 고소득 국가가 되고자 전력을 다해 무엇이든 할 것이다. 국내 소비에 대한 재균형을 모색해야 한다는 주장이 많이 있지만, 중국 정부는 무엇보다 산업이 더욱 경쟁력을 갖추어야 하고 생산성을 촉진시켜야 한다고 믿는다. 특히 중진국에서 고소득 국가로 이동하는 것은 하나의 도전 과제가 될 것이다.

중국 정부는 중진국 함정에 빠질 가능성이 조금이라도 있는 한, 가장 큰 불안한 시기를 맞이하게 될 것이다. 중국은 중진국의 위치에 만족할 수 없다. "그것은 곧 사회적 격차가 남아 있고, 경제는 여전히 취약하며, 번창하는 도시를 건설할 수 없고, 공산당의 미래는 위험에 처해지며, 중국은 국제 정치에서 영향력을 발휘할 수 없다는 것을 의미한다." 그러한 시각에서 조금이라도 실패하는 것은 네 가지 위대한 열망에 위협이 된다. 실패할 위험은 매우 중대할 것이다.

강화된 시장 메커니즘의 도입으로 투자를 더 효과적으로 분배할 수 있겠지만, 중국은 2013년에 4조 5천억 달러에 해당하는 막대한 가계 저축을 수출 의존적인 산업 분야, 미래 수요에 지나치게 의존하는 공공기반시설, 위험한 부동산에 투자하는 경향이 있었다. 다시 말하면 투자와 중국 내수시장의 실제 수요 간에 차이가 점점 확대될 것이고, 채무시장, 주식시장, 국가 재정의 문제가 있는 조직을 생각할 때, 이는 좀 더 쉽게 위기를 불러올 수 있다. 그러한 측면에서 중국 전체가 빚이 너무 많다는 것이 주요 위험은 아니다. 사실 중국의 경제 전략은 너무 많은 가계 저축을 위험한 프로젝트에 투입하게 했다. 따라서 근면한 가족들의 저축을 위험에 처하게 했다는 것이야말로 정부의 생존에 가장 위험하다.

이러한 과도기를 조심스럽게 바라보는 또 다른 이유가 있다. 부유한 경제대국이 되기 위해 중국은 자국의 산업 기반을 발전시킬 수출에 의존할 것이다. 중국 정부는 원자재 수입으로 자국의 수출을 일부 상쇄할 계획이지만, 다른 아시아 경제 국가들은 제조 분야를 유지하거나 개발하고, 원자재 수출에서 벗어나 수출을 다변화하는 것이 아주 어렵다는 것을 알게 될 것이다. 이 때문에 중국의 부상을 둘러싸고 더 많은 분열과 불신이 초래될 수 있다.

chapter 8

태평양 지역의
쟁탈전

China

중국이 네 가지 위대한 열망을 추구한다면 아시아에서 가장 강력한 군사력을 보유한 국가가 되어 미국을 견제할 수 있어야 한다. 이는 잃어버린 영토인 타이완, 중국해의 대부분, 그리고 길게 펼쳐진 히말라야 산맥의 일부 지역을 되찾으려는 목표를 감안하면, 특히 중요하다. 이 때문에 아시아는 믿기 어려운 난투극이 벌어지는 새로운 최전선으로 변하고 있다. 미국은 그런 아시아에서 군사적 우위를 유지하려고 노력하는 반면, 중국은 미국의 군사적 우위를 종식시키려고 한다.

이로써 새로운 전략적 균형 상태가 도래할 것을 예상할 수 있다. 몇몇 국가들은 미국 쪽으로 한층 더 가깝게 다가가 안보를 추구하고 중국에 맞서 균형을 유지할 수 있는 반면, 또 다른 국가들은 중국과 더욱 가까운 관계를 맺고 중국에 편승하는 쪽을 선택할 수 있다. 이러한 방법으로 경쟁과 불확실성이 사라지는 것은 아니지만, 적어도 작은 국가들은 안보를 충분히 보장받는다. 다만 두 주역인 미국과 중국은 거의 무기한으로 군사적 맞대응을 하는 상황이 일어날 것이다.

새롭게 형성된 이 갈등은 냉전과 흡사하다. 그러나 세 가지 이유로 냉전이 될 가능성은 없다. 첫 번째로 아시아 국가들 다수가 제2

차 세계대전 이후에 강대국들 대부분이 그랬듯이 극심한 어려움에 시달리지 않으며 순종적이지도 않다. 일본, 인도, 러시아, 베트남은 중국과 미국 사이에 껴서 그들 머리 위에서 벌어지는 체스 게임에서 순순히 졸 노릇을 하지는 않을 것이다. 두 번째로 갈등은 뚜렷한 경계선이 존재하고 확산된 내리전 양상을 나타내기보다, 유동적이고 대단히 정치적인 논쟁거리가 있는 국경에 집중되어 있다. 세 번째로 갈등의 절정이 과거 냉전 초기 때만큼 인상적인 경제 성장과 낙관주의의 시기와 일치할 가능성이 희박하다. 그 대신에 아시아가 순조롭게 성장하는 시기는 끝이 나고, 경제적 불확실성과 정치적 민족주의가 도래할 것이다.

모국의 재통일

잃어버린 영토를 되찾으려는 노력의 일환으로, 중국은 경제적·군사적 현상 유지 상태를 바꾸기 시작했다. 동중국해, 타이완, 남중국해, 인도와 분쟁이 있는 국경과는 상관없이, 중국은 경제적 영향권을 확대하고 군사력의 균형을 바꾸기 시작했다. 그러나 중국은 정치적·영토적 현상 유지 상태를 바꾸지는 않았다. 그리고 이는 중국에게 골칫거리가 되고 있다. 지난 수십 년 동안 중국은 자국의 결의를 보여주려는 노력에서, 시종일관 영토 분쟁을 보류하자고 제안했다. 전 세계가 중국이 강경한 태도를 보인다고 인식할 때도, 중국은 갈등이 고조되도록 절대 내버려두지 않았다. 여기에는 여러 복합적인 이유가 있었다. 영토의 현상 유지 측면에서 중국을 자극할 정도로 중대하게 일방적인 변화가 일어나지 않았고, 중국은 무력을 통해 자국의 이익을 내세울 준비가 되지 않았다. 그리고 긴장이 고조된다고 해서 성공적인 성장을 추구하는 것처럼 중국 정부의 엘리트 집단에게 보상을 안겨주지도 않기 때문이다.

그렇지만 분쟁 지역들의 가치가 줄어들었다거나, 현상 유지 상태가 일방적으로 변경될 가능성에 대해 중국 정부의 우려가 감소했다는 의미는 아니다. 더구나 중국이 잃어버린 영토의 일부를 회복하는 것을 포기했다는 뜻은 더더욱 아니다. 게다가 중국 정부는 무엇이든 이러한 열망을 방해하면 평화로운 부상이라는 궤도에서 벗어날 수밖에 없을 것이라고 매우 자주 강조했다.

일본의 경우, 중국의 이런 태도가 아주 명확하게 드러났다. 중국은 동중국해에서 경제적·군사적 현상 유지를 빠르게 바꾸었고, 중국은 일본이 그러한 변화를 감수할 것이라 기대했다. 중국 어선이 일본 해안 경비대 2척을 들이받고 그 결과 중국 어선이 그 지역을 순찰하기 시작했다. 도쿄 시장은 센카쿠(댜오위다오) 열도를 사들이기로 결정했다. 이러한 일련의 사건이 발생한 이후 양국 간 갈등은 계속 쌓여갔다.

애국적인 도쿄 시장이 그 열도를 취득하는 것을 막으려던 일본 정부는, 2012년에 센카쿠 열도의 개인소유자에게서 열도 자체를 사들이기로 결정했다. 중국 정부는 이것을 도둑질이라고 비난하며, 열도 주변 지역에 대한 감시를 강화했고, 자국의 요구를 주장하기 위한 계획을 잇따라 발표했다. 중국은 방공식별구역을 구축했는데, 그 구역은 일본 중간선을 넘어서는데다 분쟁 열도를 포함하고 있었다. 중국은 일본 중간선에서 약 25킬로미니 떨어진 황옌 가스전까지 가스 시추 프로젝트를 확장했다. 또한 분쟁 열도 근처에 처음으로 해안 경비선을 파견했다.

열도를 국유화하고, 일본 총리로 민족주의자 아베 신조가 당선된 이후, 일본과 중국과의 관계는 전혀 회복되지 않았다. 2014년 4월, 1년 동안 갈등이 증가된 이후 공산당의 대외연락부와 중앙위원회 외교부의 고위급 관료들이 중국은 물러서지 않을 것이고, 조정하는 것은 일본에게 달려 있다고 설명했다.[1] 소리 높여 항의하는 중국 장군들 중 첸리화Qian Lihua는 이렇게 말했다. "현재 우리는 동아시아에서 충돌이 발생할 가능성을 완전히 배제할 수 없지만, 이는 중국에게 달려 있는 것이 아니다."

전문가들은 일본이 빠르게 군사를 현대화하기 시작했고, 미국이 그것을 막기 위해 어떠한 조치도 취하지 않을 것이라고 믿고 있다. 게다가 그들은 일본의 경제 개혁이 실패로 끝나면서 민족주의가 갈수록 기승을 부릴 것이라고 주장했다.[2] 2012년 중국과 일본의 조사에 따르면, 조사에 응한 대다수는 무력을 써서라도 기꺼이 열도를 방어하겠다고 답변했다. 근소한 차이라고는 하지만 다수가 무력분쟁이 일어날 가능성이 있다고 생각했다.[3]

그리고 타이완이 있다. 중국이 좀 더 긴밀한 관계에 투자하면 할수록 타이완은 거리를 두길 원했고, 재통일에 대한 타이완의 지지는 줄어들었다. 중국 관료들과 전문가들은 공개된 자리에서 이러한 전개를 놓고 의견을 말하는 데 신중한 경향이 있다. 2008년 대만에서 마잉주Ma Yingjeou 총통이 당선된 이후, 양안 관계의 진전에 대한 학계 주장은 대체로 긍정적이다.[4] 또한 전문가들은 국민당, 민주진보당이 더욱 건설적인 태도를 보이고 있고, 타이완 경제가 중국 본토와의 충돌을 겪을 여유가 없다는 사실을 제대로 인식하고 있다고 주장했다.[5] 2014년 봄, 중국 평론가들은 해바라기 시위를 타이완의 나태한 청년들과 병든 민주주의 체제를 표현한 것으로 주로 묘사했다.

그러나 때때로 중국의 의사 결정자들은 긴밀한 관계가 충분하지 않다고 시사했다. 2013년 10월 APEC 정상회담과 별도로, 시진핑 주석은 고위급 타이완 정치인에게 양국 간 교류가 통상을 뛰어넘어야 한다고 전달했다. "더 멀리 앞을 내다보고, 양측에 존재하는 정치적 불화 이슈에 대해 한 단계씩 최종적으로 해결해야 한다. 이러한 이슈들이 세대를 거쳐 이어져서는 안 될 일이다."[6] 몇 주 후, 국무원 타이완사무판공실이 이를 확인했다. "좋든 싫든, 객관적으로는 정치적 과제가 존재한다. 우리는 조만간 그 과제와 직면해야 한다. 우리는 먼저 경제로 시작하고 이어서 정치를 다룰 수 있지만, 경제만 따르고 정치를 배제할 수는 없다."[7]

비공식적으로 관료들은 대만의 새로운 정부가 국민당을 대체해

협력을 중단하거나 취소하고, 또는 만족스러운 정치적 통일 가능성을 무너뜨린다면, 중국 정부가 제재 조치를 할 것이라고 밝히고 있다. 한편 정부는 국민의 94퍼센트가 빠른 시간 내에 중국의 재통일이 이루어지기를 바란다고 보고한다.

남중국해와 관련해 제5세대 지도자들은 구단선을 포기할 의향이 전혀 없지만, 관료들과 전문가들은 국제해양법 협약의 체계에서 중국을 좀 더 옹호할 수 있는 해석을 찾고자 노력하는 것 같다. 무엇보다 이는 중국이 살기에 적합한 열도의 배타적 경제수역과 더 작은 섬 주변의 영해에 대해서만 범위를 정할 것을 암시했다. 이 방식으로 중국은 여전히 남중국해의 대부분을 관리할 수 있을 것이다. 게다가 예를 들어, 열도를 기준으로 200해리 지역이 설정되면, 파라셀 제도의 우디 섬과 스프래틀리 군도의 융수자오 산호초, 이 두 지역은 남중국해의 중앙과 중첩되어 중국은 섬 사이의 모든 수송을 관리할 수 있고, 해양법의 해석에 따라 외국 군대의 진출을 금지할 수 있다.

남중국해와 동중국해의 차이는 분쟁에 덜 민감하다는 것이다. 자국의 이익을 방어하려는 베트남과 필리핀의 계획은 성가신 일이지만, 일본의 가식적인 태도처럼 반감을 불러일으키지는 않는다. 한 중국 관료는 이렇게 말했다. "베트남이 일방적으로 영토의 현상 유지 상태를 바꾸려 들면, 그들에게 교훈을 가르쳐 주겠지만 전쟁을 벌이지는 않을 것이다. 그렇지만 일본과 타이완의 경우는 다르다."[8] 그러나 중국은 다시 일본과 미국, 인도, 오스트레일리아 같은 외부 강대국들의 간섭을 걱정한다. 중국 국민들의 다수는 영토를 되찾기 위해서 무력을 사용한다면 이를 승인할 것이다.[9]

수십 년간의 성장에도 불구하고, 중국은 네 가지 위대한 열망 중 한 가지도 달성하지 못했다. 그 때문에 영토의 현상 유지가 다양한 식으로 도전받을 수 있는 불확실한 미래가 올 여지가 있다. 중국의 일방적인 정치적 결정이나 주변국의 일방적인 정치적 결정으로 현장의 현실이 바뀔 수도 있다. 또는 어떤 사건으로 인해 통제 불능의 상태로 빠져들 수도 있다. "중국의 영토 영유권, 해양의 권익에 관한 이슈에서 몇몇 주변국들은 상황을 어렵게 만들거나 악화시키는 행동을 취하고 있고, 일본은 댜오위댜오(센카쿠) 열도에 대한 문제를 일으키고 있다." 2013년 〈국방백서〉는 이렇게 요약했다.

이러한 불확실성이 중국이 군사 현대화를 추진하는 가장 중요한 동기 중 하나가 되고 있다. 중국이 독립적으로 또는 연합해서, 아니면 미국과 편을 이루어 주변국을 압도할 수 있는 강한 군사를 발전시킨다면, 본토를 재통일하거나 다른 국가들이 분쟁 영토의 일부라도 잡아채는 것을 막을 수 있다.

중국 정부의 이러한 시도는 중국 국민들의 지지를 받을 것으로 보인다. 2014년 여러 중국 지방에서 광범위하게 이루어진 조사에 따르면, 답변자의 92퍼센트가 국가의 '복잡한 안보 환경'에 우려를 표했고 그중 73퍼센트는 '군사비 지출의 상당한 증가'를 지지했다.[10]

만족하지 못한 거대 국가

떠다니는 폐품처리장, 날아다니는 폐차장이라고 중국을 놀리던 시기는 지났다. 중국군은 여전히 미국보다 한참 뒤쳐져 있지만, 최근에 일어나는 중국군의 현대화는 인상적이다. 그 결과 중국의 군사적 위협에 대한 아시아의 우려가 증가했다. 이는 세 가지 중요한 양상으로 나타났다.

우선 공식 성명과 문서를 통해 군사적으로 강경한 중국 태도에 대한 우려, 분쟁 지역에 중국의 진출 증가에 대한 불안, 중국군 현대화 과정에서 투명성 부족에 대한 불만을 분명히 밝혔다.

두 번째로 주변국은 안보 파트너십이라는 거미줄로 중국을 더욱 단호하게 둘러쌌다. 마침내 군사적으로 강경한 중국의 태도에 우려가 절정으로 치솟았던 2009~2011년, 19개의 신규 방위협정이 체결되었다. 베트남은 새롭게 짜인 파트너십에서 거미 역할을 자처했다. 베트남 정부는 10개의 새로운 군사 협력 계획에 대해 협상했고, 일본과 한국이 뒤따라 각각 5개의 문서에 서명했다. 이러한 새로운 계획 중 대부분은 해양 안보에 집중되었고, 몇몇은 남중국해에서 일어나는 갈등과 관련된 것이었다. 베트남을 포함한 협정과, 일본과 한국 간에 체결된 협정은 혁신적이었다. 그렇지만 이 협정은 대체로 북한과 관련되어 있었고, 한국을 포함한 다른 모든 문서들은 주로 방위산업과 방위시스템 무역 간의 협력과 관련이 있었다. 이러한 전개 과정이 더욱 눈에 띄는 것은 인도네시아가 이 기간 동안 중국과 방위협정을 체결한 유일한 국가이기 때문이다.

세 번째로 주변국의 정부들은 잠수함, 전투기, 원격조종 무인기 등과 같은 신규 군사 장비에 자금을 조달하기 위해 정부 예산을 무리하게 사용했다. 방위 예산은 절대치로 최고조에 달했다. 그러나 GDP 비중을 봤을 때 공식적인 지출은 베트남, 한국, 인도에서 증가했다.[11] 중국 정부가 이 점을 놓칠 리 없었다. 태평양에서 일어나는 군사력 정치에 대해 중국 정부의 분위기가 더욱 부정적으로 변했다. 시진핑 주석은 '패권주의, 권력 정치, 새로운 간섭주의에 대한 경향'이 증가했다고 주장했다.[12] 2013년 〈국방백서〉는 특히 비판적이었다. "어떤 국가가 아시아-태평양 지역의 군사동맹을 강화했고 군 주둔을 확대하며, 지역의 긴장감을 빈번하게 조장하고 있다."

중국 수도에서 벌어지는 전략적인 논쟁에 대한 흥미로운 여론 수렴 수단으로 공산당의 대외연락부가 취합한 논문들이 있다. 여기에는 〈신화통신〉과 같은 매체에 실린 전문가들의 짧은 논평과 격월로 발간되는 저널 〈컨템퍼러리 월드Contemporary World〉에 실린 기고가 포함되어 있다. 2011년 이후로 〈컨템퍼러리 월드〉에 실린 안보 환경에 대한 연간 평가는 더 회의적이었다. 저널의 저자들은 평화로운 협력에 대한 방향이 살아 있다고 주장하면서, 아시아 질서가 더욱 복잡해지고 불안해졌다고 표명했다.[13] 중앙편역국의 장쉬안싱 Zhang Xuanxing은 "강대국 경쟁의 무대는 대서양에서 태평양으로 이동하고 있다"라고 요약했다.[14]

논문들 전반에 걸친 주요 관심사는 더욱 강력해진 일본의 태도다. "모든 주요 강대국들 중에서 일본과의 경쟁이 가장 치열하다." 중앙 당교의 줘펑룽Zuo Fengrong은 이렇게 결론지었다.[15] 또한 더 작은 국가들 사이에서 저항을 부추기는 미국의 경향에 대한 우려도 표현했다. 칭화 대학교의 자오진Zhao Jin은 "중국의 주변 환경은 매우 취약하고 지정학적으로 복잡하다"라고 장문의 논문에 서술하기도 했다. "중국이 점차 압박당하는 기분이다. …… 불균형이 심해지면서 주변국과 더욱 경쟁이 치열해질 것이다. 그 결과 세계 강국들은 이를 침투할 기회로 포착하고, 중국의 태도는 경직되며, 주변국들은 단호하게 관할권 밖의 강국들과 중국이 맞붙도록 만들 것이다."[16] 중국 사회과학원의 고위급 연구자인 타오웬차오Tao Wenzhao는 미국이 동중국해 분쟁에서 일본을 부추길 위험이 있다고 경고했다.[17]

중국 정부와 자문단이 중국이 새로운 패권 정치의 표적이 되었다고 언급할 때, 그 우려는 진심이었다. 전 세계는 중국이 제1도련선을 따라 가공할 만한 센서와 무기가 장착된 전위함대를 배치해 자신들이 중국 인접 해역에 접근하는 것을 거부하려 한다며 일본과 미국에 불만을 거듭 표출했다. 중국이 지역 거부 전략area denial strategy을 추구하고 있다면, 미국과 미국의 파트너들은 대양 거부 전략ocean denial strategy을 추구하고 있다.[18] 중국 정부는 이 상황이 위협적이라는 것을 알고 있다.

뿐만 아니라 미국은 너그러운 군주로서 도덕적으로 우월하다고 자처하면서, 중국을 아시아의 해양 지역에서 탐욕스러운 압제자로 묘사하는 것이 아주 불공평하다는 것도 안다. 중국의 시각에서 볼 때, 1990년대 말 더욱 강경하게 군사력을 휘두르고 중국의 영해까지 감시선을 파견한 것은 미국이었다. 문제가 있는 것은 해양법에 대한 미국의 해석이다. 사악하게 배타적 경제수역을 외국 해군이 자유롭게 접근할 수 있도록 해석하고 국제 중재를 추진함으로써 중국을 궁지로 몰고 있는 것은 미국이다. 정작 미국은 그런 방법이 결코 대부분의 열도 분쟁에 대한 해결책이 될 수 없다는 것을 잘 알면서도 그런 태도를 보이는 것이다.

또한 다른 국가들과 태평양을 공유하면서 관대한 척하는 것 역시 미국이다. 미국은 비웃듯이 중국 해군에게 하와이 주변을 정찰하도록 요청하는 반면, 자국 해군의 우위를 유지하고자 전력투구를 다하고 있다. 미국은 세계 해상 패권을 유지하고 해군에 대한 중국의 야심을 억제하며 중국이 야심의 일부를 실현하는 것을 막기 위해, 중국의 부상과 많은 영토 분쟁에 수반되는 우려를 이용하고 있다. 이러한 우려 중 상당수는 어느 정도 타당하다.

중국과 미국은 지정학적 딜레마에 갇혀 있다. 양측이 자국의 군사력을 극대화함으로써 태평양 안보를 획득하고자 노력하기 때문이다. 미국은 가능한 한 아시아에 접근해 자신의 방어선을 지키려고 노력하는 한편, 중국은 그 방어선을 뚫으려고 열심히 노력한다. 그러나 미국은 영리하게도 이를 정치적 딜레마로, 심지어 중국과 나머지 국가들 간의 도덕적 딜레마로 탈바꿈시켰다.

그 결과 경제 문제의 딜레마와 유사한 딜레마가 발생한다. 즉, 물러서느냐 물러서지 않느냐의 딜레마다. 중국은 분명 외교에 더 많이 투자함으로써 갈등을 약화시키고 싶어 한다. 그렇지만 중국이 군사의 현대화를 늦출 가능성은 없다.

국방대학의 한수둥Han Xudong 교수는 "미국은 현재 서태평양 지역에 항공모함전투단을 배치하려고 계획하고 있다. 이런 배치가 반복되면 중국 동부에 주요한 위협이 될 것이다. 그리고 미국군이 서태평양에 있는 중국 해군의 모든 활동을 자세히 모니터하게 될 것이다"라고 썼다.[19] "서태평양 지역에서 군사적 균형을 방해하는 것은 미국이다. 따라서 점차 지역 군비 경쟁이 가속화하는 것을 늦추기 위해 군사적 술책을 중단해야 하는 쪽은 미국이다." 그런데 그런 일이 일어나지는 않을 것이기 때문에 우리는 중국이 힘의 균형을 자국에 유리하게 되돌리기 위해 더욱 열심히 노력할 것이란 사실을 예상할 수 있을 뿐이다. 시진핑 주석은 중국의 군사를 현대화시키고, 중국 국경 너머에서 벌어질 더욱 큰 임무를 준비하기 위해 전임자들보다 더욱 전념하는 것으로 보인다.

태평양에서 우위를 차지한 미국

현재 제1도련선에서 중국의 군사력은 제1도련선 또는 좀 더 멀리 떨어진 서태평양에 잠복해 있는 잠수함, 항공기, 항공모함의 공격에 취약한 편이다. 따라서 해양 주변부를 방어하는 능력을 강화시키려는 중국의 새로운 노력은 본질적으로 중국이 현 상황을 완전히 바꾸어야 한다는 것을 의미한다. 중국이 잘 알고 있는 것처럼, 그 일은 엄청난 일이 될 것이다. 제1도련선에서 중국의 입지를 훼손시키고 중국이 그 너머로 이동하는 것을 막기 위해, 미국이 일련의 군사 현대화 계획을 주도적으로 이끌고 있기 때문이다.[20]

〈인민일보〉는 "미국은 제2차 세계대전 이후로 둥펑Dong Feng 21D 대함 탄도미사일이 미 해군이 직면한 가장 큰 잠재적인 위협이라고 믿고 있다"라고 주장했다. "바로 지금 미국의 군사적 우위를 유지하기 위해 반드시 변화가 필요하다."[21] 〈밀리터리 다이제스트 Military Digest〉에서 가장 많이 인용되는 기사에 따르면, 미국의 공해전투 개념은 자국의 해안에서 600킬로미터 떨어진 중국의 방위선 출현을 막는 것이다.[22]

공해전투 개념은 널리 논의되어왔다. 중국 전문가들은 그 개념이 몇 가지 중요한 변화로 이루어졌다고 생각한다. 이는 항공 우위 강조, 무인 비행체 증가, 우주 시스템의 통합, 항공·바다·수중 전투의 통합, 정보의 개발과 통합, 감시와 정찰 강화, 공격적인 정보전, 새로운 탄두 사용, 극초음속 무기 개발 등으로 구성되었다.[23] 한 논평가는 이 공해전투가 중국의 미래 앞에 매달려 있는 새로운 '다모클레스의 칼(그리스 신화에서 디오니시오스 왕이 신하인 다모클레스를 왕좌에 앉힌 후 머리 위에 말총 한 가닥으로 칼을 매달아놓은 채 연회를 베풀어 왕에게는 언제 닥칠지 모르는 위험이 따른다는 것을 가르쳐주었다-옮긴이)', 즉 언

제 닥칠지 모를 위험이라고 생각했다.[24]

중국 전문가들은 일본과 미국이 미사일과 항공기의 위협을 모니터하는 능력에 투자하는 방법을 유심히 알아보았다. 일본은 전통적으로 FPS-3와 FPS-5로 이루어진 촘촘한 레이더망을 유지하고 있어서 동중국해의 대부분을 모니터할 수 있다. 이 네트워크는 일본 북쪽과 도쿄 가까이에 강력한 미국 FBX 레이더 두 대가 설치됨으로써 개선되고 강화되었다. 일본과 미국은 그 지역에 강력한 이지스 레이더가 장착된 구축함 13척으로 구성된 영구배치 함대를 보유하고 있다.[25] 일본은 적어도 구축함 2척을 추가해 군사력을 확장시킬 계획이다. 또한 일본은 E-767 공수 경고와 통제시스템AWACS 4대를 계속 현대화시키고 있다.

이 모든 탐지 시스템에는 엄청난 처리 능력이 필요하다. 위협을 감시하는 컴퓨터와 통제실이 없는 탐지는 아무 소용이 없다. 그러한 이유로 일본과 미국은 속도와 신뢰도, 조정력에 더욱 투자하고 있다. 적어도 중국 해군을 모니터하는 능력은 중요하다. 미국과 일본의 P-3 해상초계기로 이루어진 대형 함대는 부분적으로 교체되었고, 일본의 P-1 10대와 미국의 P-8 비행기 6대를 갖춘 더욱 강력한 함대로 일부 강화했다.[26] P-8은 지금까지 만들어진 것 중 가장 강력한 해상초계기이자, 중국 잠수함에 맞서는 강력한 무기다. 그것은 잠수함, 수상 전투 함정과 교전하기 위해 소노부이sonobuoy(항공기에서 투하하는 잠수함 탐지용의 소형 부표로 수중의 음파를 받아 무선수신기에 재송신하도록 설계된 것-옮긴이)와 미사일을 떨어뜨릴 수 있고, 아주 빠르고 정확한 데이터 처리 시스템을 갖추었다. 광역해상감시용 BAMS 무인기인 글로벌 호크의 미해군 버전인 MQ-4C Triton은 이러한 정찰 임무를 지원할 것이다.

지난 10년 동안 미국은 대잠수함전을 조사하기 위한 목적으로 동중국해와 남중국해에 집중적으로 예인형 선배열 음향탐지 시스템을 배치했다.[27] 이 때문에 미해군 소속 보위디치Bowditch와 같은 소형 비무장 감시선, 임페커블 호와 중국 선박이 빈번하게 충돌했다. 다음 단계로 일련의 강력한 탐지 시스템을 준비하고 있다. 미국은 계속 고정형 분산 시스템FDS을 현대화하는 작업을 진행하고 있다. 그 시스템은 떠다니는 다량의 소형 수동 센서를 연결해 구성되어 있고, 운행하는 잠수함의 소음을 수신해 경로를 재구성할 수 있다.

새로운 프로젝트인 신뢰음향경로 시스템TRAPS 역시 많은 수동 소나sonar(수중 음파 탐지기 - 옮긴이)로 이루어져 있다. 수동 소나는 해저에 자리를 잡고 떠다니는 표면 노드에 무선으로 연결되어 있어, 비행기나 선박 등에서 그 신호를 포착할 수 있다. 최근에 표면 노드인 연안 탐지 자동 파워부이LEAP가 완성되었다. 이것은 조력 에너지로 작동이 가능해 영구적인데다 신호를 처리하는 능력이 훨씬 좋다. TRAPS 시스템은 샤크SHARK라 불리는 새로운 무인 수중체로, 잠수함을 탐지하도록 설계되었으며 탄두가 장착되어 있다. 이 시스템은 주로 제1도련선 내, 태평양으로 길을 터주는 해상 항로를 따라 중국 잠수함을 모니터하는 데 유용하다.[28] 미국은 태평양 자체를 위해 음향탐지장비를 이용하고, 차세대 중국 핵잠수함을 앞지를 것으로 예상되는 심해무인잠수정 시스템인 블루핀Bluefin을 준비하고 있다.

〈인민일보〉는 미국이 중국 잠수함과 교전하기 위해 3군으로 구성된 시스템을 목표로 하고 있다고 주장했다. 그 시스템은 루손 해협과 류큐 열도가 형성하는 해협처럼 핵심 해상 항로에 있는 고정형 수중배열 시스템, 위성 정찰과 공중 정찰, 그리고 비지니아급 공격 잠수함, 구축함, 연안전투함과 같은 해군함을 통합하는 것을 포함하고 있다.[29]

중국은 이러한 센서들로 구성된 방어막 이외에, 강철 구조와 미사일을 주시하고 있다. 미 해군의 재균형은 2012년 오바마 행정부가 동아시아로의 회귀를 천명하기 전부터 시작되었다. 2001년에 이미 제15잠수함전대가 괌에서 재가동되었다. 2004년에는 세 번째 잠수함이 기존 핵공격 잠수함 2척과 연합했다. 요코스카에 소속되어 있는 제15구축함전대 역시 확장되었다. 전대는 2001년에 대형 수상전투 함정 4척을 포함했지만, 지금은 알레이버크급 구축함 7척과 타이콘데로가급 순양함 2척을 보유하고 있다. 2005년에 미국은 미해군 워싱턴호의 모항을 요코스카로 설정하기로 했다. 이는 최초의 핵추진 항공모함으로 영구적으로 해외에 기반을 두는 것이다. 그 항공모함은 2008년에 도착했다. 한편 기뢰대항전함 3척의 모항을 사세보로 설정하고 새로운 ACU-5 상륙용 주정 6척이 도착했다. 연안전투함은 싱가포르에 배치되었다. 모두 합해 미국은 주로 구축함 34척, 핵공격 잠수함 17척, 항공모함 2척을 그 지역에 두고 있다. 앞으로 몇 년 후, 그 능력은 생존가능성이 더 높은 차세대 장거리대함미사일LARSM, 새로운 삼중 목표물 제거 가능한 초음속 공대공 미사일로 강화될 것이다.

〈인민일보〉는 "LARSM은 GPS 안내가 방해될 때 중국과 같은 경쟁국과 교전하기 위한 것이다"라고 기술했다. "그것은 놀라울 정도의 범위, 정확성, 어떤 전투 환경에서도 치명적인 공격을 수행할 수 있다. 이를 통해 전하는 의사표시는 명확하다. 위대한 미국 함대를 위협하지 말라는 것이다. 지금 중국 해군이 미국 해군을 따라잡는 데 추가로 수년의 시간이 필요하다는 의미다."[30]

일본의 함대는 현대화되었을 뿐만 아니라 확장되고 있다.[31] 일본은 대형 헬기항공모함 4척을 구입했는데, 이는 1990년대에 만든 것보다 훨씬 크다. 재래식 공격 잠수함의 수는 17척에서 22척으로 늘어날 예정이다. 또한 일본은 구축함대를 적어도 신규 방공구축함 2척으로 확장할 것이다.

중국 전문가들은 분쟁 열도를 지키는 새로운 능력을 확인했다. 어느 기사에서 "오키나와의 후텐마 기지에서 이륙하는 MV-22는 댜오위댜오 열도까지 도달하는 데 불과 60분이면 충분하고, 미야코지마에서 이륙하면 30분이면 충분하다"라고 밝혔다. "오키나와에서 이륙하는 글로벌 호크는 댜오위댜오 열도 위를 30시간 이상 비행하고 중국 본토의 해안 지대까지 거의 모든 것을 감지할 수 있다. 그래서 일본이 글로벌 호크 무인 항공기를 3대 이상 수입하면, 이는 댜오위댜오 열도 위를 연속적으로 감시할 수 있다는 의미다."[32] 두원룽Du Wenlong 군사 문제 논평가는 일본이 출항부터 해상 항로를 거쳐 태평양에 이르기까지 중국을 방해할 수 있는 '일련의 지상배치 대함 미사일'에 투자하고 있다고 덧붙였다.

게다가 중국은 우주에서도 새로운 개발을 진행했다. 국방대학의 한 교수는 "우주는 공해전 전투 전략Air-Sea Battle strategy으로 통합된다"라고 밝혔다.³³ 2001년에 국가정찰국(미국 국방부 소속의 정찰 담당 기관으로 영상 정보 수집이라는 업무를 수행한다-옮긴이)은 해군 정찰과 신호정보 수집을 위해 위성 5대를 발사했다. 2001년과 2013년 사이에 전자정보, 레이더 영상, 광학 영상, 광학 정찰을 위해 적어도 다른 위성 25대를 궤도에 올렸다. 냉전 기간 동안 해군의 우주 기반 레이더는 전함을 추적하고 방공 시스템을 탐지하기 위해 이용되었다. 2011년과 2012년에 국가정찰국은 기록적으로 매년 4대를 발사했다. 2013년 미 국방부는 이렇게 말했다. "우리는 잠재적 적군이 보유한 우주 능력에 대응하기 위해 대안을 모색 중이다."³⁴ 국방부는 우주에서 아주 작은 물체를 탐지하고 추적하는 능력을 향상시키는 몇 가지 프로그램을 개발하고 있다.

또한 중국의 관심을 끄는 것은 글로벌 신속타격 프로그램이다. 미국은 해외 기지와 영공에 의존하는 정도를 줄이기 위해 잠수함에서 발사할 수 있는 새로운 중거리 전술 탄도 미사일과 극초음속 공격 미사일을 개발 중이다.³⁵ 중국 전문가들은 다시 사용할 수 있는 무인 우주선인 X-37에 지대한 관심을 보였다. "그것은 정찰과 감시 업무를 수행할 수 있고, 적군의 위성을 피해 미사일, 레이저, 다른 첨단 무기를 장착할 수 있어, 적군의 지상 표적을 공격할 수도 있다."³⁶ 한 연구자는 미국이 공해전 전투를 실현시키기 위해, 우주군에 전력을 다해야 한다고 덧붙였다.[37] 중국 언론 매체와 전문가들 역시 최근 2014년 3월에 발간된 4년 주기 국방검토보고서에 많은 관심을 쏟으며, '우주 통제'를 강조했다.[38]

중국의 대응책

중국은 일본해부터 그레이트오스트레일리아 만까지 강철 구조, 센서, 미사일로 이루어진 위협적인 방어막으로 무장한 채 지속적으로 경계하고 있다. 중국 전문가들은 중국이 서태평양에서 억지체제를 갖추어야 해안을 방어하고 잃어버린 영토를 회복할 기회를 찾으며, 경제의 심장부를 보호할 안보를 구축할 수 있다는 데 동의한다.

랴오닝 항공모함의 첫 번째 정치위원인 메이웬Mei Wen은 이렇게 선포했다. "제1도련선이든 제2도련선이든, 우리 해군의 발전이 도련선에 얽매여서는 안 된다. 그것을 지표로 삼아 원거리 해양까지 전진해야 한다."[39] 해군학술 연구소의 한 전문가는 '도련선을 뚫고 나아가는' 노력을 과대 선전하는 것은 냉전식 사고를 증명하는 것이고, 그 과대 선전이 '중국군의 단호한 결의를 흔들어 놓아서는 안 된다'고 덧붙였다.[40] 중국 현대국제관계 연구원에서 활동하는 연구자 중 한 명인 런웨이둥Ren Weidong은 "우리는 안보 공간이 필요하다. 이것은 거대 강대국들에게는 일반적인 법칙이나 다름없다"라고 기술했다. "아시아 – 태평양 지역에서 새로운 균형 상태를 구축하기 위해 영해와 서태평양에서 우리의 군사적 입지를 강화해야 한다. 중국은 패권을 추구하지 않지만, 중국의 적이 승리하지 않도록 어느 정도 군사적 우위를 유지해야 한다."[41] 해군학술 연구소의 연구원 차오웨이둥Cao Weidong은 서태평양에 중국의 군사적 진출을 증가시키는 것은 심층적인 전략을 구사하는 데 중대하다고 말했다. "오늘날의 전쟁 환경에서는 해안에 있는 소형·중형 선박만으로는 적극적인 방어를 하는 것이 불가능하다."[42]

또한 전문가들은 중국의 해안 방어 수준을 강화할 필요성을 언급했다.[43] 한 장교는 "이를 테면 남중국해에 대한 영유권을 유지하기 위해 우리는 하이난과 다른 큰 섬들에 해군과 공군 설비를 개발해야 한다"라고 말했다. "그러나 경계선이 명확하지 않아 그러한 시설은 대양을 정찰하는 데 취약한 편이다. 그러한 위협을 줄이기 위해, 우리는 연안 방어 능력을 강화시켜야 한다."[44] 이러한 주장들은 원양 해군이나 대양 해군을 창설하기 위해 종종 마오쩌둥부터 후진타오까지 전임자들이 공개적으로 지지한 것을 인용하는 방식으로 언급되었다.[45]

그렇다면 실제로 이것은 무엇을 의미할까? 단 하나의 전략만이 존재한다는 것은 명확하지 않을 뿐만 아니라 그럴 가능성도 없다. 그러나 몇 가지 정책 방향이 차별화될 수 있다. 첫 번째로 중국은 분명한 레드라인을 설정해 지속적으로 영해 분쟁에서 자국의 단호한 결의를 보여주고 있다. 차세대 지도자들은 주변국이 일방적으로 영토의 현상 유지 상태를 변화시킨다면 중국이 이를 참지 않을 것이라고 분명히 밝혔다.

두 번째로 경찰부대에 더 많은 선박과 항공기를 배치함으로써 단계적으로 감독을 강화하기 위해 다양한 대안을 마련하고, 2012년에 설립한 중앙해양권익영도소조와 최근 설립한 국가안전위원회에서 의사 결정을 중앙집권화하고 있다. 2013년에 경찰부대의 임무 중 많은 부분이 새로이 설립된 해안경비대로 중앙집권화되었다. 해안경비대는 1만 6천 명의 참모 장교들이 있고 호위함보다 톤수가 더 큰 수십 척의 대형 정찰 선박을 인계받았다. 오래 지나지 않아 이 선박들은 분쟁 수역에 배치되었다.

세 번째로 중국은 회담, 군사 교류에 참여하고 인접 해역과 연성 안보 이슈에 관해 더 많은 협력을 제안함으로써 저항을 완화시키려고 계속 노력할 것이다.

네 번째로 중국은 동남아시아 국가들 간의 다양한 이해관계를 이용하고, 끊임없이 일본의 군국주의가 아시아에 가하는 위협을 싱기시키고 있다. 또한 러시아를 자기 편으로 유지하고, 미국을 믿을 수 없는 이기적인 패권국으로 그려냄으로써 저항을 분할하려는 경향을 지속적으로 보이고 있다. 그러나 주요 목표는 군사 균형을 바꾸고 서태평양에서 미국의 우위에 도전하는 것이다.

이는 무엇보다 먼저 중국이 서태평양에 영구적인 군사적 입지를 구축한다는 것을 뜻한다.[46] 시진핑 주석은 버락 오바마 대통령과 개인적으로 만나는 자리에서 태평양을 지배하는 미국의 시기는 끝을 향해 가고 있다고 분명히 밝혔다. "거대한 태평양은 중국과 미국, 두 국가에게 충분한 공간이다."[47] 군 장교들은 이러한 측면에서 서태평양에서 해군의 정상화와 공군의 진출에 대해 인급했다. 겅옌성 Geng Yansheng은 "이는 국제법과 완벽하게 부합한다"고 주장했다. "중국은 항해와 영공 비행의 자유를 누린다."[48] 2008년 〈국방백서〉는 '통합된 연안 작전 능력을 다방면에서 개선'하려는 해군의 야심을 강조했다. 이는 2013년 〈국방백서〉에서 재확인되었다.

중국 해군은 대양에서 기동부대 진형의 훈련 방식을 개선할 것이다. 중국은 새로운 유형의 구축함, 호위함, 대양 보급함, 해상 헬리콥터로 구성된 연합 기동부대를 토대로 한 다양한 훈련 진형을 구성한다. 복잡한 전투 환경에서 임무에 대한 연구와 훈련을 늘리고, 원격 조기경보 훈련을 강조하며, 포괄적인 통제, 공해상 요격, 장거리 습격, 대잠수함전, 원양에서의 선박 보호를 강조한다. 중국 해군은 방공, 대잠수함, 기뢰 방지, 테러 방지, 해적 방지, 해안 방어, 섬과 산호초 파괴 습격을 대비한 실전 대응 훈련을 수행하기 위해 관련 해안 병력을 조직한다. 2007년 이래 중국 해군은 총 20차례 서태평양 원양 훈련에 나섰으며, 90여 척 이상의 함선이 훈련에 참여했다. 서태평양 원양 훈련을 통해 외국의 근접 정찰행위와 불법 간섭에 효과적인 방법으로 대응하는 데 주력하고 있다.

이러한 우선 과제들은 새로운 것은 없지만, 과거에 비해 훨씬 강조되고 있다.

대양 해군의 발전이 상업적 생명선 보호를 목표로 하는 중상주의자나 알프레드 세이어 마한Alfred Thayer Mahan(미국의 해군제독을 역임한 전략지정학자이자 전쟁사학자 - 옮긴이)의 해양 전략인지, 아니면 서태평양에서 적군을 쫓아내려는 억지 전략인지에 관해서는 의견이 분분하다. 아마도 두 가지 모두 결합되어 있겠지만, 핵심은 대양 해군 억지 능력을 통해 연안을 방어하는 것일 듯하다.

첫 번째로 중국은 서태평양에서 더욱 빈번하게 대규모 작전을 준비하고 있다. 2013년 11월에 있었던 이른바 기동V훈련Mobile V Exercise은 멀리 떨어진 곳에서 3군으로 싸우는 즉흥적인 해군 전투 시뮬레이션으로, 다양한 함대를 배치하는 첫 무대였다.[49]

두 번째로 연안 방어는 중요한 신식 무기 시스템을 배치하는 데 주된 명분이 된다. 주요 수상 전투 함정과 핵공격 잠수함이 측면에 배치된 현대 항공모함 전투단은 원정 능력을 만들어낼 뿐만 아니라 다른 대형 함대들을 억지하는 역할을 한다.[50] 중국은 적어도 항공모함 4척을 배치하려고 계획하고 있다. 차세대 항공모함은 랴오닝 항공모함보다 규모가 클 것이 확실하고 평갑판을 갖출 것으로 예상된다. 그리고 전자기식 사출기가 장착되어 선박의 에너지 효율성과 항공기의 수명에 긍정적인 영향을 미치고, 완전히 새롭게 개선된 지휘 통제 시스템을 갖출 것이다.[51]

중국은 J-15 다목적 전투기를 계속 개발 중이고, 항공모함에서 운영할 전투용 무인항공기인 리젠Lijian 개발에 착수했다. 항공모함 공급을 조사한 결과, 중국 전문가들은 그것이 대형일 것이라고 보고 있다. 항공모함들은 대형 호위함대에 배치되어 오랫동안 원양에서 운항될 것이다.[52] 따라서 무엇보다도 그 호위함대는 새로운 핵공격 잠수함으로 구성될 것이다.

2009년 이후로 운항중인 T-093 잠수함은 대체로 미국과 일본 해군에게 상대가 안 되는 것으로 보고 있다. 그래서 음향적 특징을 줄이고, 소나, 정밀 유도 조종 어뢰, 다른 어뢰를 막는 데 이용할 수 있는 어뢰 등을 시험하기 위해 몇 척만 만들어 사용했다.[53] 조사에 따르면 차세대 핵공격 잠수함 T-095에 거는 기대가 높다. 그 잠수함은 지휘 통제 면에서 더욱 빠르고 강력하다. 보고서에 따르면 중국은 조용한 자기 유체 추진, 어뢰 방어, 소음을 줄인 선체와 관련된 다양한 연구 프로그램에 투자했다. 또한 호위함대는 차세대 미사일 장착 구축함 T-052D를 포함할 것이며, 이 구축함은 더욱 진보된 센서와 미사일이 특징이다. 2013년에만 이렇게 새로운 구축함 4척을 취역시켰다. 새로운 순양함에 대한 프로그램으로 보이는 사진들이 공개되기도 했다.

한편 중국은 인접 해역에서 방어를 계속 강화할 예정이다. 아마도 무리 짓기 전략을 추구하는 것으로 보인다. 그 전략은 범위가 제한된 주로 작은 플랫폼을 다량으로 건설하는 것으로, 이 때문에 고가의 플랫폼들이 중국의 인접 해역으로 들어가는 것은 위험하다. 이 전략은 센서들로 구성된 촘촘한 네트워크로 시작한다. 중국은 전통적으로 이동형 해상 기반 레이더를 많이 배치했으나, Y-8를 기반으로 한 새로운 해상초계기와 대잠항공기를 시험하기 시작했다. 이러한 비행기들은 아마도 운영 범위가 1,500킬로미터일 것이다.

게다가 중국은 해저 센터들로 구성된 네트워크를 건설하고 있다. 중국 해군이 일회용 수중 음파탐지기 부표를 실험했다고 전해진다. 학술지는 해저 음파탐지기 네트워크에 대한 많은 연구를 보여주고, 〈신화통신〉은 2013년 초에 그에 관한 장문의 기사를 실었다.[54] 음향 모니터링 센터 3개가 다른 수중 광섬유 탐지 네트워크에 연결되는 것으로 보인다.[55] 그 모든 것은 확장되는 함대를 지원해야 하는데, 함대는 T-022 미사일함 50대 이상과 적어도 19대는 2014년 초에 출시된 새로운 T-056 콜베트함, 현대 재래식 잠수함 수십대로 구성되어 있다. 오래된 전투기들은 4세대 J-10과 개량된 J-15로 급속도로 대체되고 있는데, 이 새로운 전투기들은 강력한 대함미사일을 장착할 수 있다.

또한 중국은 지구와 우주 사이에 있는 인터페이스, 즉 근공간(또는 linjin kongjian)이라 불리는 것을 시험하려 하고 있다.[56] 2006~2014년에 중국은 적어도 19대의 원격탐사위성이나 위성조합을 발사했다. 〈우주항행 저널Journal of Astronautics〉과 같은 권위 있는 평론에 실린 기사 요약본을 보면 연구의 범위가 방대하다는 것을 알 수 있다. 중국은 해군 국경을 모니터하고 미사일을 추적하기 위해 더욱 진보된 광학, 레이더, 전자 정보 위성에 주력하고 있다.[57] "해양 감시 위성은 중대하다. …… 최근 발생한 전쟁에서, 대형 수상 전투 함정의 장거리 정밀타격 무기는 더욱 결정적인 역할을 하고, 그 무기들을 다루기 위해서는 우리 해군의 원격탐지 능력을 개선해야 한다."[58] 그래서 중국은 그러한 플랫폼들의 기동성maneuverability과 생존성survivability에 투자하고 있다.[59] 궤도에 실험적인 기동형 위성maneuverable satellite을 올려놓은 것으로 알려져 있는데, 그것은 공격을 피할 뿐만 아니라 다른 위성을 공격할 수 있어야 한다.

미국과 러시아의 사례를 따라가면서, 중국은 위성에 대항하기 위해 사용할 수 있는 미사일과 레이저를 획득했다. 2014년에 중국은 극초음속 활공비행체인 WU-14를 시험한 세 번째 국가가 되었다. 이는 아주 빠른 기동형 탄두로 더욱 강력한 위협이 될 수 있고, 멀리 숨어 있는 항공모함의 방어를 뚫을 수 있다.[60] 또한 미국을 뒤따라 자국의 무인 우주항공기 신룽Shenlong을 시험하고 있다.[61]

연안 지역의 균형자들

중국과 미국 앞에 또 다른 무기 경쟁이 예고되어 있고, 그 경쟁은 주로 서태평양, 우주, 사이버 공간에서 나타날 것이다. 적어도 경제 자원이 풍부하게 유지되는 한, 승리 없이 주고받는 방식의 군 대응은 끝이 나지 않을 것처럼 보인다. 이것은 양극화 구조로 이어져, 중국은 미국의 주도하에 연안 지역의 균형자들로 구성된 위대한 동맹과 직면할 것이다. 일본을 비롯해 필리핀, 오스트레일리아, 베트남, 인도 역시 그 동맹에 포함되어 있을 것이다. 이 국가들의 공통점은 갈등이라는 유산, 즉 중국과 영토 분쟁을 벌이고 있다는 점과, 위협이 될 정도로 충분히 강하다는 점이다. 이는 중국이 일방적으로 영토의 현상 유지를 바꾸거나 이익을 실현하기 위해 무력을 사용하는 것을 억제할 것이다. 다시 말해 기본적인 안보가 보장되고, 신뢰 구축, 오판을 피할 수 있는 수단, 경제 관계를 지속하기 위한 길을 마련해줄 수 있는 것이다.

기본적인 안보는 보장될 수 있겠지만, 양극화된 지역 질서로 인해 여전히 지역 강국들은 중국에 저항하는 것과 중국의 그늘 밑에서 사는 법을 배우는 것 사이에서 선택해야 한다. 여기서 그늘이란, 지위를 상실시키고 중요한 이익을 보호하고 양자 간 교류에서 유리한 조건을 획득하는 데 더욱 큰 어려움이 따른다는 것을 의미한다. 따라서 결국은 위신, 권력, 번영에 대한 문제가 되는 셈이다. 또다른 강대국의 그늘 밑에서 살아야 할 가능성이 있다고 해서 이것이 싸울 이유가 되어서는 안 된다. 그 때문에 권력이 쇠퇴하는 전조가 되지 않는 한은 말이다. 적어도 10년 정도는 미국을 기준으로 결성된 위대한 동맹이 그런 일을 방지할 수 있겠지만, 그러한 진형을 구축하는 것이 어려울 수 있다.

아시아 강국들은 미국과 운명을 같이 하기를 망설이고 있다. 사실 미국 정부는 전략적 파트너로서 제 역할을 재차 확인하기 위해 부단히 애를 썼다. 미국에 대한 일본의 인식 역시 개선되었다. 베트남과 한국이 미국을 바라보는 인식 역시 개선되었다. 그렇지만 미국에 대한 인도의 인식은 부정적인 편이다. 여론 조사에 따르면 인도 국민들의 소수만이 미국에 대해 긍정적이다.

인식보다 더욱 중요한 것이 미국에 대한 지나친 의존으로 인한 두려움이다. 인도 정부는 전략적 파트너십을 다양화하고 고유한 군사 현대화를 추진하려는 명확한 정책이 있다. 미국의 지원을 받는 것은 좋지만, 너무 가까워지는 것은 꺼려한다. 베트남의 경우도 마찬가지다. 국내 정치적인 이유와 전략적 계산을 토대로, 베트남은 미국과의 파트너십과 러시아와의 더욱 긴밀한 협력 관계 사이에서 계속 균형을 유지하고 있다. 일본은 자국의 능력을 정상화시키면서 미국 정부와 한층 성숙한 군사적 연대를 보완하고 환태평양 안보 연대의 균형을 다시 재정립하고자 했다. 일본의 군 정상화가 일본의 제국주의 역사 측면에서 이미 민감한 사안이라면, 일본 군대의 최종적인 핵무기화는 더더욱 민감할 수밖에 없다.[62]

그런데 아시아 강국들이 미국에 지나치게 의존하고 싶지 않다면, 그들 사이의 관계를 강화하면 되지 않을까? 미국과의 양자 간 파트너십과 강력한 아시아 파트너십을 연결하면 더욱 강력한 동맹이 이루어질 것이다. 예를 들어, 오스트레일리아와 일본을 생각해보자. 2013년 이후 오스트레일리아의 호위함은 요코스카를 모항으로 설정해 미국 해군 선박 옆에 자리 잡고 있다. 인도와 베트남을 살펴보자. 2013년 이후로 인도는 베트남 잠수함 군인들을 훈련시키고 있다. 다른 예로 일본은 남중국해를 정찰하는 필리핀 정부의 능력을 강화하기 위해, 2014년 필리핀에 초계정 2척을 인계했다. 이러한 시너지는 분명 중요하지만, 미국과의 불평등한 파트너십에서 나오는 우려를 상쇄하기에는 그다지 충분하지 않다.

따라서 이러한 상황에서 신중하게 조율하고 협력하는 방식으로 중국에 대항해 균형을 정립하는 대동맹을 결성하는 일은 어려울 것이다. 이는 민족주의 때문에 복잡해질 수 있다. 물론 민족주의는 다양한 형태로 나타나지만, 세 가지 공통적인 특징이 있다.

첫 번째로 1950년대 미국이 소련에 맞서 대서양 연안 국가들 간의 동맹을 진두지휘했을 당시의 유럽처럼, 아시아 국가들 다수가 극심한 어려움에 처해 있지 않다. 아시아 국가들 대부분은 젊고, 활동적일 뿐만 아니라 지위에 연연해 하며 자국의 이익을 증대시키려는 야심이 있다.

두 번째로 민족주의는 국내나 국제적인 불확실성으로 강화된다. 그것이 바로 일본의 아베 신조, 한국의 박근혜, 인도의 나렌드라 모디가 당선된 이유다.

세 번째로 앞의 장들에서 살펴보았듯이, 아시아의 새로운 민족주의는 점차 중국을 혐오하는 방향으로 흐르고 있다. 아베와 모디는 국가의 부흥을 위한 프로그램, 산업 발전, 군사 현대화를 위해 중국의 부상을 언급했다. 베트남 정부는 대중 매체가 남중국해에서 중국과 발생한 마찰을 보도하도록 장려하고, 심지어 분쟁 지역인 파라셀 열도를 둘러싼 중국과의 역사적인 전투를 기념하기 시작했다. 게다가 이러한 중국 혐오 민족주의는 일반대중에게서 나온다. 교과

서와 정치적인 선전에서 비롯되었는지와는 상관없이, 아시아 전역에서 중국에 항의하는 학생운동이 일어나고 있다. 이는 흥미진진한 새로운 현상으로, 타이완의 해바라기 시위가 그 한 예다.

결국 앞에서 언급했던 의견으로 다시 돌아갈 수밖에 없다. 아시아에 등장하는 새로운 민족주의는 부분적으로 사회적·경제적인 문제가 증가하면서 나타나는 현상이며, 그러한 문제는 심화될 것이라는 의견 말이다. 따라서 더욱 위험한 대립을 피하려면 서로 양보해야 하지만, 정치인들은 그렇게 하지 않을 것으로 보인다.

근본적인 딜레마는 중국의 위대한 열망과 주변국의 기대 사이에 있다. 중국의 경제가 부상함에 따라 중국은 불편한 지점에 들어섰고, 다른 국가들은 중국의 군사력에 대해 심각하게 우려하기 시작했다. 그러나 중국은 군사적 영향력을 획득하기 위해 훨씬 많은 노력을 해야 한다고 생각한다. 그 때문에 두 번째 딜레마가 발생한다. 주로 안보 딜레마고 영토 딜레마다. 특히 이와 관련해 우려되는 점이 바로 이것이다. 영토적 상황이 변하지 않을지라도 실제 현실, 즉 전함의 진출, 석유 회사의 활동, 영유권 주장을 강화하기 위한 해안 경비대의 역할이 변하고, 분쟁이 일어날 가능성이 좀 더 높아질 수 있다는 것이다. 분쟁들 때문에 정치인들은 완강한 태도를 유지하도록 압력을 받고 있고, 따라서 통제 불능 상태로 빠질 위험이 크다.

chapter 9

또 다른 강대국의 비극

China

중국은 자국의 부상을 패러다임의 전환이라고 표현했다. 힘의 균형이 아니라 국제 정치의 원칙이 변했다는 것이다. 이 책은 중국의 부상이 패러다임의 전환이 아니라고 설명했다. 적어도 과거에 강대국들이 부상하면서 발생했던 초조하고 맹렬한 긴장 상태를 압도할 정도는 아니다.

그렇다고 아시아에 대한 중국의 정책이 변하고 더욱 정교해졌으며, 중국이 융통성 있는 모습을 보여주었다는 일반적인 의견과 인상에 반박하는 것은 아니다. 우리는 인민공화국이 선포된 이후 시진핑이 차이나드림을 천명하기까지, 오랜 시간 불확실성에 시달린 주변국들이 지정학적 압박으로 변하지 않도록 중국이 어떻게 정책들을 성공적으로 발굴했는지 확실히 파악할 수 있었다.

문화혁명 이후 발생한 변화, 즉 1972년 헨리 키신저와 저우언라이 총리가 조심스럽게 고안해낸 외교적 혁명과, 주변국과 관계를 정상화시키기 위한 중국 정부의 능숙한 태도는 놀라웠다. 우리는 덩샤오핑이 무역 특혜를 제공하고, 홍콩을 경유해 한국과의 무역을 신중하게 재개하며, 동중국해에서 일본에게 에너지 공동개발을 제안하고, 베트남에게 신사협정을 제시하며, 인도와 국경 회담을 시작한 것을 볼 수 있었다. 또한 비록 타이완이 경제적 주체로서 회원국 지위를 유지할 수 있다는 것을 암시했지만, 다자기구들을 면밀히 검토하는 것을 살펴보았다.

정책의 변화, 그리고

장쩌민과 후진타오의 리더십하에 중국의 외교 공세는 한층 탄력을 받았다. 중국은 더 많은 지역기구에 가입했을 뿐만 아니라 더욱 적극적으로 의제를 형성했으며, 자국의 지역 계획을 세웠다. 중국은 잇따라 투자 협약을 체결했고 첫 번째 자유무역체제를 가조인했다. 그리고 아시아의 금융위기를, 신뢰를 구축하고 위신을 향상시키는 기회로 능수능란하게 탈바꿈시켰다. 몇몇 국가들과 국경 분쟁을 해결했고 대부분의 주변국들과 군사 교류를 시작했다. 아시아에 대한 중국의 외교는 엄격한 국가주도체제에서 탈피해 많은 이해관계자들이 고안한 놀라운 여러 계획들로 이루어졌다. 그 이해관계자들은 국가와 당은 물론이고 군대, 지방, 도시, 기업, 싱크 탱크 등 다양했다.

중국은 강경한 태도와 해안에서 고조되는 긴장 때문에 더욱 자주 비난받을 때조차, 주변국의 우려를 완화시키려고 노력했다. 근본적인 진척은 거의 없었지만 대화는 끊이지 않았다. 동남아시아 국가들과 새로운 실무그룹들을 수립해, 남중국해에 관한 행동수칙 선언에 대한 후속조치를 마련하고, 우호협력조약을 체결했다. 중국은 일본과 동중국해의 개발에 대해 협상하고, 인도와는 국경에 대한 협상을 촉진하는 로드맵에 가조인했다.

그래서 공식 대화가 전개되었다. 분명 중국 지도자들은 처음부터 중국이 아시아의 지리학적 중심에 있는 국가로서 부흥하는 데 불리한 점을 알고 있었다. 그래서 마오쩌둥이 패권주의 길에서 벗어날 것을 약속했다는 사실도 알았다. 덩샤오핑보다 이를 분명하게 표현한 지도자는 없었다. 덩샤오핑은 어느 날 중국이 입장을 바꾸어 초강대국이 되고 다른 국가들을 괴롭히며, 공격하고 착취하게 되면, 세상 사람들이 중국을 전복시킬 것이라고 말했다. 그래서 평화로운 부상이라는 약속이 탄생했던 것이다. 1950년대에 평화로운 공존의 제5원칙이라는 모습으로 세상을 안심시켰다. 그리고 영유권과 불간섭을 강조했다.

이러한 주장은 1970년대부터 1990년대까지 먼저 투자시장으로서 중국의 역할을 강조하다 이후 상호 이익이 되는 분업의 가능성을 강조함으로써, 경제적 혜택을 미화하는 방식으로 보완했다. 나중에는 경제를 안정시키는 국가, 새로운 소비시장의 등장, 대규모 투자자로서 중국이 성장해야 할 중요성을 강조했다. 중국 정부는 1995년 새로운 안보 개념을 도입하면서 공통의 안보 문제를 해결하기 위해 군사 자제와 주변국과의 협력을 약속했다. 평화로운 부상의 정책으로 방법은 다르지만 사실상 똑같은 약속을 했던 것이다.

중국의 정책이 변했고 대화도 변했으니, 정신 역시 변했다는 과감한 결론을 내리고자 한다. 물론 주변국과의 관계에서 중국 참여자들이 협력, 무역 개방, 평화라는 규범에 얼마나 깊이 사회화되었는지 가늠하는 것은 아주 어려운 일이다. 또한 정확한 평가를 내리는 것은 이 책의 범위를 넘어서는 일이기도 하다. 그렇지만 오늘날 많은 중국 사람들이 국공 내전과 혁명적 단계를 경험한 세대와는 국제 정치를 다르게 생각한다는 것은 분명한 사실이다. 투쟁은 더 이상 지배할 수 없다. 동시대 중국을 나타내는 것은 투쟁과 협력적인 기회가 결합된 모습이다.

아시아 현안을 담당하는 중국 관료들, 전문가들과 개인적으로 이야기를 나눈 경험에 따르면, 그들은 평화적으로 부상하는 것이 진실로 중국이 부유하고 안정적인 국가가 되는 유일한 기회라고 믿는 것 같다. 그렇다고 그들이 자국의 이익을 증진시키는 의무를 저버린 것은 아니다. 그들의 시각에서 볼 때 자국의 이익은 아시아 전체의 이익과 더욱 긴밀하게 결부되어 있다는 것을 의미한다.

물론 의문의 여지는 남아 있다. 외교관들은 꾸준히 관계를 유지해야 하고, 많은 중국 전문가들은 평화라는 공식적인 메시지를 전달할 것이라고 기대되기 때문이다. 따라서 이 사람들이 좋은 사람들일 수 있지만, 그들 뒤에는 복잡한 주변국들과 친숙해질 기회가 많지 않은데다 안정을 위해 희생하는 데 관심이 많지 않은 의사 결정자들로 구성된 대규모 집단이 있다. 그래서 세계주의적인 사고방식을 지닌 작은 집단에서 시작된 사회화가 중국 사회 전역에 스며들려면 아직도 조금씩 확산될 필요가 있다. 다시 말하면 일부 세계주의적인 사고를 지닌 사람들은 사회화되었지만, 국가 자체가 그런 것은 아니라는 뜻이다. 중국 외교관들 역시 이를 정확하게 인식하고 있다. 한 관료가 이런 말을 했다. "정부는 대체로 아주 내향적인 편이며, 그동안 우리가 거둔 외교적 성공의 결과를 이제 막 이해하기 시작했을 뿐이다."[1]

그리고 정책의 관성

이제 이 책의 가장 중요한 주장에 이르렀다. 바로 모든 정책이 변했지만 정작 중국의 이해관계는 놀라울 정도로 변한 것이 거의 없다는 주장이다. 첫 번째 장에서 그 이익들을 네 가지 위대한 열망이라고 밝혔다. 바로 국경 지대의 통합, 당에 대한 사람들의 지지를 유지하는 것, 영유권을 인정받고 존중받는 것, 잃어버린 영토의 일부를 회복하는 것이다. 처음 세 가지 열망에 대한 주장은 그다지 단호하지 않았다. 중국이 그 세 가지 열망을 달성하는 데 대체로 성공했기 때문이다.

중국이 과거 수십 년 동안 국경 지대, 특히 티베트와 신장에 개입하려는 모든 시도에는 단호하게 제재를 가했다는 점은 분명한 사실이다. 정치적 방문은 취소되었고 투자 계획은 보류되었으며, 컨테이너에 담긴 식품이 중국 항구에서 썩어갔다. 해외에서 중국 공산당의 역할에 대해 의문을 제기할 때마다, 중국 관료들은 분노한 채 미팅을 떠나 몇 주, 몇 달, 그 이상 교류를 얼어붙게 만들었다.

그러나 중국은 외부에서 당의 인기를 뒷받침하는 경제적 발전에 대한 도전이 있을 때마다 적극적으로 대응했다. 오스트레일리아 광산 기업들은 중국이 압박했던 방식을 절대 잊지 않을 것이다. 동남아시아 국가들은 중국 관료들이 자유무역협정을 앞두고 자신들에게 했던 방식을 회상하며 무언의 감정에 빠질 수 있다. 중국은 외교적 인정과 영유권을 추구하면서, 다른 국가들이 타이완을 외면하도록 환심을 사고 압박하기 위해 전력을 다했다. 이는 마오쩌둥 주석이 당선된 이후 조금 둔화되었을 뿐이다. 그리고 그때는 이미 타이완 외교부의 메인 홀에 줄지어진 국기들이 70개에서 21개로 줄어든 뒤였다.

마지막 열망은 가장 어려운 것이다. 타이완, 중국해 열도, 경쟁이 치열한 중국-인도 국경 지역의 일부를 회복하는 것은 현재로서는 한낱 꿈으로 남아 있다. 그럼에도 중국은 계속 영토의 현상 유지를 바꾸려는 일방적인 시도에 인정사정없이 제재를 가한다. 저인망 어선을 가로막고 경쟁 해역에 전함을 보내며, 과장해서 말하면 외로운 필리핀 경비대를 굶주리게 하면서 좌초한 경비대 배가 남중국해의 염수에 천천히 파괴되도록 두고 있다.

이것은 탐욕일까? 이 네 가지 열망은 다른 아시아를 노예로 만들려는 냉담한 계획의 일부일까? 신고전 현실주의자가 생각하는 것처럼, 그 열망들은 공산당의 권위주의적 정치의 표출일까? 이 책은 이 세 가지 질문에 모두 아니라고 명확히 주장했다. 첫 번째 장에서는 이러한 열망의 상당수가 두 초강대국에게 오랫동안 괴롭힘 당하고, 협박에 굴욕적으로 시달린 결과라는 것을 보여주었다. 따라서 불안감이 어마어마했고, 불안감으로 인해 중국의 민족주의 또한 강화되었으며, 정부는 대담하게 끊임없이 권력을 추구하게 되었다.

게다가 1970년대 초에 발생한 외교 혁명과 소련의 붕괴, 20년간 비교적 평화로운 시기였음에도 불구하고, 이러한 불안감은 가라앉지 않았다. 공산당의 합법성을 본토의 재통일과 연계시켰던 중국은, 미국이 계속 타이완을 방어하고 일본과의 안보 유대를 강화하며, 남중국해에 적극적으로 개입하는 것을 목격했다. 40년간의 성장에도 불구하고 중국은 여전히 자국의 경제력, 취약한 중진국 대열에 속한 지위, 여전히 외국 기업들과 경쟁할 수 없는 자국의 많은 산업에 만족하지 못한다.

중국의 안보 열망은 다른 강대국들과의 상호 교류에서 비롯된 결과이며, 이 못지않게 중국의 경제 열망 또한 부유함에 대한 열등감과 번영이 있어야 안보도 구축될 수 있다는 역사의 명확한 교훈을 경험한 결과에서 비롯되었다. 중국의 열망을 부당하다고 생각할 수는 없다. 과거 선진국의 상당수가 그랬듯이 중국은 비민주적인 정치체제하에서 시골 사회에서 도시 사회로 전환 중이고, 부유한 나라를 꿈꾸고 초기 산업을 보호하기 위해 중상주의에 의존하고 있다. 그리고 중국의 영토 주장과 국제 해양법의 해석을 살펴봐도, 중국이 다른 국가들에 비해 옹호할 수 없는 주장들만 하고 있는 것은 아니다.

중국의 부상에서 나오는 딜레마들은 가치와 원칙의 문제가 아니다. 바로 힘의 문제다. 중국이 자국의 지위를 개선하려는 노력 못지않게, 자국의 지위를 방어하려는 다른 국가들의 노력 또한 딜레마를 유발했다. 이것이 이 책에서 발견한 또 다른 중요한 사실이다. 바로 위대한 일방으로 인한 영향 때문에 중국이 지역 질서를 바꾸려 하고, 아시아에서 가장 강력한 국가가 될 때까지 자국의 힘을 극대화하려 하며, 미국 주변의 궁극적인 동맹을 저지하려 한다는 것이다. 중국은 권력을 통해 안보를 추구하고 권력은 자국의 안보를 강화시킨다.

중국이 수정주의 국가인 점은 분명하다. 나는 다시 한 번 이 연구가 중국을 비난하는 내용이 아니라는 점을 말하고 싶다. 부상하는 수정주의 국가만큼 아시아 안보에 위협적인 것이 바로 미국처럼 우위와 특권을 고수하는 현상 유지 국가들이기 때문이다. 분열을 일으키는 것은 두 국가 사이의 안보 딜레마지, 중국이 아니라는 뜻이다.

따라서 우리가 중국의 정책에서 파악한 변화는 힘을 극대화하려는 목적을 더욱 정교화된 수단으로 추구한다는 것이다. 혁명적인 외교 정책과 오늘날의 대리석 바닥 위에서 이루어지는 외교의 목적은 본질적으로 같지만, 중국 수정주의에 기인한 최근 결과들이 분명 훨씬 더 효율적이다. 지난 20~30년 동안 타이완 미사일 위기를 어떻게 평가할지에 따라 다르지만, 중국은 줄곧 주변국들과의 무력 분쟁을 피했다.

인구 규모를 비교해봐도 중국은 경제적으로 거의 모든 주변국들을 능가했다. 중국은 아시아 상대국들과 무역 조건을 자국에 유리하게 재정립했고, 많은 국가들은 무역 적자를 기록했으며, 대체로 수출 기회를 원자재로 제한했다. 한편 기대했던 투자와 제조의 파급효과는 일어나지 않았다. 임금 상승에도 불구하고 중국은 계속 노동집약적인 수출에서 차지하는 비중을 강화했다. 또한 수산물, 광물을 거쳐 물까지 아시아의 풍부한 천연자원이 점차 중국으로 흘러들어갔다. 게다가 경제력 이동은 군사력 이동과 동시에 일어났다. 중국은 여전히 미국보다 한참 뒤처져 있지만, 중국군의 현대화는 어떤 주변국과 비교해도 놀라운 수준이다.

미래를 생각하며

평화로운 수정주의는 종종 수정주의의 가장 효과적인 형태라고 입증되었다. 손자가 권고한 대로 중국이 지금까지 해온 것이 바로 싸움 없이 아시아 패권 경쟁에서 이기는 것인 듯하다. 중국은 주변국들이 지정학적 구속 요인으로 변하는 최악의 사태를 막기 위해 한정된 만큼만 양보하고 자국에게 유리하게 아시아 국가들 간의 분열을 이용했다. 또한 경제적 기대를 강화하고, 거대한 신용대출을 제공했으며, 이 모든 것을 결합해 사용했다.

그래서 지금까지는 좋았다. 여기서 중요한 점은 그러한 성공은 중국의 능수능란한 외교 못지않게 그런 외교를 주변국들이 수용해주었기에 가능했다는 것이다. 1970년대부터 그랬고, 오늘날에도 마찬가지다. 중국의 주변국들은 상대하기에 힘들지만, 분열되어 있고 다극적인 질서를 유지하고 있다. 중국의 성장 때문에 아시아가 양극이나 단극 질서로 변한 것은 아니다. 더욱 작은 국가들은 여전히 경제적 관계를 다양화시킬 기회가 충분하고 미국의 안보 우산도 여전히 유효하다. 그렇지만 이제 변화의 조짐이 나타나고 있다. 주변 국가들은 점차 중국에 저항하는 것과 협력하는 것 사이에서 선택해야 하는 상황에 맞닥뜨리고 있다.

따라서 중국의 평화적 부상은 훨씬 더 어려워질 것이다. 우리가 앞에서 살펴본 것처럼 주된 어려움은 바로 주변국이 더 크게 경제적·정치적 양보를 원하기 시작했다는 점이다. 반면 중국 정부는 그런 양보를 지양하라는 국내 압력이 증가하고 있는데다 이미 충분히 양보를 했다고 생각한다. 중국 정부는 이러한 외부 요구들 중 상당수가 미국의 억제 정책 때문에 촉진되었다고 생각한다. 이 책에서는 이러한 긴장 관계를 고조시킬 몇몇 요소를 지적했다.

첫 번째로 경쟁이 치열한 영토와 바다는 더욱 복잡하게 변하고 종종 중국은 다른 국가들보다 더 빨리 그곳에서 자국의 활동을 강화한다. 그런 행위 때문에 불신이 한층 깊어질 뿐만 아니라 좀 더 심각한 분쟁들이 발생할 위험이 있다.

두 번째로 중국의 경제 모델은 불안정을 초래한다. 무역 전환과 산업 민족주의라는 중국의 정책에 대한 비판이 증가할 뿐 아니라, 다른 국가들이 불균형한 무역 관계에 더욱 실망하고 있다. 최근 몇 년 동안 중국 정부가 여전히 더 많은 신용을 제공함으로써 주변국을 달랠 수 있을 것처럼 보였지만, 그런 방법이 모든 곳에서 효과가 있는 것은 아니다. 중국에서 등장하고 있는 포괄적인 경제의 또 다른 결과로서, 주변국들은 자국의 제조 기반을 개발하거나 유지하는 것, 경상수지 적자를 제한하는 것, 원자재에 대한 의존도를 줄이는 것, 인플레이션을 억제하는 것, 공적 분야에 일자리를 창출하는 것에 방해받고 있다. 그 때문에 만족과 정치적 신뢰는 감소하고, 이어 정치인들은 더욱 민족주의 정책으로 대응하며 자주 중국을 혐오하는 민족주의에 의존한다. 때마침 중국에서는 경제적 성공을 지속시키는 것에 대한 자신감이 줄어들고 국가의 미래에 대한 국내의 우려가 증가하고 있다.

이 중차대한 시기에 아시아 전략이 전개될 두 가지 방향을 살펴볼 수 있다. 첫째, 중국이 고심 끝에 장애물을 타개하고 계속 주변국을 앞지른다면, 긴장 관계는 더욱 고조될 것이다. 특히 중국이 경제적 성공을 더 많이 공유하거나 영토 분쟁에서 양보하거나 군사 현대화를 늦출 준비를 하고 있다는 어떠한 증거도 없기 때문이다. 게다가 주변국이 심각하게 불안정하고 경제적으로 취약하며, 더군다나 그런 주변국들이 민족주의와 재균형에 의존하는 경향이 더욱 커지는 상황에서 중국의 부상이 일어날 것이기 때문이다.

나는 중국 정부가 고소득 국가로 이루어진 소수 대열에 합류하고 자국의 산업 경쟁력에 대해 더욱 자신감을 느낄 때, 뒷마당에 더욱 투자하리라고 기대한다. 그렇지만 그러기까지는 적어도 10년은 걸릴 것이다. 여기서 생기는 한 가지 중요한 의문이 인도와 일본 같은 큰 국가들이 여력이 될 때까지 자신들의 힘을 과시할지 여부다. 나는 그 나라들이 그렇게 할 것이라고 생각한다.

　확실히 인도는 어려운 상황에 빠져 있고 종종 목표를 완수하는 데 실패하고 있다. 인도는 계속 실패할지도 모르지만, 나렌드라 모디 총리의 리더십하에 더욱 확고한 레드라인이 그려질 것이다. 일본은 분명 동중국해의 영토 현상 유지 상태에서 발생하는 어떠한 변화도 참지 않을 것이다. 게다가 그러한 국가들은 싸울 수 있는 힘에 대해 전적인 확신이 필요하지도 않다. 그들은 점차 자국의 결의를 강화하고 민족주의를 장려하며 점차 대담해지면서 서서히 분쟁에 휘말리게 될지도 모른다.

　둘째, 중국이 어려움에 빠지면, 아시아를 위한 행동들이 정말로 사악하게 변모할 수 있다. 우선 경제적 어려움 때문에 중국 정부는 무역 기회를 빼앗고 자국 산업을 보호하며, 인접국을 아주 빈곤한 처지로 내몰 가능성이 있다. 또한 중국 지도자들이 강화된 민족주의로 대응하고 해외에 위력을 보여주면 더 큰 보상이 따라올 것이다. 그리고 중국의 둔화는 아시아에 더욱 큰 사회적·정치적 불안을 초래해 민족주의 역시 강화될 것이다.

　이는 특히 일본과 타이완의 경우 우려할 만한 일이다. 타이완 경제가 불확실성에 빠지는 것보다 더욱 위험한 일은 없을 것이다. 그렇게 되면 민주진보당이 다시 돌아오고, 중국 정부는 타이완을 신뢰할 수 없고 은혜도 모르는 국가라고 생각할 수 있기 때문이다.

이 책의 결론은 아시아가 강대국 정치의 또 다른 비극에 놓여 있지만, 중국만의 비극은 아니라는 점이다. 중국 지도자들은 자국이 폭풍우가 휘몰아치는 바다에 빨려 들어가고 있다는 것을 감지하고 있다. 차세대 정치인들이 등장한 이후, 중국 정부는 자국의 평화적인 업적을 확인시키고 더 많은 혜택을 약속하며, 더 많은 기회를 창출하는 새로운 개발 계획으로 아시아와 협력하기 위해 전력을 다했다. 그 정치인과 관료들 중 상당수가 진실로 아시아와의 관계가 최악으로 돌아서는 것은 곧 실패라고 여겼을 것이다. 또한 이것이 중국 부흥의 종말을 고하는 전조가 될 수 있다는 점도 잘 이해했을 것이다.

그러나 그것이 바로 강대국 비극의 본질이다. 즉, 이야기가 어떻게 끝나는지 알고 그 결말이 마음에 들지 않지만 좀처럼 바꾸기가 힘들다는 것이다. 아니면 훨씬 나쁜 경우도 있다. 노력해서 바꿀 수 있다고 생각하지만 결국 바꿀 수 없고, 타협에 대한 실패를 남 탓으로 돌리는 것이다.

Chapter 1 중국 딜레마에 빠진 아시아

1 Conversation on the sidelines of the Shangri-La Dialogue, Singapore, June 11, 2011.
2 Li, Keqiang, 2013. Time for Harvest and Sowing for Future. *China Daily*, September 5, 2013.
3 Zhu, Zhiqun, 2010. *China's New Diplomacy: Rationale, Strategies and Significance*. Aldershot: Ashgate, p. 217.
4 Johnston, Alistair Ian, 2010. *Social States: China in International Institutions, 1980–2008*. Princeton, NJ: Princeton University Press, p. xxvii. For a similar argument see: Goh, Evelyn, 2013. *The Struggle for Order*. Oxford: Oxford University Press.
5 Hongyuan, Yu, 2008. *Global Warming and China's Environmental Diplomacy*. New York: Nova Science Publishers.
6 Zha, Daojiong, 2010. Oiling the Wheels of Foreign Policy? Asia Security Initiative Paper, RSIS, Singapore, March 2010.
7 The most vocal proponent of this: Qin, Yaqing, 2011. Development of International Relations Theory in China. *International Relations of the Asia Pacific*, 11, 2, 231–57.
8 Zhang, Yunling and Tang Shiping, 2007. China's Regional Strategy. In David Shambaugh, ed., *Power Shift*. Berkeley, CA: California University Press, pp. 48–68.
9 Wang, Yizhou, 2006. 和平发展阶段的国家安全 [Peace and Different Stages of Developing National Security]. 世界知识 [*World Knowledge*], October 2006.
10 Rapkin, David P. and William R. Thompson, 2006. Will Economic Interdependence Encourage China's and India's

Peaceful Ascent? In Ashley J. Tellis and Michael Wills, eds., *Strategic Asia 2006–07: Trade, Interdependence, and Security*. Washington, DC: National Bureau of Asian Research, pp. 333–64.

11 Nathan, Andrew and Andrew Scobell, 2013. *China's Search for Security*. New York: Columbia University Press, p. 8. Similar argument in: Shambaugh, David, 2013. *The Partial Power: China Goes Global*. Oxford: Oxford University Press.
12 Shambaugh, David, 2013. *The Partial Power: China Goes Global*. Oxford: Oxford University Press, p. 9.
13 Friedberg, Aaron, 2011. *A Contest for Supremacy*. New York: W.W. Norton, p. 8.
14 Mearsheimer, John, 2010. The Gathering Storm: China's Challenge to US Power in Asia. *Chinese Journal of International Politics*, 3, 4, 381–96.

Chapter 2 변혁의 서곡

1 Fairbank, John K., 1983. *The United States and China*. Boston, MA: Harvard University Press, p. 359.
2 Lieberman, Henry, 1949. Army Dominates Communist China. *New York Times*, October 16.
3 Gluckstein, Gael, 1957. *Mao's China: Economic and Policy Survey*. London: George Allen and Unwin.
4 Heinzig, Dieter, 2004. *The Soviet Union and Communist China, 1945–1950*. New York: M.E. Sharpe, p. 101.
5 Lieberman, Henry, 1949. Population Shift Urged in Shanghai. *New York Times*, July 15.
6 Hu Feng quoted in: Hong, Zicheng, 2007. *A Century of Contemporary Chinese Literature*. Leiden: Brill, p. 75.
7 Quoted in: Qing, Simei, 2007. *From Allies to Enemies: Visions of Modernity, Identity, and U.S.–China Diplomacy, 1945–1960*. Boston, MA: Harvard University Press, p. 5.
8 Sulzberger, C.L., 1950. Vast Issues Face Peiping, Moscow. *New York Times*, January 13.

9 Baldwin, Hanson, 1949. Red Threat to Asia Gains. *New York Times*, December 18.

10 Callender, Harold, 1949. French Act to Dam the Chinese Red Tide at Indo-China Line, *New York Times*, December 11. Note: the UK recognized the PRC in January 1950.

11 Mao Zedong, 1965[1935]. On Tactics Against Japanese Imperialism. In *Selected Works of Mao Zedong*. Beijing: Foreign Language Press, vol. 1, p. 170.

12 For the Declaration, see: US Department of State, 1978. Straight Baselines: People's Republic of China. *International Boundary Study*, no. 43, July 31.

13 Mao, Zedong, 2000/1937. *On Guerrilla Warfare*. Champaign, IL: Illinois University Press, p. 89.

14 Doolin, Dennis and Robert Carver North, 1966. *The Chinese People's Republic*. Stanford, CA: Stanford University Press, p. 29.

15 Lukin, Alexander, 2003. *The Bear Watches the Dragon: Russia's Perceptions of China and the Evolution of Russian–Chinese Relations Since the Eighteenth Century*. New York: M.E. Sharpe, pp. 114–93.

16 Kramer, Mark, 1996. The USSR Foreign Ministry Appraisal of Sino–Soviet Relations on the Eve of the Split. In James Gordon Hershberg, ed., *The Cold War in Asia*. Washington, DC: Woodrow Wilson International Center for Scholars, pp. 171–2.

17 Ostermann, Christian, ed., 2008, *Bulletin: Inside China's Cold War*, Washington, DC: Woodrow Wilson International Center for Scholars, p. 245.

18 Cable for the preparation for a trade agreement with the USSR, December 22, 1949.

19 Heinzig, Dieter, *The Soviet Union and Communist China, 1945–1950*, pp. 51–107.

20 Bodde, Derk, 1950. *Peking Diary – A Year of Revolution*. New York: Henry Schuman, p. 24.

21 A very good discussion of the Chinese decision to intervene: Hao, Yufan and Zhai Zhihai, 1990. China's Decision to Enter the Korean War. *China Quarterly*, 121, 94–115.

22 Kennedy, Andrew, 2011. *The International Ambitions of Mao and Nehru*. Cambridge: Cambridge University Press, p. 86.
23 Quoted in: Xia, Yafeng, 2006. *Negotiating with the Enemy: U.S.–China Talks during the Cold War, 1949–1972*. Bloomington, IN: Indiana University Press, p. 295.
24 Tkacik, Jr., John, How the PLA Sees North Korea. In Andrew Scobell and Larry Wortzel, eds., 2006. *Shaping China's Security Environment: The Role of the People's Liberation Army*. Washington, DC: Strategic Studies Institute, p. 141.
25 William Stueck argues that Kim and Stalin had moved Mao into a position in which he could only decide to intervene. Shen Zhihua too puts much of the responsibility on Stalin. Stueck, William, 2002. *Rethinking the Korean War: A New Diplomatic and Strategic History*. Princeton, NJ: Princeton University Press; Zhihua Shen and Neil Silver (translator), 2013. *Mao, Stalin and the Korean War: Trilateral Communist Relations in the 1950s*. London: Routledge, pp. 2–9, 220. Hu Wanli even speaks of a Soviet plot to prevent Chinese influence in the Pacific. See: Hu, Wanli, 2008. *Mao's American Strategy and the Korean War*. Hamburg: VDM Verlag, p. 193.
26 The best discussion: Christensen, Thomas, 1996. *Useful Adversaries*. Princeton, NJ: Princeton University Press, pp. 100–94. Wei-Bin Zhang, 2003. *Taiwan's Modernization: Americanization and Modernizing Confucian Manifestations*. Singapore: World Scientific, p. 53; Wei, George, ed. 2012. *China–Taiwan Relations in a Global Context*. New York: Routledge.
27 Bevin, Alexander, 1992. *The Strange Connection: U.S. Intervention in China*. Westport, CT: Greenwood Press, pp. 91–121.
28 Moorsteen, Richard, 1971. *Remaking China Policy: U.S.–China Relations and Governmental Decision-making*. Santa Monica, CA: Rand Corporation, p. 91.
29 Mansourov, Alexandre, 1996. Stalin, Mao, Kim, and China's Decision to Enter the Korean War. In James Hershberg, ed. *The Cold War in Asia*. Washington, DC: Woodrow Wilson

Center for International Scholars, pp. 94–107; Osterman, Christian, ed., 2007. *Bulletin: Inside China's Cold War.* Washington, DC: Woodrow Wilson International Center for Scholars.

30 Zhou, Enlai, 1968. *The Selected Works of Zhou Enlai.* Beijing: People's Press, vol. 2, p. 52.
31 Mao, Zedong, 1952/1986. Unite and Clearly Draw the Line Between the Enemy and Ourselves. In Michael Kau and John K. Leung, eds., *The Writings of Mao Zedong, 1949–1976.* New York: M.E. Sharpe, vol. 1, p. 276.
32 Ibid.
33 Quoted in Justin Lifu Lin, 2009. *Economic Development and Transition: Thought, Strategy, and Viability.* Cambridge: Cambridge University Press, p. 21.
34 Ibid., p. 23.
35 Mao, Zedong, 1945. On Coalition Government. In *Selected Works of Mao Zedong.* Beijing: Foreign Languages Press, vol. 3, p. 264.
36 Quoted in: Berding, Andrew, 1965. *Dulles on Diplomacy.* Princeton, NJ: Van Nostrand, p. 134.
37 Black, Conrad, 2007. *Richard Nixon: A Life in Full.* New York: Public Affairs, p. 291.
38 Hershberg, *The Cold War in Asia*, p. 17.
39 Osterman, Christian, ed., 2007. *Bulletin: Inside China's Cold War.* Washington, DC: Woodrow Wilson International Center for Scholars, p. 69.
40 Quoted in *Transaction*, September 1995, p. 133.
41 Reds Support Parley on Cambodia. *New York Times*, August 29, 1962.
42 Topping, Seymour, 1964. Peking Attacks Tokyo Hostility. *New York Times*, December 9, 1964.
43 Kelemen, Paul, 1984. Soviet Strategy in Southeast Asia: The Vietnam Factor. *Asian Survey*, 24, 3, 335–48.
44 For a good assessment of the different explanations: Xu, Zhangdaiwei, 2012. *Mao's Grand Strategy behind the 1958 Kinmen Shelling.* Washington, DC: Georgetown University; Jun, Niu, 2009. A Further Discussion of Decision-Making in the 1958 Shelling of Jinmen. *Journal of Modern Chinese*

History, 3, 2, 147–64.

45 Zhai, Qiang, 2000. *China and the Vietnam Wars*. Chapel Hill, NC: University of North Carolina Press, p. 162.

46 Grose, Peter, 1968. US Officials Urge Chinese Reds to End Isolation. *New York Times*, May 22.

Chapter 3 정상화

1 Xia, Yafeng, 2006. *Negotiating with the Enemy: U.S.– China Talks during the Cold War*. Bloomington, IN: Indiana ing the Divide: An Insider's Account of Normalization of U.S.–China Relations*. Lanham, MD: Rowman and Little-field, pp. 45–81.

2 Asian Parley Ends with Acceptance of Peking on Rise. *New York Times*, June 17, 1972.

3 Chŏng, Chae-ho, 2007. *Between Ally and Partner: Korea–China Relations and the United States*. New York: Columbia University Press, pp. 30–1.

4 Eto, Shinkichi, 1980. Recent Developments in Sino-Japanese Relations. *Asian Survey*, 20, 7, 726–43; Mackerras, Colin and Amanda Yorke, 2008. *The Cambridge Handbook of Contemporary China*. Cambridge: Cambridge University Press, p. 33.

5 Tiny Isles in Pacific Make Big Waves. *New York Times*, July 12, 1972.

6 Weng, Qingxin, 2000. *Hegemonic Cooperation and Con-flict: Postwar Japan's China Policy and the United States*. Westport, CT: Praeger, pp. 179–221.

7 Li, Jinming and Li Dexia, 2003. The Dotted Line on the Chinese Map of the South China Sea. *Ocean Development & International Law*, 34, 2, 287–95.

8 Tiny Isles in Pacific Make Big Waves. *New York Times*, July 12, 1972.

9 China Says Relics Prove Isles' Past. *New York Times*, December 8, 1974.

10 Butterfield, Fox, 1975. China Reasserts Claim to Islands.

New York Times, November 27.

11 Middleton, Drew, 1978. Soviet–Vietnamese Treaty May Alter Sea Strategies. *New York Times*, November 8.

12 Mancall, Marc, 1986. *China at the Center*. New York: The Free Press, p. 437; Four Indian Soldiers Reported Slain in China Border Clash. *Los Angeles Times*, November 2, 1975.

13 FitzGerald, Stephen, 1971. Impressions of China's New Diplomacy. *China Quarterly*, 48, 670–6.

14 Deng, Xiaoping, 1994. *Deng Xiaoping's Selected Works: Volume 3*. Beijing: People's Publishing House, p. 141.

15 Reardon, Lawrence, 1998. Learning How to Open the Door: A Reassessment of China's "Opening" Strategy. *China Quarterly*, 155, 479–511.

16 Quoted in Worden, Robert, 1983. China's Balancing Act: Cancun, the Third World, Latin America. *Asian Survey*, 23, 5, 619–36.

17 Interview with Wu Xueqian: No Soviet Cooperation. *Far Eastern Economic Review*, November 17, 1983, p. 136.

18 Deng, Xiaoping, 1994. *Deng Xiaoping's Selected Works: Volume 3*. Beijing: People's Publishing House, p. 341.

19 Deng, Xiaoping, 1994. *Deng Xiaoping's Selected Works: Volume 2*. Beijing: People's Publishing House, p. 226.

20 Zhuang Qubing, Zhang Hongzeng and Pan Tongwen, 1981. 评美国的与台湾关系法 [Criticism of the US–Taiwan Relations Act], 国际问题研究 [*Journal of International Studies*], January, p. 25.

21 Thanks to one of the reviewers for making this point.

22 Gurtov, Melvin and Byong-Moo Hwang, 1998. *China's Security: The New Roles of the Military*. London: Lynne Rienner, p. 163.

23 Quoted in Liu, Bih-Rong, 1986. *China as a Nuclear Power*. Charlottesville, VA: University of Virginia, p. 81.

24 Peng, Guangqian, 1997. The Strategic Thought of Deng Xiaoping. In Michael Pillsbury, ed., *Chinese Views of Future Warfare*. Washington, DC: National Defense University, pp. 4–18.

25 Interview with Wang, Chuanbi and others, 1987. 展望年的日本形势 [Outlook of the Situation in Japan]. 现代国际关系 [*Contemporary International Relations*], January.

26 Liangjie Jun and Lin Haohui, 1985. 拉吉夫大选获胜的背景及其施政趋向 [Rajiv's Election Victory, Its Background and Policy Trends]. 现代国际关系 [*Contemporary International Relations*], January; Hua, Biyun, 1989. 印度经济发展的成就与前景 [Achievements and Prospects of the Indian Economy]. 现代国际关系 [*Contemporary International Relations*], October; Vertzberger, Yaacov, 1982. India's Border Conflict with China: A Perceptual Analysis. *Journal of Contemporary History*, 17, 4, 607–31.

27 Wu, Zhisheng, 1984. 对东盟国家经济发展的一些看法 [Some Observations of the Economic Development of the ASEAN Countries]. 国际问题研究 [*International Studies*], October.

28 Zhou, Zhixian and Zhen Xida, 1983. 关于中国国家力量的几点看法 [Opinions on China's National Strength].

34 Woods, Lawrence, 1990. Delicate Diplomatic Debuts: Chinese and Soviet Participation in the Pacific Economic Cooperation Conference. *Pacific Affairs*, 63, 2, 210–27.

35 China hadiri sidang Asean. *Berita Harian*, June 2, 1985.

36 D'Hooghe, Ingrid, 1994. Regional Economic Integration in Yunnan. In David Goodman and Gerald Segal, eds., *China Deconstructs*. Abingdon: Routledge, p. 300.

37 Unctadstat: Inward and Outward Foreign Direct Investment Flows, Annual, 1970–2012.

Chapter 4 서류가방 수정주의

1 Erlanger, Steven, 1989. Asian Allies Back US China Policy. *New York Times*, July 8.

2 Takamine, Tsukasa, 2006. *Japan's Development Aid to China*. Abingdon: Routledge, p. 186; Kesavan, K.V., 1990. Japan and the Tiananmen Square Incident: Aspects of the Bilateral Relationship. *Asian Survey*, 30, 7, 669–81.

3 Ministry of Foreign Affairs of the People's Republic of China, Towards a Good-Neighborly Partnership of Mutual Trust Oriented to the 21st Century. Speech given by President Jiang Zemin at the First Summit of ASEAN, China, Japan and ROK, December 16, 1997.

4 Premier Zhu Rongji Attending the Summit between ASEAN, China, Japan and Korea and Issuing an Important Speech. *China Daily*, November 21, 2000.

5 Interview, Singapore, January 28, 2008.

6 Interview, Singapore, January 27, 2008.

7 UNCTAD Statistics, Merchandise Trade Index.

8 Another US$69 billion flew in via Hong Kong, but a large part of that was related to so-called roundtripping. OECD, 2000. Main Determinants and Impacts of Foreign Direct Investment on China's Economy. OECD Working Papers on International Investment, 2000/04, Paris: OECD; Thais may invest $626m in China. *The Straits Times*, May 21, 1993.

9 Gill, Bates and James Reilly, 2000. Sovereignty, Intervention and Peacekeeping: The View from Beijing. *Survival*, 42, 3, 41–59.

10 Sebastian, Leonard, 2000. Southeast Asian Perceptions of China. In Derek Da Chunha, ed., *Southeast Asian Perspectives on Security*. Singapore: ISEAS, p. 169.

11 China's Tacit Disapproval. *The Straits Times*, August 18, 1989.

12 China and Laos Resume Party-to-Party Ties. *The Straits Times*, August 17, 1989.

13 Plans for Airfield in Northern Laos. *The Business Times*, August 7, 1990.

14 Foot, Rosemary, 1998. China in the ASEAN Regional Forum: Organizational Processes and Domestic Modes of Thought. *Asian Survey*, 38, 5, 425–40; Withing, Allen, 1997. ASEAN Eyes China: The Security Dimension. *Asian Survey*, 37, 4, 299–322; Lee, Tai To, 1993. ASEAN–PRC Political and Security Cooperation: Problems, Proposals, and Prospects. *Asian Survey*, 33, 1, 1095–104.

15 Luo, Shaohong, Cheng Bifan and Gao Tiesan, 1989. China's

Changing Industrial Structure. In Siow Yue Chia and Bifan Cheng, eds., *ASEAN–China Economic Relations: Developments in ASEAN and China*. Singapore: ISEAS, pp. 27–34; Dao, Shulin, 1989. 重振西南丝路, 加强同南部邻国的经济联系 [Revive the Southwest Silk Road to Strengthen Economic Relations with the Southern Neighbors]. 现代国际关系 [*Contemporary International Relations*], December.

16 Chen, Jie, 1994. China's Spratly Policy: With Special Reference to the Philippines and Malaysia. *Asian Survey*, 34, 10, 893–903.

17 Joyner, Christopher, 1998. The Spratly Islands Dispute in the South China Sea: Problems, Policies, and Prospects for Diplomatic Accommodation. Washington, DC: Stimson Center, p. 67.

18 Lio, Joseph Chinyong, Strategic and Security Patterns in Malaysia's Relations with China. In Ho Khai Leong and Samuel Ku, eds., *China and Southeast Asia: Global Changes and Regional Challenges*. Singapore: ISEAS, p. 292.

19 Chen, Jie, 1994. China's Spratly Policy: With Special Reference to the Philippines and Malaysia. *Asian Survey*, 34, 10, 893–903.

20 Teufel Dreyer, June, 1990. Taiwan in 1989: Democratization and Economic Growth. *Asian Survey*, 30, 1, 52–8.

21 Taiwan's 4-Point Plan on Dealing with China. *The Straits Times*, June 15, 1989.

22 The 8-Point Proposition Made by President Jiang Zemin on China's Reunification, January 30, 1995.

23 Conversation with Japanese diplomat posted in Beijing at the time of the visit. Brussels, October 20, 2011.

24 Bong, Younshik, 2002. *Flashpoints at Sea?* Philadelphia, PA: University of Pennsylvania, p. 61.

25 A very good discussion of these negotiations can be found in Kuhrt, Natasha, 2007. *Russian Policy towards China and Japan*. Abingdon: Routledge, pp. 28–45.

26 Chung, Chien-peng, 2003. *Domestic Politics, International Bargaining and China's Territorial Disputes*. London: Routledge, p. 199.

27 Erlanger, Steven, 1992. Yeltsin Cuts Visit to Beijing Short. *New York Times*, December 19.
28 Kristof, Nicholas, 1991. China; Beijing Backs Away From Full Support of the War. *New York Times*, February 1.
29 Russian–Chinese Joint Declaration on a Multipolar World and the Establishment of a New International Order, Moscow, April 23, 1997.
30 Conversation, Beijing, November 22, 2009.
31 For the full text of the China–Mongolia 1994 Treaty, see *Mongolian Defence White Paper, 1997–1998*, n. 19, pp. 93–5.
32 Wu, John, 1998. *The Mineral Industry of Mongolia*. Washington, DC: USGS.
33 Nichol, James, 1995. *Diplomacy in the Former Soviet Republics*. Westport, CT: Praeger, p. 165.
34 Melet, Yasmin, 1998. China's political and economic relations with Kazakhstan and Kyrgyzstan. *Central Asian Survey*, 17, 2, 229–52.
35 Quoted in Wang, Jisi, 2011. China's Search for a Grand Strategy, *Foreign Affairs*, 90, 2, 68–79.
36 Chinese President Jiang Zemin delivered a keynote speech at the dinner for the opening of the Fortune Global Forum 2001 in Hong Kong, May 8; see: http://www.fmprc .gov.cn/eng/wjdt/zyjh/t25025.htm.

Chapter 5 평화적 발전

1 Between 1989 and 2002, Southeast Asia grew on average by 6 percent, its consumer price index by 11 percent.
2 Injecting Fresh Vigor into World Economy, *People's Daily*, October 17, 2001.
3 Eckholm, Erik, 2001. China's Inner Circle Reveals Big Unrest, and Lists Causes, *New York Times*, June 3. See also Perry, Elisabeth, 1999. *Challenging the Mandate of Heaven*. New York: M.E. Sharpe.
4 Wang, Yizhou, 2009. Transition of China's Diplomacy and

Foreign Relations. *China and World Economy*, 17, 3, 93–102.

5 Zhang Boli, 2000. 经济全球化是一把 "双刃剑 [Globalization is a Double-Edged Sword]. *People's Daily*, March 30.

6 Ministry of Defence, Japan, 2001. *Defence of Japan*. Tokyo: Ministry of Defence.

7 Department of Defense, 2001. *Quadrennial Defense Review Report*. Washington, DC: Department of Defense, p. 20; White House, 2002. *The National Security Strategy of the United States of America*. Washington, DC: White House, p. 9.

8 Jiang, Zemin, 1999. Speech at the Conference on Disarmament. Geneva, March 26.

9 PNAC, 2000. *Rebuilding America's Defenses: Strategy, Forces and Resources for a New Century*. Washington, DC: Project for the New American Century.

10 Beijing Six-Party Talks Highlight China's Role. *People's Daily*, August 30, 2003.

11 Shirk, Susan L., 2007. *China: Fragile Superpower*. New York: Oxford University Press, p. 112.

12 Interview with official, Jakarta, January 19, 2008.

13 Interview with expert, Beijing, October 12, 2010.

14 Note verbale of the PRC to the UN Secretary General, CML/18/2009, May 7, 2009.

15 Beckman, Robert and Tara Davenport, 2010. *CLCS Submissions and Claims in the South China Sea*. Singapore: National Law University.

16 Declaration on the Conduct of Parties in the South China Sea, November 4, 2002, art. 5.

17 By far the best overview: Thayer, Carlyle, 2012. Building ASEAN'S Code of Conduct in the South China Sea: A Litmus Test for Community? *Asia-Pacific Journal*, 34, 4.

18 In 2010, a ship-based helicopter flight was confirmed in waters approximately 260 kilometers northeast of Okinotorishima.

19 Conversation with Chinese official, Brussels, March 4, 2013.

20 http://ebas1.ebas.gov.tw/pxweb/Dialog/statfile1L.asp.

21 Shu, Chulong and Guo Yuli, 2008. Change: Mainland's Taiwan Policy. *China Security*, 4, 1, 127–33.

22 Wong, Edward, 2008. Taiwan and China Draw Closer with New Agreements. *New York Times*, November 4.

23 Mainland Affairs Council, 2010. Cross-Strait Economic Statistics Monthly, no. 210, Table 20.

24 President Hu Visits Taiwan Businesses on Mainland ahead of Spring Festival. *People's Daily*, February 13, 2010.

25 For the agreement, see the Taiwanese Ministry of Economic Affairs: http://www.moea.gov.tw/Mns/populace/news/News .aspx?kind=1&menu_id=40&news_id=19723.

26 Chinese Procurement in Taiwan Tops US$15 Billion in 2010, *Financial Times*, September 29, 2010.

27 Report on ASEAN–China Economic and Trade Seminar, Beijing, January 25–28, 2013.

28 Zhang, Yunling, 2004. China's Economic Emergence and its Impact, China Academy of Social Sciences, Beijing, March 10.

29 Zhang, Xiaoji, 2000. Ways Towards East Asian FTA. In Saw Swee-Hock, Sheng Lijun, and Chin Kin Wah, eds., *ASEAN– China Relations: Realities and Prospects*. Singapore: Institute of Southeast Asian Studies, p. 80.

30 Ibid., p. 72; Dialogue: Pan-Beibu Gulf Economic Cooperation under East-Asia Cooperation Framework, available at http://www.cafta.org.cn/show.php?contentid=61415.

31 Jia, Heping, 2003. US-Singaporean FTA to Affect Bloc Talks. *China Business Weekly*, May 20. See also: Yang, Hongjiang and Liang Wu, 2006. Meiguo ziyou maoyi xieding zhanlue anpai yu zhongguo jingzheng diwei yanjiu [Study on America Free Trade Agreement Strategy and China's Competition Status], *Xiandai caijing* [*Modern Finance and Economics*], January.

32 China Welcomes Import from ASEAN Despite Trade Deficit. *China Daily*, November 3, 2006.

33 Zhang, Haibing, 2007. China's Aid to Southeast Asia. In Swee-Hock Saw, ed., *ASEAN–China Economic Relations*. Singapore: Institute of Southeast Asian Studies,

pp. 256–62.

34 CEPA, arts 1 and 2.

35 Protest did occur in Thailand over Chinese "dumping" of onions and garlic, but these frustrations were offset by the positive expectations created among other ASEAN members.

36 Conversation, Brussels, June 23, 2013.

Chapter 6 달성하기 힘든 화합

1 Jun, Xiao, 2010. ASEAN–China FTA: A Pragmatic Approach to Regulating Services and Investment. In Philippe Gugler and Julien Chaisse, eds., *Competitiveness of the ASEAN Countries: Corporate and Regulatory Drivers*. New York: Edward Elgar, pp. 237–59.

2 World Development Indicators Database, Council on Tall Buildings and Urban Habitat Statistics, and UNCTAD Review of Maritime Transport.

3 Pew Global Attitudes Project Database. Is the Country's Economic Situation Good or Bad? And How Satisfied Are You with the Country's Direction?

4 Euromonitor, 2012. *Consumer Asia Pacific and Australasia*. London: Euromonitor.

5 UN Comtrade Database with China's partners as reporters. See: http://comtrade.un.org/.

6 FDI stock: MOFCOM, 2013. Statistical Bulletin of China's Outward Direct Investment. Beijing: Mofcom; UNCTAD Statistical Database. See: http://unctad.org/en/pages/Statistics.aspx.

7 Bank of Japan, 2013. *International Investment Position of Japan (Assets)*.

8 SIPRI Military Expenditure Database, 2014. *Military Expenditure by Country*. Stockholm: Stockholm International Peace Research Institute.

9 Zhou, Yang, 俄称中国王牌飞行员年飞180小时接近世界一流 [Russia Reports that China's 180 Flying Hours Is World

Class], *Huanqiu Ribao*, January 13, 2014; 媒体称我空军飞行员年飞行小时数达200接近美军 [Media: Air Force Pilots' Flight Hours Approach US], *Xinhua*, February 7, 2012.

10 This represents about one third of China's official budget: Cheung, Tai-Ming, ed., 2013. *The Chinese Defense Economy Takes Off*. San Diego, CA: University of California Institute on Global Conflict and Cooperation.

Chapter 7 경제력

1 World Development Indicators. See: http://data.worldbank.org/data-catalog/world-development-indicators.

2 Sasada, Hironori, 2006. Youth and Nationalism in Japan. *SAIS Review of International Affairs*, 26, 2, 109–22; Honda, Yuki, 2007. Review Essay Focusing in on Contemporary Japan's "Youth" Nationalism. *Social Science Japan Journal*, 10, 2, 281–6.

3 On patriotism and age, see World Value Survey Database, "Willingness to Fight for the Country." See: http://www.worldvaluessurvey.org/WVSContents.jsp.

4 Vu, Tuong, 2013. *Searching for a New Consensus and Bracing for New Conflicts: The Politics of Nationalism in Contemporary Vietnam*. Paper presented at the ANU College of Asia, Canberra, December.

5 China's Diplomacy Serves Economy. *China Daily*, March 7, 2009.

6 China to Focus on Common Interests in Economic Diplomacy. *People's Daily*, March 23, 2008.

7 Development and Research Commission World Economic and Trade Patterns Task Force, 2013. 全球化未来趋势及对我国的影响 [*The Future Trends of Globalization and their Impact on China*]. Beijing: DRC, June 13.

8 Liao, Jia, 2013. 企业开拓新兴市场将获政策支持七部门联合发文, Seven Departments Issued a Joint Policy Document to Support Companies to Expand in Emerging Markets.

经济参考报 *Economic Information Daily*, May 10; Ministry of Commerce, 2013. "外贸结构调整"专题新闻发布会 Foreign Trade Structure Adjustment Special Press Conference. Beijing, Ministry of Commerce, May 9.

9 Miao Wei, 2014. 在全面深化改革中打造制造业强国 [Advancing Industrial Power in the Context of Overall Deepening Reforms]. *Qiushi*, March 1; State Council, 2013. 政府工作报告: 对今年政府工作的建议 [Government Work Report: Proposal for 2013 Work]. Beijing: State Council, March 18, section 1.2.

10 Ren Zeping, 2013. 任泽平：我国制造业发展的现状与趋势 [Development Status and Trends of China's Manufacturing Industry]. *Economic Daily*, August 6.

11 Xuan, Xiaowei, 2013. 宣晓伟：中国迈向高收入: 发展方式转变和现代化转型 [China Towards High Income Status: Development Mode Transformation and Modernization], 中国发展观察, *China Development Observer*, June; Interview with Chen Changsheng, Vice Minister and Research Fellow DRC: Lu, Hongxing, 2013. 陈昌盛:我国经济已步入增长阶段转换的关键期 [Chen Changsheng: China's Economy Has Entered a Critical Period of Growth Adjustment]. *China Economic Times*, August 9.

12 DRC World Economic and Trade Patterns Task Force, 2013. 全球化未来趋势及对我国的影响 [*The Future Trends of Globalization and their Impact on China*]. Beijing: DRC, June 13; Ministry of Finance, 2013. 中国资产评估行业发展规划 [*An Evaluation of China's Industrial Assets Development Plan*]. Beijing: Ministry of Finance, April 25, section 1.

13 State Council, 2013. 政府工作报告: 对今年政府工作的建议 [*Government Work Report: Proposal for 2013 Work*]. Beijing: State Council, March 18, section 1; State Council, 2013. "十二五"国家自主创新能力建设规划 [Twelfth Five-year National Innovation Capacity-Building Program]. Beijing: State Council; Gua-Fa, no. 4, January 2013, section 1.4; Ministry of Finance, 2013. 关于编报2014年中央国有资本经营预算建议草案的通知 [*Notice Concerning the 2014 Budget for the National State-Owned Companies*]. Beijing: Ministry of Finance, July, sections 1, 2.2.

14 Miao Wei, 2014. 在全面深化改革中打造制造业强国 [Advancing Industrial Power in the Context of Overall Deepening Reforms]. *Qiushi*, March 1.

15 Interview with Long Guoqiang, Senior Research Fellow and Director-General, Research Department, Foreign Economic Relations: Lu, Hongxing, 2013; 隆国强：我国应实行动态比较优势的出口升级战略 [Long Guoqiang: China Should Implement a Strategy to Dynamically Upgrade the Competitive Advantages of its Exports], *China Economic Times*, July 17.

16 Calculated as follows: export of manufactured goods minus imports of manufactured goods divided by total manufacturing output. Source: World Development Indicators and UN Comtrade.

17 NDRC, 2014. Report on the Implementation of the 2013 Plan for National Economic and Social Development and on the 2014 Draft Plan for National Economic and Social Development. Beijing: NDRC, p. 16.

18 Liao, Jia, 2013. 企业开拓新兴市场将获政策支持七部门联合发文, Seven Departments Issued a Joint Policy Document to Support Companies to Expand in Emerging Markets. 经济参考报 *Economic Information Daily*, May 10; Ministry of Commerce, 2013. "外贸结构调整"专题新闻发布会 Foreign Trade Structure Adjustment Special Press Conference. Beijing, Ministry of Commerce, May 9.

19 Ministry of Commerce, 2013. "外贸结构调整"专题新闻发布会 Foreign Trade Structure Adjustment Special Press Conference. Beijing, Ministry of Commerce, May 9; 中国工程机械出口东南亚分析 [Analysis of Construction Equipment Exports to Southeast Asia]. *MOFCOM*, June 19, 2012, http://ccn.mofcom.gov.cn/spbg/show.php?id=13113.

20 Total outward direct investments divided by GDP. Data for 2012. Source: UNCTADStats.

21 Statement by Mr. Yukio Edano, Minister of Economy, Trade and Industry at the Opening Plenary of the 8th Session of the WTO Ministerial Conference, Geneva, December 15, 2011.

22 Ministry of Commerce, 2012. 对外贸易发展"十二五"规划

[Foreign Trade Development and the Twelfth Five Year Plan]. Beijing: Ministry of Commerce, April 26, 4.3. See also: International Research Institute of the NDRC, 2013. 我国境外投资出现战略布局新窗口 [China's Strategy for Foreign Investment Abroad Becomes a New Window of Opportunity]. *MOFCOM*, June 6.

23 Jiang, Julie and Jonathan Sinton, 2012. *Overseas Investments by Chinese National Oil Companies*. Paris: International Energy Agency, p. 9.

24 US Geological Survey reports for the Asia-Pacific: http://minerals.usgs.gov/minerals/pubs/country/asia.html#cb.

25 Cheng, Guoqiang, 2014. 境外农业资源利用的现状与问题 [Status and Problems of the Use of Foreign Agricultural Resources]. State Council Development Research Center, January 21; Fang, Zhengqiang, 2011. 我国粮食安全问题不容忽视 [Our Food Security Problems Cannot be Ignored]. *Xinhua* and *Qiushi*, November 29; Ministry of Agriculture, 2011. 农业国际合作发展十二五规划 [Agricultural International Cooperation and Development in the Twelfth Five-Year Plan]. Beijing: Ministry of Agriculture.

26 Wang, Chengyue, 2013. 中国农业走出去出路在哪里 [Can Agricultural Going Abroad Offer a Way Out?]. *China Economic Weekly*, December 24.

27 Bruzelius Backer, Ellen, 2007. The Mekong River Commission: Does It Work, and How Does the Mekong Basin's Geography Influence Its Effectiveness? *Südostasien aktuell*, 31, 4, 31–55; Bakker, Karen, 1999. The Politics of Hydropower: Developing the Mekong. *Political Geography*, 18, 1, 209–32.

28 南水北调西线工程：个别省份意见强烈 尚难动工 [Western Route Project: Different Provinces Advise to Start with Vigour]. *Xinhua*, November 19, 2013. See also the webpage of the South–North Project: 中国南水北调: www.nsbd.gov.cn.

29 A very good background article: Zhanglu Jing, 2013. 蛟龙号绘制中国深海藏宝图1.1万米版引进民资 [Chinese Dragon Finds Treasure at 11,000 Meters Deep]. 中国经济周刊 [*China Economic Weekly*], December 24. China has devel-

oped a first small platform for deep-sea mining, the Dragon. See: 蛟龙号再次深潜探索深海采矿可能性 [Another Diving Expedition of the Dragon to Explore the Possibilities of Sea-Mining]. 东方早报 [*Oriental Morning Post*], August 9, 2013.

30 习近平:开展海洋和极地考察具有重大现实意义 [Xi Jinping: Conducting Ocean and Polar Expeditions is of Great Practical Importance]. *Xinhua*, June 21, 2013.
31 Davison, Nicola, 2013. China Eyes Antarctica's Resource Bounty. *The Guardian*, November 8.
32 International Monetary Institute, Renmin University of China, 2014. *The Internationalization of the Renminbi.* Abingdon: Routledge, p. 8.
33 Yukon, Huang, 2013. Does Internationalizing the RMB Make Sense for China? *Cato Journal*, 33, 3, 571–85.
34 Quoted in Wright, Chris, 2013. Ex-Regulator Plays Down Yuan Reserve Currency Role. *Emerging Markets*, May 2, available at: http://www.emergingmarkets.org/Article/ 3200130/Ex-regulator-plays-down-Renminbi-reserve -currency-role.html.

Chapter 8   태평양 지역의 쟁탈전

1 Conversations during Chinese state visit, Brussels, April 1–2, 2014.
2 Nian, Lingyun, 2012. 论日本加剧钓鱼岛争端的原因 [The Causes of the Intensified Conflict with Japan over the Diaoyu Islands]. 科技视界 [*Science & Technology Vision*], 29, 7–15; Wen, Jiang, 2012. 钓鱼岛争端将加剧日本内外交困 [The Dispute with Japan over the Diaoyu Islands Will Exacerbate because of the Downturn]. 小康 [*China Insight*], 97–8.
3 两岸多数民众支持保钓 [Taiwan and Mainland Poll Shows Majority Willing to Defend Diaoyu Islands]. *Global Times*, July 19, 2012. See also: How to Defend the Diaoyu Islands Most Effectively? http://survey.inewsweek.cn/vote_result.php

?vote_id=158.

4 Review of 2013 papers in 台湾研究集刊 [*Taiwan Research Quarterly*], the most important mainland journal on Taiwanese affairs. See also the opinions of one of the leading specialists on the subject: Chen, Kongli, 2014. 破解两岸难题需要什么样的想象力 [What Kind of Imagination We Need to Crack the Cross-Straits Problem]. *Xinhua*, February 17.

5 For example: Zhong, Yu, 2012. 2012年台湾政局暨两岸关系回顾与展望"研讨会在京召开 [Seminar Held in Beijing on Review and Outlook of Taiwan's 2012 Election and the Cross-Straits Relations]. *Xinhua*, December 5.

6 Dua, Nusa, 2013. China's Xi Says Political Solution for Taiwan Can't Wait Forever. Reuters, October 6.

7 Chang, Jun, 2013. Fresh New Ideas Urged on Taiwan Issue. *China Daily*, November 4.

8 Conversation with Chinese official, Beijing, December 21, 2012.

9 70%的网友支持中国在南海动武 [70% of Netizens Support China's Use of Force in South China Sea]. Qian Zhan, July 6, 2012, available at: http://www.qianzhan.com/indynews/detail/256/121218-ad23da8a.html.

10 国家安全与军费开支的国民见解 [National Opinion Poll on the National Security and Military Spending], March 20, 2014.

11 SIPRI Military Expenditure Database: Comparison of Averages for 2005–2008 and 2009–2012: Vietnam from 2.2 to 2.4 percent, South Korea from 2.7 to 2.8 percent, India from 2.5 to 2.7 percent.

12 Xi Jinping, 2013. 习近平在莫斯科国际关系学院的演讲 [Speech at the Moscow Institute of International Affairs], March 24. See also: Xi, Jinping, 2013. 习近平在博鳌亚洲论坛2013年会上的主旨演讲 [Xi Jinping Keynote Speech for the Bao Forum Asia 2013 Conference], April 7.

13 Liu, Jianfei and Zuo Fengrong, 2013. 世界乱象背后的基本大势 [The Main Trends Behind the Global Turbulence]. 当代世界 [*Contemporary World*], August.

14 Xuanxing Zhang, 2013. 正在浮现的世界新秩序 [The

Emerging World Order]. 当代世界 [*Contemporary World*], December.

15 Zuo, Fengrong, 2014. 大国力量更趋平衡和平发展大势所趋 [Major Power Rebalancing and the Trend of Peace]. 当代世界 [*Contemporary World*], January.

16 Zhao, Jin, 2012. 中国崛起与周边地缘战略依托 [China's Rise and its Geostrategic Dependence on its Neighborhood]. 当代世界 [*Contemporary World*], October.

17 Tao, Wenzhao, 2014. 中美新型大国关系重在落实 [Focusing on the Development of the New Sino–US Major Powers Partnership]. 当代世界 [*Contemporary World*], January. See also: Su, Xiaohui and Cheng Lung, 2013. 当前国际形势的几个新动向 [Various New Trends in the Current International Situation]. 当代世界 [*Contemporary World*], August.

18 Chief Researcher of the Marine Research Center: Li Jie, 2013. 美加速构建第二岛链"桥头堡" [The United States Accelerated Construction of a Second Island Chain "Bridgehead"], September 30. See also: Tao, Wenzhao, 2014. 中美新型大国关系重在落实 [Focusing on the Development of the New Sino–US Major Powers Partnership]. 当代世界 [*Contemporary World*], January; Su, Xiaohui and Cheng Lung, 2013. 当前国际形势的几个新动向 [Various New Trends in the Current International Situation]. 当代世界 [*Contemporary World*], August.

19 Han, Xudong, 2011. 美国在逼中国加速提升军力 [America Compels China to Accelerate Its Military Modernization]. *People's Daily*, June 1.

20 Yang, Yi, 2011. 空海一体战与世界潮流背道而驰 [Air-Sea Battle Contradicts the Global Trend]. *People's Daily*, December 12; Cheng, Guilong, 2013. 论"空海一体战"与中国国家安全 [On Air-Sea Battle and China's National Security] 国防科技 [*Defence Science and Technology*], 5, 59–65.

21 Huangzai Juan and Li Yang, 2013. 分析：日本急欲采购的七种武器究竟成色如何? [Analysis: How about the Quality of the Seven Weapons Japan Is Anxious to Procure?]. *People's Daily*, March 22.

22 Wu, Qin, 2014. 航母杀手来袭 [Aircraft Killer to Strike]. *Military Digest*, January.

23 Wen, Xian et al., 2012. 空海一体战折射军事战略变化 [Air-Sea Battle Reflects Changes in Military Strategy]. *People's Daily*, February 27; Yang, Yi, 2011. 空海一体战与世界潮流背道而驰 [Air-Sea Battle Contradicts the Global Trend]. *People's Daily*, December 12.

24 Li, Jie, 2014. 警惕美"空海一体战"升级变异 [Wary of the United States "Air Sea Battle," Upgrading Variation], January 14.

25 Seven destroyers of the 15th squadron at Yokosuka and six Japanese destroyers.

26 Li, Jie, 2014. 警惕美"空海一体战"升级变异 [Wary of the United States "Air Sea Battle," Upgrading Variation], January 14; 美在日部署P8巡逻机 欲对中国舰艇动态"了如指掌" [P8 patrol aircraft deployed by the United States in Japan with the aim to know Chinese warship movements "like the back of their hand"]. 中国日报网 [*China Daily*], February 20, 2013.

27 NMFS, 2007. Annual Report No. 1: Operation of the Surveillance Towed Array Sensor System Low Frequency Active (SURTASS LFA) Sonar Onboard the R/V Cory Chouest and USNS IMPECCABLE (T-AGOS 23). Washington, DC: NMFS, August 15, p. 14.

28 *Beijing Daily* explained that the United States and Japan are working together to establish a network of submarine cables around the Diaoyu Islands, the Ryukyu Islands and the Bashi Channel: Wei, Zheng, 2013. 美日联手在中国潜艇基地周围设置水下监听网 [United States and Japan Jointly Set Underwater Listening Network Around the Chinese Submarine Base]. 北京日报 [*Beijing Daily*], July 10.

29 Fengli, Qi, 2013. 美军P-8A侦察机来者不善 欲将中国核潜艇封锁在岛链内 [U.S. Military Reconnaissance Aircraft P-8A Has Ill Intent in the Island Chain in the Chinese Nuclear Submarine Blockade]? 人民日报 [*People's Daily*], December 12.

30 Huangzai Juan and Li Yang, 2012. 分析：日本急欲采购的七种武器究竟成色如何? [Analysis: How about the Quality of the Seven Weapons Japan Is Anxious to Procure?]. *People's Daily*, March 22.

31 Zhaoming, Hao, 2012. 美国亚太再平衡战略视野下的美日同盟转型 [America's Asia-Pacific Strategy Behind the US–Japan Alliance Rebalancing]. 当代世界 [*Contemporary Record*], October.

32 Zheng, Wenhao, 2013. 美对华海空一体战的七种武器? [A Dagger Hidden Behind Smiles: Seven Weapons for America's Air-Sea Battle against China?] 北京晚报 [*Beijing Evening News*], December 24.

33 Wen, Xian et al., 2012. 空海一体战折射军事战略变化 [Air-Sea Battle Reflects Changes in Military Strategy]. *People's Daily*, February 27; Huang, Zhicheng, 2006. 太空武器化与太空威慑 [The Militarization of Space and Space-based Deterrence]. 国际技术经济研究 [*International Technology and Economics*], 9, 1, 24–9.

34 Deputy Secretary of Defense Speech, Press Club Washington, May 7, 2013: http://www.defense.gov/speeches/speech.aspx?speechid=1775.

35 Huangzai Juan and Li Yang, 2013. 分析：日本急欲采购的七种武器究竟成色如何? [Analysis: How about the Quality of the Seven Weapons Japan Is Anxious to Procure?]. *People's Daily*, March 22.

36 还魂"僵尸" – 美军再掀太空军备竞赛 [The Return of the Zombie: The US is Sparking another Arms Race in Space]. 军事文摘 [*Military Digest*], December 2012.

37 Li, Yunlong and Yu Xiaohong, 2013. 美军"空海一体战"空间作战行动探析 [Analysis on the US Space Operations in the "Air-Sea Battle" Concept]. 装备学院学报 [*Journal of the Academy of Equipment*], 4, 1, 81–94.

38 For instance: Wu, Xinbo, 2014. 解读美国2014版四年防务评估报告 [Interpretation of the 2014 Edition of the American Quadrennial Defense Review]. Fudan University.

39 Zhang, Junshe, 2014. 个别国家视其为遏制中国城墙 [Only One or Two Countries to Check Chinese Walls]. *PLA Daily*, February 7.

40 Ibid.

41 Ren, Weidong, 2013. 中国要实现亚太战略平衡 [China's Strategy to Reach a New Equilibrium in the Asia-Pacific]. *Xinhua*, January 30.

42 Li Xuanliang, 2012. 中国拥有航母不会改变防御性国防政策 [China's New Aircraft Carrier Will Not Change its Defensive National Defense Policy]. *Xinhua*, September 26.

43 重新定位中国近海防御战略:加大海上防御纵深 [Repositioning Chinese Coastal Defense Strategy]. *Xinhua*, July 13, 2008. See also: Peng, Guanqian, 2011. 制约战争的中国海上力量 [To Restrict Conflict We Must Aim to Expand Our Power in the China Sea]. 瞭望 [*Outlook*], August.

44 重新定位中国近海防御战略:加大海上防御纵深 [Repositioning Chinese Coastal Defense Strategy: To Increase Maritime Defense in Depth]. *Xinhua*, March 16, 2008.

45 For instance: Li, Bing and Zhu Jun, 2010. 浅析新中国海军战略思想的发展演变 [On the Evolution of the Navy Strategic Thought of New China]. 军事历史 [*Military History*], December, 38–40; Zhang, Junshe, 2014. 个别国家视其为遏制中国城墙 [Only One or Two Countries to Check Chinese Walls]. *PLA Daily*, February 7.

46 Wang, Zaihui, 2013. 国防部:中国海军赴西太平洋训练不存在"突破"问题 [Defense Ministry: There is No Problem with China's Breakthrough in Going to the Western Pacific]. *Xinhua*, July 25; Yang Qiongte et al., 2014. 中国海军远海训练的变与不变 [Chinese Navy Distant Sea Training Changed and Unchanged]. *Xinhua*, February 11.

47 President Obama and President Xi Jinping of China deliver statements to the press before a bilateral meeting. June 7, 2013.

48 Wang, Zaihui, 2013. 国防部:中国海军赴西太平洋训练不存在"突破"问题 [Defense Ministry: There is No Problem with China's Breakthrough in Going to the Western Pacific]. *Xinhua*, July 25.

49 Kang, Yongsheng, 2013. 机动-5号展示中国海军全新训练模式 [Mobile V Shows the New Training Mode of the Navy]. *China Youth Daily*, November 8.

50 For example: Han, Xudong, 2011. 建设现代化海军 [Constructing a Modern Navy]. 瞭望 [*Outlook*], August; Li, Daguang, 2012. 中国向蓝水海军转型意义深远 [China's Profound Transformation into a Blue Water Navy]. 中国军转民 [China's Army Transformed into Civilians], Decem-

ber, 16–21; Shen, Zhihe and Piao Chengri, 2013. 航母编队反潜巡逻机空域配置方法研究 [A Study of the Deployment of Anti-Submarine Patrol Aircraft in Carrier Battle Group Formation]. 军事运筹与系统工程 [*Military Operations Research and System Engineering*], 21, 1, 31–40. See also: Wang, Zaihui, 2013. 国防部: 中国海军赴西太平洋训练不存在"突破"问题 [Defense Ministry: There is No Problem with China's Breakthrough in Going to the Western Pacific]. *Xinhua*, July 25.

51 Tu Chenxi, 2014. 中国航母电弹弓获重大突破 紧追美国世界第二 [China's Electromagnetic Catapult is a Major Breakthrough in Pursuit of the United States]. *People's Daily*, January 29.

52 Li, Sai et al., 2013. 远海作战装备供应链体系架构 [Architecture of High Seas Combat Equipment Supply Chain]. 国防科技 [*National Defense Science and Technology*], 35, 5, 12–20; Yang, Zhen and Du Binwei, 2013. 基于海权视角: 航空母舰对中国海军转型的推动作用 [On Aircraft Carrier's Promoting Role in the Transformation of China's Naval Forces from the Perspective of Sea Power]. 太平洋学报 [*Pacific Journal*], 21, 3, 1–5.

53 Tu, Chenxin, 2013. 中国新型智能鱼雷:击沉数千吨级靶舰如捏易拉罐 [China's New Intelligent Torpedo: A Ship of Thousands of Tons Ripped Apart and Sunk]. *Xinhua*, October 23.

54 Over 40 papers on 水声探测网 [The underwater acoustic detection network], can be found in the Wanfang Database between 2001 and 2013. See: http://www.wanfangdata.com/.

55 中国在南海演练夺岛将建更多的前哨部队 [China Is About to Practice the Seizure of South China Sea Islands and Aims to Build more Military Outposts]. *Xinhua*, April 10, 2013; Guo, Xuan, 2013. 中国光纤线列阵水声探测系统令他国潜艇无所遁形 [Chinese Fibre-Optic Underwater Acoustic Submarine Detection Array Network]. 世界报 [*World News*], October 16.

56 Jianlong, Chang, Zhao Liangyu, and Like Yong, 2012. 临近空间平台与空天飞机在未来战争中的协同作用 [Synergy

Between Near-Space Platforms and Space Planes in Future Wars]. 飞航导弹 [*Aerodynamic Missile Journal*], September, 81–5.

57 A good overview can be found in Easton, Ian and Mark Stokes, 2011. China's Electronic Intelligence Satellite Developments. Arlington, VA: Project 2049 Institute. Zeng, Weimin et al., 2013. 深空探测器被动式高精度多普勒测量方法与应用. [Passive Deep Space Probes and Application of High-Precision Doppler Measurements]. 宇航学报 [*Journal of Astronautics*], 31, 12; Su, Jianwei et al., 2009. 海洋监视卫星对水面舰艇电子侦察效能分析 [Electronic Reconnaissance Effectiveness Analysis of Ocean Surveillance Satellite-to-Surface Ship]. 舰船电子对抗 [*Shipboard Electronic Countermeasures*], 32, 4.

58 Zhang, Yujun and Chao Yuhua, 2011. 海洋监视卫星作战效能仿真研究 [Simulation of Operational Effectiveness of Ocean Surveillance Satellite]. 军事运筹与系统工程 [*Military Operations Research and Systems Engineering*], 25, 1, 26.

59 Feng, Zhiwei et al., 2013. 基于路径规划的敏捷卫星姿态机动反馈控制方法 [Feedback Control Method for Attitude Maneuver of Agile Satellite Based on Trajectory Optimization]. 国防科技大学学报 [*Journal of the National Defense University*], 35, 4, 2–6.

60 For example: Zhu, Jianwen, 2013. 高超声速飞行器俯冲机动最优制导方法 [The Optimal Guidance Method for Hypersonic Vehicle in Dive Phase]. 国防科技大学学报 [*Journal of the National Defense University*], 25–30; Huang, Fei et al., 2013. 连续流失效对近空间飞行器气动特性的影响 [Effects of Continuum Breakdown on Aerodynamics of Near Space Vehicle]. 空气动力学学报 [*Acta Aerodynamica Sinica*], 31, 5, 623–8.

61 Yang, Xiaojie, 2014. 中国重点型号无人空天飞机完成自主高速着陆试验 [Chinese Unmanned Space Plane Completes Important Autonomous Landing Test]. 闽南日报 [*Fujian Daily*], February 19.

62 In 2014, for instance, China expressed its concern about Japan refusing for a while to return several hundred kilos of

weapons-grade plutonium to the United States. Japan reportedly has several tons of plutonium stocked and has built a new nuclear fuel plant at Rokkasho to produce more. In September 2006, the government reportedly completed an internal report assessing the possibility of producing nuclear weapons domestically.

Chapter 9 또 다른 강대국의 비극

1 Conversation with senior Chinese official, Bruges, April 1, 2014.